taboo III

Wolfgang Hausner

taboo

Leben auf sieben Meeren III

Orac

Die Karten zeichnete Wilhelm J. Wagner

1. Auflage 1986

ISBN 3-7015-0006-1
in Zusammenarbeit mit
Verlag Delius Klasing & Co., Bielefeld
ISBN 3-7688-0544-1 (Bundesrepublik Deutschland, Schweiz)

Schutzumschlag: Siegfried Berning
Technik: Imprima W. Menches
Satz: Druckerei Robitschek & Co., Wien
Druck und Bindearbeiten: Wiener Verlag, Himberg bei Wien

Gerti gewidmet,
weil ohne sie alles viel schwerer gewesen wäre.

Inhaltsverzeichnis

VORWORT

Von Bobby Schenk

Sechs Monate zusammen an einem Ankerplatz ist eine lange Zeit. Der Platz war die Moskito-Bucht von Viti Levu/Fidschi Inseln, und in der gleißenden Tropensonne lagen TABOO und THALASSA keine fünfzig Meter voneinander entfernt. Nach einem verheerenden Hurrikan in dieser Gegend hatte niemand recht Lust auf größere Törns. Weder Karla und ich noch Wolfgang Hausner.
Jeder bastelte an seinem Schiff. Man half einander, so gut es ging. Wolfgang mehr uns als umgekehrt. Er schien einfach alles zu können, alles gelernt zu haben, und was er anpackte, erledigte er gleich komplett und gründlich.
Da war das Problem mit der Reparatur unseres Mastes. Dank häufiger Seewasserspülungen hatten Alu- und Niroteile des Mastfußes einander angefressen. Der Mastfuß sah erbärmlich aus, bestand nur noch aus Zacken. Wolfgang hatte keine Erfahrung mit Aluminium, hatte sich vorher noch nie mit einem ähnlichen Problem beschäftigt. Nach wenigen Tagen des Nachdenkens servierte er uns die Lösung: Der Mast brauchte über eine Länge von etwa einem Meter bloß mit Epoxi aufgefüllt zu werden, dann würden wir in Zukunft Ruhe haben.
Zuvor mußte nur noch der Niro-Teil umgearbeitet werden. Für diesen Zweck fand Wolfgang in einem nahen Schuppen eine mächtige Werkbank, die er benutzen durfte. Tagelang drosch er mit einem schweren Vorschlaghammer auf das Metallstück ein — bis die Werkbank zusammenbrach. Wenn Wolfgang also eine handwerkliche Schwäche aufweist, dann wohl die, daß er für manche Arbeiten einfach zu stark ist.
Als unser Mast dann im Hafenschwell von Suva mit Hilfe eines Kümos aufgestellt wurde, ging zunächst alles schief. Die Stagen bekamen einen gefährlichen Knick, der frisch reparierte Mastfuß knallte gegen das Kajütdeck, und als gerade eine Barkasse ganz nahe vorbeifuhr und die THALASSA im Schwell auf und

nieder tanzte, die Helfer den schweren Mast kaum noch bändigen konnten — in diesem Moment fiel Wolfgang ein, daß nach altem Seemannsbrauch unter den Mast eine Kupfermünze gehörte, gerade so, als wäre die THALASSA ein alter Rahsegler! Die Idee schien mir in zweifacher Hinsicht völlig unpassend: erstens hatten wir in diesem Moment andere Sorgen, und zweitens ist Kupfer für einen Aluminiummast das reine Gift.

Aber Wolfgang war felsenfest entschlossen, der THALASSA eine fünfzig-Cents-Münze unter den Mast zu kleben und ihr damit zu guter Fahrt zu verhelfen.

Während wir uns mit roten Köpfen an die Wanten krallten und unter Aufgebot aller Kräfte den Mast unter Kontrolle hielten, mischte er seelenruhig und unbeirrbar ein wenig Zweikomponenten-Epoxi (wegen der Isolierung!) und plazierte die Münze unter den Mast.

Weil Wolfgang Hausner keine halben Sachen liebt! Unter einen Mast gehört eine Kupfermünze, auch wenn die Umstände nicht richtig für solche Spielereien sind.

Bei allem Hang zu gründlicher Arbeit ist er aber alles andere als pedantisch. Effektivität geht ihm vor Ästhetik — eine Sache muß ordentlich funktionieren, gleichgültig wie.

Als ich eines Abends zu TABOO hinüberruderte, tönte mir fröhliches Schreibmaschinengeklapper entgegen, was mich einigermaßen irritierte. Wolfgangs Maschine war nämlich kaputt, genauer gesagt war die Rückholfeder des Wagens gebrochen. Hatte er sich am Ende eine neue Feder basteln können? Bei TABOO angekommen, stand ich in meinem Beiboot auf und schaute durchs Fenster in die Kajüte. Da saß Wolfgang im Licht der Petroleumlampe und hämmerte in seine tadellos funktionierende Schreibmaschine. Fast unsichtbar führte ein dünner Draht vom Wagen zur Tischkante, und wenig darunter baumelte am Ende des Drahtes eine Kokosnuß, die — gewissermaßen wie ein Uhrengewicht — für die Rückstellung des Wagens sorgte.

Dieser Kokosnuß hat man es unter anderem zu verdanken, daß Wolfgang Hausners erstes Buch, an dem er damals gerade schrieb, erscheinen konnte; im Alltag eines Weltumseglers gibt es ja tausend Zwischenfälle, die ihn von „Schreibtischarbeit" abhalten wollen.

Wie gesagt, Wolfgang Hausner ist nicht so leicht zu stoppen, wenn er sich etwas in den Kopf gesetzt hat. Daß ihm für jedes Problem eine Lösung einfällt, findet er gar nicht erwähnenswert. Höchstens, wenn mal etwas schief geht.

Irgendwann war sein Kompaß ausgelaufen. Er dachte nicht daran, die Sache von einem Profi in Ordnung bringen zu lassen oder gar den ganzen Kompaß auszutauschen. Statt dessen füllte er ihn mit Kokosnußöl wieder auf. Die Sache sah recht überzeugend aus — bis er in kühlere Gewässer segelte. Da wurde das Öl plötzlich dickflüssig, und die Rose blieb stecken. Das amüsierte ihn.

Hausner lebt nach der Devise, daß jedes Problem eine Art sportlicher Herausforderung ist. Nachdem Probleme, Zwischenfälle, Tiefschläge und sogar Katastrophen bei seiner Art zu leben sowieso nicht zu verhindern sind, versucht er, das Beste daraus zu machen, jeder Schwierigkeit eine positive Seite abzugewinnen. Dieser ewige Optimismus, dieses Vertrauen in die eigene Stärke gepaart mit einer phantastischen Kreativität, was Technisches betrifft, und einer — man muß fast sagen: „Kampfkraft" in handwerklicher Hinsicht ermöglichten es, daß Wolfgang Hausner mit wenigen Cents als Startkapital in Australien sein erstes Schiff bauen konnte und nach dem Schiffbruch, bei dem er praktisch alles verlor, ein neues, genauso optimistisches, abenteuerliches Leben beginnen konnte.

Wobei er sich nach dem Schiffbruch nicht damit zufrieden gab, schnell nur irgendein neues Schiff unter die Sohlen zu bekommen. Der Verlust von TABOO war für Wolfgang gewiß sehr schmerzhaft, andererseits war er jedoch die Gelegenheit, ein besseres, größeres Schiff zu bauen!

Und als sich die Rümpfe von TABOO II — über deren Bau in diesem Buch ja zu lesen ist — bei einer harmlosen Überstellungsfahrt in ihre Einzelteile auflösten, scheint mir die Niedergeschlagenheit von Wolfgang auch nicht sonderlich tief gesessen zu haben. Die Rümpfe waren schlecht gebaut, also war es Glück, daß sie sofort auseinanderbrachen und nicht erst auf hoher See!

Glück im Unglück ist für Wolfgang Hausner kein Sonderfall, sondern Naturgesetz. Unglücksfälle haben für ihn immer gute Seiten!

Die Vorgeschichte
TABOO

Als noch kein Mensch von der Unerträglichkeit unserer Industriegesellschaft sprach, als niemand noch über Streß und Leistungsdruck klagte, als niemand noch „ausgestiegen" war, ging Wolfgang Hausner nach Australien — dorthin, wo die Fahrkarten zurück nach Europa am teuersten sind. 21jährig verließ er Österreich. Ein wenig hastig, weil er fürchtete, an einer Berufskarriere kleben zu bleiben.

Vom Segeln hatte Wolfgang Hausner damals noch keine Ahnung. Er ging nach Australien, um ein wenig Abenteuer zu konsumieren. Er ging auf Krokodiljagd, arbeitete in Goldminen, beim Gerüstbau auf Hochhäusern.

Australien wurde ihm zu knapp, bei aller Freiheit nicht frei genug. Er entdeckte die Freiheit des Meeres, legte Dollar auf Dollar, investierte darüberhinaus 5000 Arbeitsstunden und baute TABOO, einen knapp zehn Meter langen Katamaran. Das war 1965.

1967 ging Wolfgang Hausner auf große Fahrt. Damals war noch kein Katamaran um die Welt gesegelt worden, schon gar nicht einhand. Wolfgang Hausner wollte der erste sein, doch verlor der Plan einer Rekord-Weltumseglung rasch an Bedeutung. Wolfgang Hausner entwickelte sich vom Langstrecken-Segler zum Inselhüpfer. Segelte er anfangs noch lange Non-Stop-Etappen auf bekannten Routen, so zog es ihn bald in selten befahrene, schlecht kartographierte Reviere. In sechseinhalb Jahren segelte er auf TABOO knapp 50.000 Meilen, besuchte Europa und erreichte im August 1973 erneut Australien.

Wenige Tausend Meilen später, bei einer Fahrt in Neuguinea, lief TABOO auf ein unverzeichnetes Riff und sank innerhalb weniger Minuten. Wolfgang Hausner rettete sich im Beiboot auf die nächste Insel.

Die Geschichte dieser Jahre ist in Hausners erstem Buch, TABOO — eines Mannes Freiheit, nachzulesen. Hier die Fortsetzung dieser Geschichte, und dennoch die Beschreibung eines anderen Lebens.

Der Schiffbruch und das Jahr danach
THAILAND UND VIETNAM

Schiffbruch — das klingt endgültig. Als ich 1974 mit TABOO auf ein auf meiner Karte unverzeichnetes Riff nahe Papua-Neuguinea lief, sah die Situation auch ziemlich trostlos aus. Wenige Sekunden nach der Grundberührung war klar, daß das Schiff nicht mehr zu retten sein würde. Jeder Brecher hob es höher auf die Korallen, bei jedem Absetzen wurden die Rümpfe weiter zerstört. Nach wenigen Minuten blinzelte das Riff durch den Schiffsboden. Nachdem ich für TABOO nichts mehr tun konnte, konzentrierte ich mich aufs Überleben. Dreißig Ruderstunden später war ich auf der nächstgelegenen bewohnten Insel. Eine lange Reise — 55.000 Meilen um die Erde — war zu Ende. Abgesehen von ein paar hundert Dollar Bargeld und einer Schachtel veräußerbarer Schnecken stand ich ziemlich mittellos in der Welt. Trotz aller Niedergeschlagenheit dieser Tage spürte ich aber kein Interesse an einer Rückkehr in ein geregeltes Leben, mit Schreibtischarbeit, freien Tagen, sozialer Sicherheit und so.

So unpassend es damals auf dieser kleinen Papua-Insel auch war: Ich fühlte mich nicht gescheitert, sondern bestenfalls aufgehalten. Der Schiffbruch war kein Schlußstrich, sondern eine Unterbrechung. Ganz verrückt und positiv gesehen: die Gelegenheit, ein besseres Schiff zu bauen.

Freilich war die Ausgangsposition schlechter als beim Bau von TABOO. Damals, in Australien, war ich gewissermaßen „integriert" gewesen und hatte ein paar einträgliche Jobs zur Hand. Der Bootsbau und die Weltreise waren eher eine Idee, so etwas wie eine sportliche Herausforderung, wobei noch keineswegs sicher war, daß die Segelei mein Lebensstil für alle Ewigkeit werden würde.

Seit damals hatte sich einiges geändert. Der Besitz eines Bootes war sehr wichtig geworden. Ich war ein wenig in Eile. Schon allein deshalb wollte ich das neue Schiff nicht selbst bauen. Und außerdem: 5000 Stunden lang Holz an Holz fügen

— das ist ein Unternehmen, zu dem man vermutlich nur einmal im Leben die Kraft hat.

Ich wollte das neue, größere, maßgeschneiderte Boot bei einer Werft in Auftrag geben, und dazu brauchte ich Geld. Schnell, viel Geld. Nach diesem Gesichtspunkt war auch die kommende Reiseroute auszulegen. Europa kam vorerst nicht in Frage. Der erste Ansatzpunkt zum Geldverdienen war das Geschäft mit seltenen Schneckenschalen, aus dem ich schon bisher meine laufenden Unkosten gedeckt hatte, und damit Ostasien.

Von der Missionsstation auf Fergusson Island, wo ich nach der Ruderpartie gelandet war, nahm ich den nächsten Versorgungsdampfer zurück in die Zivilisation, flog nach Port Moresby (Hauptstadt von Papua-Neuguinea), von dort weiter nach Singapur. Dort suchte ich mir aus dem Telefonbuch die Adressen von Schnecken- und Muschelhändlern und machte mich auf die Tour. Etwa die Hälfte meiner Schnecken konnte ich zu akzeptablen Preisen absetzen, dann war in Singapur nichts mehr zu holen. Ich setzte mich ins nächste billige Flugzeug nach Bangkok und klapperte dort die Schneckenhändler ab. Nach acht Tagen war endlich die letzte Schale verkauft, und ich verfügte über ein Kapital von 2500 Dollar.

Bei meinen Verkaufstouren in Bangkok lernte ich Roger Berthe kennen. Roger handelte ebenfalls mit Schnecken, und auch sonst hatten wir Gemeinsamkeiten. Die gravierendste davon war, daß er — wie ich — in kurzer Zeit viel Geld machen wollte. Roger bot mir eine Partnerschaft in seinem Schneckenhandel an. Das kam mir ganz gelegen. Er war mit einer Thailänderin verheiratet und damit geschäftlich voll beweglich. Als Ausländer hätte ich mit einem eigenen Schnekkenhandel andauernd irgendwelche Vorschriften umgehen müssen.

Meine 2500 Dollar reichten für eine fünfzigprozentige Beteiligung. In Rogers Augen war das die Investition meines Lebens. Er schwärmte vom größten Schneckenhandel Ostasiens, malte sich Profite von zehntausend Dollar im Monat aus und sah sich schon als graue Eminenz der gesamten Branche.

Das war natürlich nicht ganz ernst zu nehmen. Mit Schneckenschalen kann man zwar ganz vernünftig verdienen, aber den großen Reichtum hat damit noch keiner gemacht. Dafür gibt es einfach zu wenige Sammler. Roger war ein Schwärmer, und ich sah die Sache vom ersten Augenblick an weniger euphorisch. Für mich war die Partnerschaft mit Roger nicht mehr als eine schnelle Gelegenheit, ins Geschäft zu kommen. Mit tausend Dollar im Monat wollte ich vorerst zufrieden sein.

Roger war damals 48 Jahre alt, nach dem Paß Franzose, in Indochina geboren, aufgewachsen in Vietnam und großmütterlicherseits auch mit einem Schuß vietnamesischen Blutes ausgestattet. Sein bisheriges Leben war eine Abfolge von Abenteuern und Zwischenfällen.

In seiner Jugend, den Jahren der Unabhängigkeitswirrnisse Vietnams, war er als Lastwagenfahrer immer genau im ärgsten Wirbel gewesen und hatte dabei sehr schnell gelernt, auf sein Leben acht zu geben. Unter anderem erzählte er aus dieser Zeit folgende Geschichte: Er war auf einem dieser düsteren Dschungelpfade mit seinem Wagen unterwegs, als eine Figur aus dem Busch sprang, aufs Auto kletterte, eine Pistole an seinen Kopf setzte und abdrückte. Der Bolzen schlug mit einem hörbaren „Klack" auf eine taube Patrone. Rogers Nerven dürften in diesem Moment gerade Sendepause gehabt haben. Jedenfalls griff er cool zur eigenen Kanone und schoß den Guerilla vom Wagen.

Irgendwann verstarb dann in Rogers Dunstkreis eine wichtigere Persönlichkeit unter mysteriösen Umständen. Bevor man ihn noch einer peinlichen Befragung unterziehen konnte, verzupfte er sich nach Frankreich. Bei seinen Lebensgewohnheiten hielt er es in der Hochzivilisation jedoch nicht lange aus, ging eine Zeit nach Marokko und kehrte recht bald in den Fernen Osten zurück.

In all den Jahren der Abwesenheit war Rogers Verbindung zu vietnamesischen Freunden und Verwandten intakt geblieben, und das sollte in den nächsten Monaten auch für mich bedeutsam werden.

Bevor der Schneckenhandel im großen Stil losgehen konnte, brauchten wir die Grundausstattung für dieses Gewerbe. Da wir uns nicht nur auf Ankauf und Verkauf von Schnecken beschränken wollten, sondern hauptsächlich selbst danach tauchen, fehlte eine vernünftige Tauchausrüstung mit Kompressor und Flaschen. Flaschen konnte man sich in Bangkok leicht besorgen, für den Kompressor mußte einer von uns nach Europa. Ich meldete mich freiwillig für den Job und kehrte nach vier Jahren der Abwesenheit wieder nach Österreich zurück — natürlich nicht nur, um den Kompressor zu besorgen, sondern auch, um meine Freunde und Verwandten zu sehen und ein paar Geschäftsverbindungen anzuknüpfen.

Der Besuch sollte ergiebiger werden als geplant. Ich konnte alles für die Veröffentlichung meines ersten Buches einrichten, und ich traf vor allem wieder mit einer alten Bekannten namens Gerti zusammen. Kennengelernt hatte ich Gerti während meines Europa-Besuches mit TABOO. Damals heiratete mein Bruder. Gerti, als Schwester der Braut, saß neben mir an der Hochzeitstafel. Wir hatten ziemlich die gleiche Wellenlänge und waren in der Folge viel zusammen. Gerti war damals kaum 16. Als ich dann wieder aufs Schiff ging, war fix ausgemacht, daß wir Kontakt halten wollten. Irgendwie verlor sich die Verbindung mit Gerti aber wieder. Meine Briefe wurden ihr unterschlagen, und als keine Antwort kam, stellte ich die fruchtlose Schreiberei ein.

Daß ich Gerti jetzt wiedertraf, war ein Bombenzufall. Sie hatte ein Jahr lang in Amerika gearbeitet und war erst 14 Tage vor meinem Kurzbesuch nach Österreich zurückgekommen. Jetzt waren wir praktisch unzertrennlich, und es war keine Frage, daß sie nach Thailand nachkommen würde. Zuerst wollte sie noch ein paar Monate arbeiten, um sich das Geld fürs Flugticket zu beschaffen und auch ein wenig Startkapital nach Thailand mitzubringen. Schließlich wollte sie mir nicht auf der Tasche liegen.

Zurück in Thailand, warf ich mich sofort aufs Schneckentauchen. Als Ausgangsbasis wählten Roger und ich Phuket, die heute vom Massentourismus so heimgesuchte Insel. Das alte Thavorn war damals das einzige ordentliche Hotel der Stadt, heutige Touristengrills wie der Strand von Ao Pa Tong waren praktisch menschenleer — kurzum, ein nettes, verschlafenes Plätzchen. In Phuket eröffnete mir Roger auch seinen Plan, wie wir sehr schnell zu sehr viel Geld kommen würden (das Schneckentauchen war zwar ein ganz solider Job mit vernünftiger Dividende, aber blitzartigen Reichtum brachte es natürlich nicht). Nachdem sich ein paar seiner vietnamesischen Verwandten in hohe militärische Positionen jongliert hatten und ihm Bewegungsfreiheit garantieren konnten, war Roger in letzter Zeit ein paarmal in Vietnam gewesen und hatte sich nach lukrativen Geschäften umgesehen. *Ein* Supergeschäft war leicht zu entdecken. Auf den meisten Lebensmitteln lag eine Einfuhrsperre, und im damaligen Südvietnam war nichts kostbarer als Lebensmittel. Eine inoffizielle Belieferung des Marktes war somit naheliegend — zumal es die gefragten Güter in Thailand in Hülle und Fülle gab.

Natürlich hatte es schon mehrere einschlägige Schmuggelversuche gegeben, aber allesamt mit fatalem Ausgang — entweder waren die illegalen Frachter auf dem Weg nach Vietnam von kambodschanischen Piraten aufgebracht oder vor der vietnamesischen Küste von Flugzeugen versenkt worden.

Roger hatte für *seine* Expedition eine bessere Startposition. Die vietnamesische Luftwaffe würde ihm ein entfernter Cousin vom Leibe halten, der einen Abschnitt der Küste unweit der kambodschanischen Grenze befehligte. Den Piraten konnte man durch eine raffiniert ausgelege Route durch den Golf von Siam entgehen, wenn man nur die Astronavigation beherrschte — und dafür hatte Roger mich. Als letztes Risiko würden die thailändischen Piraten bleiben, die er sich durch entsprechende Feuerkraft vom Leibe halten wollte.

Roger hatte mir seinen Plan bald schmackhaft gemacht. Die Gewinnchancen waren hoch, das Unternehmen roch nach Abenteuer. Natürlich konnte man dabei auch das Leben verlieren, aber darüber wollte ich mir in der damaligen Situation nicht viele Gedanken machen.

Der Ablaufplan war auch schnell fixiert: Flug nach Saigon, um mit Rogers militärischer Verwandtschaft Termine und Route zu checken. Zuvor noch an die burmesische Grenze, um Jade einzukaufen. Jade war in Südvietnam wegen der dramatischen Inflation als Wertanlage sehr gefragt. Die hochwertige burmesische Jade erzielte besonders gute Preise. Man konnte den Flug nach Saigon gleich mit einem lukrativen Nebengeschäft verbinden.

Der Ankauf eines passenden Fischerbootes und der Lebensmittelladung konnte warten. Boote mit ausreichender Ladekapazität waren in Thailand jederzeit zu haben. Also fuhren wir an die burmesische Grenze, kauften Jade und flogen nach Saigon. Der Jade-Abnehmer war zur Stelle, das Geschäft ging reibungslos über die Bühne.

Weniger erfolgreich sollte sich die Organisation der Lebensmittel-Lieferung gestalten. Wir mußten nach Ha-tien an der Westküste, was damals, im März 1975, gar nicht mehr so einfach war. Der Vietcong kontrollierte bereits das Hinterland, kleinere Offensiven waren an der Tagesordnung. Quer übers Festland zu reisen war also unmöglich.

Wir fuhren mit dem Bus nach Hon-chon, einer kleinen Ortschaft an der Küste, wo uns ein Kanonenboot des Marinestützpunktes aufklauben sollte. Per Funk wurde ein Treffen auf See ausgemacht, weil das Kanonenboot nicht in den Hafen von Hon-chon einlaufen wollte. Vor kurzem war hier ein anderes Kanonenboot einem Unterwasserattentat zum Opfer gefallen — seitdem war man vorsichtiger. Wir mieteten ein Fischerboot und fuhren dem Kanonenboot entgegen. Das Treffen klappte.

Erst gegen zehn Uhr nachts brausten wir nahe der kambodschanischen Grenze den Fluß nach Ha-tien hoch und liefen in der Finsternis prompt auf eine Sandbank. Weniger als hundert Meter vor dem bereits vom Feind infiltrierten Ufer lag das Kanonenboot satt und bewegungslos wie eine Ente im Fluß. Die Besatzung begann entsprechend nervös zu werden und besetzte alle Geschütze. Zu sehen war in dieser Nacht zwar nicht viel, aber daß wir da waren, hatten wir ja durch den Motorenkrach ordentlich bekanntgegeben. Nach zehn Minuten kam das Boot mit der auflaufenden Tide wieder frei, und wenig später legten wir an dem ziemlich zernepften Pier von Ha-tien an. Neben uns ragten die Überreste

eines Patrouillenbootes aus dem Wasser, das wenige Tage zuvor einen Raketentreffer abgekriegt hatte. Wir waren mitten im Kriegsgebiet.
Nach einer ausgezeichneten vietnamesischen Mahlzeit fielen wir todmüde ins Bett. Von Schlafen konnte bei mir trotzdem nicht die Rede sein. Die Lage gab mir zu denken. Sie stimmte nicht ganz mit Rogers Schilderung überein. Er hatte es so dargestellt, als würden hier in Ha-tien, dem geplanten Übergabeort unserer Ladung, geordnete Verhältnisse herrschen. Soweit ich die Situation aber überblicken konnte, war Ha-tien ein Außenposten nahe der Front, der nur noch per Kanonenboot halbwegs sicher zu erreichen war. Davon war eines übrig, und das konnte jederzeit ausfallen. Wir waren für meinen Geschmack hier viel zu nah am Krieg. Das Grollen von schweren Geschützen ein paar Kilometer die Küste hoch war unüberhörbar. Hin und wieder wurden von unseren Wachtürmen Gewehrschüsse in den Busch am jenseitigen Ufer des Flusses abgegeben. Alle paar Minuten explodierte unter Wasser eine Handgranate, um feindliche Froschmänner vom Kanonenboot fernzuhalten.
Einer von Rogers Cousins war hier Lagerkommandant. Am nächsten Morgen war er unabkömmlich, die Besprechung der Lebensmittellieferung wurde für den Abend angesetzt. Inzwischen hatten wir frei. Für alle Fälle teilte man Roger und mir je ein Schnellfeuergewehr M16 zu, die Standardwaffe der amerikanischen Armee. In unserem Fall hatte sie noch ein Zusatzgerät unter dem Lauf, mit dem man raketengetriebene Granaten abfeuern konnte. Mit dieser kleinen Kanone in der Hand war mir endgültig klar, daß es hier jeden Augenblick krachen konnte.
Am Abend war dann großer Palaver mit dem Lagerkommandanten. Obwohl Roger den lokalen Dialekt perfekt beherrschte, wurde aus Rücksicht auf mich englisch gesprochen. Wir waren gerade bei den Einzelheiten der Warenübernahme, als mit einem Schlag die Hölle losbrach. Das Lager wurde von Granattreffern erschüttert, Sekunden später wurde das Feuer erwidert. Der Krach war unbeschreiblich. Alles stürzte in die Stellungen, Roger und ich natürlich mit. Obwohl das jenseitige Flußufer in Magnesiumlicht getaucht wurde, war vom Feind nichts zu sehen. Da und dort zuckte ein Mündungsfeuer aus dem Busch. Jedermann schoß zurück. Bei dieser kollektiven Verteidigungswut mußte ich mich natürlich auch nützlich machen. Verschoß zuerst mehr oder weniger kontrolliert ein paar Magazine Gewehrkugeln und verlegte mich dann auf Granatfeuer. Einer meiner lebhaftesten Eindrücke in diesem wilden Austausch von Granaten und Gewehrkugeln war ein Klingeln zu meiner Linken, das ich damals ungeheuer lustig fand. Das Wellblechdach der Duschhütten war unter konzentrierten Be-

schuß geraten und brachte neue Töne in den allgemeinen Explosionskrach. Die Situation war also ziemlich wahnsinnig. Ich fühlte mich ungeheuer lebendig und auf mich selbst angewiesen und schoß in die Finsternis auf der anderen Seite des Flusses, bis nach ein paar Minuten wieder Ruhe war. Auf unserer Seite wurden fünf Verwundete versorgt; was drüben los war, interessierte niemand.

Wir setzten uns wieder zusammen und tranken zur Beruhigung der Nerven vorerst den letzten Rest meines Whiskys. Den hiesigen Reisschnaps konnte ich beim besten Willen nicht runterkriegen; er war blödsinnig scharf und offensichtlich auch einigermaßen ungesund — Roger klagte immer wieder über Magengeschwüre, die er sich in seiner Jugend durch den Konsum dieses Wässerchens zugezogen habe.

An eine Lebensmittellieferung war unter diesen Umständen nicht mehr zu denken, das sah auch Rogers Cousin ein. Wir schauten also, daß wir so schnell wie möglich in einen weniger aufregenden Teil Vietnams überstellt wurden.

In bewährter Weise fuhr man uns mit dem Kanonenboot die Küste hinunter, bis vor den Hafen von Hon-chon. Wir kamen im Morgengrauen an, wurden auf ein unauffälliges Fischerboot verladen und damit an Land gebracht. Die Bustour nach Saigon konnten wir uns diesmal sparen. Wir erwischten eine klapprige DC3 und waren in knapp einer halben Stunde in der Hauptstadt.

Nachdem unser großer Lebensmittel-Coup unaktuell geworden war, wollten wir den Aufenthalt in Vietnam wenigstens zu konventionellen Geschäften nutzen. Es bestand ja auch keine besondere Eile, meinten wir, die Region um Saigon schien ziemlich sicher.

Am nächsten Tag fuhren wir mit einem Taxi nach Vung-tau an der Südküste, einem ausgezeichneten Platz, um von den Fischern seltene Schneckenschalen zu kaufen.

Nach zwei erholsamen Tagen begaben wir uns wieder ein Stück die Küste des Chinesischen Meeres hoch nach Nha-trang, wo Roger einen weiteren Cousin auf hohem militärischen Posten hatte. Von dem borgten wir uns ein Kanonenboot für Schnecken-Tauchgänge aus. (Wenn man im damaligen Süd-Vietnam die richtigen Beziehungen hatte, ging fast alles. Ohne Beziehungen ging überhaupt nichts).

Jeden Morgen zischten wir mit unserem Kampfboot hinaus zu den Inseln und tauchten dort völlig locker nach Schnecken.

Das idyllische Leben fand nach wenigen Tagen ein jähes Ende. Der Vietcong nahm die Städte Pleiku und Ban-me-thout, das weniger als 100 Kilometer von unserem Standort entfernt lag. Gleichzeitig wurde die einzige Straßenverbin-

dung von Nha-trang nach Saigon unterbrochen und auf 50 Kilometer vermint. Was keiner wahr haben wollte, war plötzlich Gewißheit geworden: die Nord-Vietnamesen hatten eine große Offensive gestartet und waren drauf und dran, den Rest vom Süden aufzurollen.
(Seltsamerweise konnte man das schon seit gut einer Woche in sämtlichen Tageszeitungen der westlichen Welt nachlesen — nur bei uns schien niemand davon zu wissen).
Jetzt waren uns die Schnecken ziemlich Wurscht. Wir wollten so rasch wie möglich nach Saigon kommen, um uns in die nächste Maschine nach Thailand zu pressen.
Der Transfer nach Saigon war allerdings für Normal-Sterbliche bereits ein Ding der Unmöglichkeit. Die letzten Flugtickets waren nur noch gegen Gold gehandelt worden und schon vergriffen. Roger begann in seinem Verwandten- und Bekanntenkreis zu rotieren und bekam auch tatsächlich einen heißen Tip. Am selben Abend sollten von Phan-thiet, einer Hafenstadt knapp 200 Kilometer südlich, zwei große Fischerboote nach Saigon auslaufen. Wir charterten in aller Eile ein antiquiertes Taxi und rumpelten los. Irgendwo auf dieser elenden Küstenstraße hatten wir einen groben Defekt, standen stundenlang hilflos herum, bis wir endlich mittels Stacheldraht abgeschleppt wurden. Natürlich kamen wir zu spät nach Phan-thiet. Die Schiffe waren weg.
Wir übernachteten und kehrten am nächsten Tag nach Nha-trang zurück, wo wir uns bessere Chancen auf irgendein Fahrzeug nach Saigon ausrechneten.
Unser Ärger über die versäumten Fischerboote hielt übrigens nicht lange. In Nha-trang erfuhren wir, daß die Boote vor der Südküste in schweren Seen gesunken waren und vermutlich alle 500 Passagiere ums Leben gekommen wären. Der Grund für die Katastrophe war sonnenklar. Mit je 250 Menschen an Bord müssen die Boote hoffnungslos überladen gewesen sein.
In Nha-trang herrschte bereits volles Chaos. Ein endloser Flüchtlingsstrom ergoß sich in die Stadt. Für mich, dem einzigen Weißen weit und breit, war die Situation besonders delikat. Jeder hielt mich für einen Amerikaner. Die Amis hatten sich jedoch vor Tagen klammheimlich abgesetzt, was ihrem (und damit meinem) Image nicht gerade zuträglich war. Auch die Kampfflugzeuge, die zuvor noch täglich ihre Einsätze geflogen hatten, waren in einer geordneten Perlenschnur nach Süden verschwunden. Wir hatten das Gefühl, in der Falle zu sitzen.
In dieser allgemeinen Fünf-Minuten-vor-zwölf-Stimmung hatte sich der Eigentümer unseres kleinen Hotels den Geschäftssinn bewahrt. Jeden Abend schickte er uns ein knappes Dutzend junger Mädchen aufs Zimmer, unter denen wir wählen

konnten. Roger irrte dann auch entsprechend geschwächt durch die Stadt, um bei Freunden oder Verwandten den entscheidenden Tip aufzutreiben. Die Cousins hatten natürlich andere Sorgen als Rogers Rettung. Die Militärs unter seinen Verwandten waren gerade dabei, die Uniform abzulegen und sich an Zivilklamotten zu gewöhnen. Der Umgang mit Roger war ihnen eher unangenehm. Trotzdem wurde schlußendlich der entscheidende Tip serviert: Um Mitternacht sollte ein Versorgungsschiff nach Saigon gehen. Irgendein guter Freund von Rogers Familie hatte noch die Kraft, uns zwei Privatplätze zu organisieren.

Nach Einbruch der Dunkelheit ging es in vietnamesischer Verkleidung an Bord. Das Schiff war ein winziger Versorgungstanker. Wir wurden sofort unter Deck gebracht, in einer winzigen Kabine verstaut und eingesperrt. Kurz darauf legte der Tanker ab, ankerte aber gleich wieder etwas weiter draußen in der Bucht. Von Schlaf konnte keine Rede sein. Aus der Entfernung grummelten die Geschütze herüber, aus der Stadt drang Gewehrknattern heraus aufs Wasser, der Angriff auf Nha-trang stand — akustisch — jedenfalls unmittelbar bevor. Trotzdem rührte sich unser Schiff nicht von der Stelle. In regelmäßigen Abständen brachte man zwecks Abschreckung von Froschmännern unter dem Rumpf Handgranaten zur Explosion, was sich in unserer Kabine jedesmal anhörte, als hätte der Tanker einen Volltreffer abgekriegt.

Mitternacht kam und ging. Der Tanker rührte sich noch immer nicht.

Es wurde hell. Durchs Luk unserer Kabine fotografierte ich die Mastspitze eines auf Grund liegenden Schiffes.

Endlich rumste die Hauptmaschine an, der Anker wurde gelichtet, wir verließen die Bucht von Nha-trang. Draußen auf See durften wir auch wieder an Deck. Roger fand bald heraus, daß unser Schiffchen bis zum letzten Zentimeter Laderaum mit Benzin gefüllt war. Es war damit nicht gerade das Schiff meiner Wahl, aber immerhin schob es uns mit zehn Knoten Richtung Saigon und damit hinaus aus dem Krieg.

Am nächsten Tag liefen wir in Vung-tau, einem Hafen auf der Höhe von Saigon, ein. Am Pier konnten wir nicht festmachen — dort lag schon ein anderes Schiff auf dem Grund. Trotz der allgemeinen Torschlußpanik herrschte auf dem kleinen Tanker noch Ordnung und Bürokratie. Bevor man mich an Land ließ, mußte ich ein Papier unterzeichnen, daß ich wohlbehalten in Vung-tau angekommen sei und von nun an für meine Sicherheit selbst verantwortlich wäre. Ich nahm mein Leben also wieder in die eigenen Hände und fuhr gemeinsam mit Roger nach Saigon, was keine Probleme machte.

Für den übernächsten Tag bekamen wir dann auch zwei Plätze in einer Verkehrsmaschine nach Bangkok. Als sich das Flugzeug endlich über die heiße Piste quälte, abhob und die von Bombenkratern übersäten Reisfelder überflog, hatte ich das bestimmte Gefühl, gerade noch einmal mit heiler Haut davongekommen zu sein.

In den Taschen hatten wir einen feinen Profit aus dem Jadegeschäft, in den Händen hielten wir ein paar Schachteln voll seltener Schneckenschalen, die ebenfalls bares Geld wert waren. Insofern hatte sich der Trip in den Vietnam-Krieg ausgezahlt, den großen Coup mit den Lebensmittellieferungen mußten wir allerdings vergessen.

Zu Hause bei Roger wurden wir überschwenglich von seiner Frau begrüßt. Da man hier über die Lage in Vietnam bestens informiert wurde, hatte sie sich schon Sorgen gemacht. Für mich war Post von Gerti da. Sie kündigte ihre Ankunft für den soundsovielten an, und der war gerade. Mir blieb gerade noch Zeit zum Duschen und Essen, dann war ich wieder auf dem Weg zum Flughafen.

Irgendwie mußte ich ihre Ankunftszeit mißverstanden haben, ihr Flugzeug war schon vor zwei Stunden gelandet. Schließlich fand ich Gerti in einem Winkel des Flughafens ziemlich zerstört auf ihrem Koffer sitzen. Sie hatte natürlich auch über die Zustände in Vietnam gelesen und gedacht, wir wären nicht mehr rechtzeitig herausgekommen. Die Wiedersehensfreude war riesengroß. Wir fuhren gleich in ein Hotel, um allein für uns zu sein. Ich brauchte einfach Urlaub von Roger, und Gerti war da genau der richtige Ausgleich.

Nach zwei Tagen zogen wir zu Roger und stürzten uns ins Schneckenexportgeschäft. Als unser Lager aufgearbeitet war, übersiedelte ich mit Gerti nach Phuket, um dort den Ankauf und die Suche von Schnecken zu übernehmen. Roger blieb in Bangkok und machte den Versand.

Wir mieteten einen winzigen Bungalow direkt am Meer. Es war eine nette Zeit mit Gerti, und auch geschäftlich hatte ich Glück.

Ich war beim Schneckeneinkauf viel unterwegs, unter anderem auch in Gegenden, in denen Überfälle an der Tagesordnung sind. Man trägt dort nur eine billige Uhr und hat die Brieftasche mit kleinen Scheinen gefüllt. Das wirkliche Geld hat man irgendwo am Körper kleben oder in den Schuhen, die von einem Thai niemals angerührt werden. Wenn vorher von Glück die Rede war, so heißt das, daß ich nie ausgeraubt wurde. Ein einziges Mal, auf der Busfahrt von Phuket nach Bangkok, geriet ich in einen Überfall: Auf der nächtlichen Fahrt entpuppten sich fünf Passagiere als Ganoven, stoppten den Bus, erschossen kurzerhand den Beifahrer, der eine Reihe hinter mir ein Nickerchen gehalten hatte, und begannen, die Reisenden um ihre Wertsachen zu erleichtern. Ich hatte nicht geschlafen und bei der ersten Unruhe Geldtasche und Uhr unter den Sitz geschoben. Dem Typ, der mich dann abgrapschte und mir dabei mit einer 45er-Automatik in die Rippen bohrte, machte ich klar, daß ich schon von einem Kollegen bedient worden wäre. Heute, wo ich die Mentalität der Thais ein wenig besser kenne, würde ich den Trick vermutlich bleiben lassen. Die Thais reagieren oft sehr emotionell, wenn man sie für blöd verkauft.

Die fünf Gauner erledigten hektisch und mit hysterischen Anweisungen ihren Überfall, sprangen aus dem Bus, ballerten in die Reifen und verschwanden Sekunden später im Busch. Natürlich hielt in der Nacht kein anderes Fahrzeug auf dieser berüchtigten Strecke nahe der Grenze von Burma. Es dauerte neun Stunden, bis wir weiterkonnten.

Pech kann man natürlich auch haben. Von einem Schneckenhändler aus Bangkok weiß ich, das er schon auf seiner dritten Einkaufsfahrt um 3500 Dollar erleichtert wurde. Ich jedenfalls hatte Glück, war mir aber klar, daß ich dieses Glück nicht in alle Ewigkeit haben würde.

Das unsichere Pflaster war einer der Gründe, weshalb ich von Thailand weg wollte. Die Geschäfte waren gut genug gegangen, daß ich an den Beginn des Bootsbaus denken konnte. Thailand war dafür in mehrerer Hinsicht ungünstig. Als Ausländer mußte man dauernd ausreisen, um mit neuem Visum wieder einzureisen. Die Zollbestimmungen waren kompliziert. Es gab Sprachschwierigkeiten. Die politische Unsicherheit war für ein zeitaufwendiges Projekt wie den Schiffsbau auch recht unangenehm. Zuletzt hatte ich kein rechtes Zutrauen zu der Art, wie die Thais Yachten bauten.

Das benachbarte Malaysia hatte da schon ein günstigeres Klima. Es gab dort ein paar Bootsbauer, die vom Yachtbau eine Ahnung hatten. Der Behördenkram wäre allerdings auch nicht einfach geworden, überdies wäre es auf Malaysia praktisch unmöglich gewesen, mit Schneckenschalen Geld zu machen.

Als im September wieder einmal unsere Visa abgelaufen waren, flog ich auf die Philippinen, um dort Schnecken einzukaufen. Gerti flog ein paar Monate zum Arbeiten nach Österreich.

Auf den Philippinen wurde mir rasch klar, daß hier der beste Platz für den Bootsbau wäre. Das Naturell der Filippinos sagte mir gleich zu. Es herrschte eine freundliche Einstellung Weißen gegenüber. Fast jedermann sprach englisch. Man konnte als Tourist ein Jahr lang im Land bleiben, bevor man wieder ausreisen mußte.

Auch was den Bootsbau betraf, herrschten günstige Umstände. Es gab erstklassiges Holz — Marine-Sperrholzplatten, die für den lokalen Bedarf und sogar Ex-

port hergestellt wurden, und das philippinische Mahagoni. Arbeitskräfte waren billig, der Yachtbau eine geläufige Sache.
Ich verlängerte gleich meinen Aufenthalt, recherchierte den Bootsausbau betreffende Details, organisierte eine Wohnung und kehrte erst nach mehreren Wochen wieder nach Bangkok zurück, um in Thailand meine Zelte abzubrechen.
Die Zusammenarbeit mit Roger ging ohnehin ihrem Ende entgegen. Wir hatten sie auf ein Jahr befristet. Sollten sich meine finanziellen Erwartungen nicht erfüllen, konnte ich aussteigen. So war es auch. Ein letzter Verkaufstrip führte mich nach Paris, New York und Florida, wo ich gleich Verbindungen für meinen selbständigen Schneckenhandel von den Philippinen aus anknüpfte. Ich war damals recht gut im Geschäft. Es war leicht auszurechnen, daß ich die Finanzierung des Bootsbaues ohne Schmuggel-Abenteuer würde schaffen können.
Der Handel mit seltenen Schnecken ist eine weltweite Angelegenheit. In vielen Ländern gibt es Clubs von Schneckensammlern, die teilweise sogar Zeitschriften mit Fachinformationen und wissenschaftlichen Abhandlungen herausgeben. Man kann Schneckensammler durchaus mit Briefmarkensammlern vergleichen. Der einzige Unterschied liegt vielleicht darin, daß Schnecken keine besonders gute Wertanlage sind. Im Gegensatz zu alten Briefmarken sind die Preise bei Schnecken großen Schwankungen unterworfen. Zur Illustration: Der spektakulärste Preisverfall der letzten Zeit betraf eine Schneckenart namens *Conus thomae*. *Conus thomae* wurde mehr als hundert Jahre nicht gefunden. Als dann ein Exemplar auftauchte, erzielte es einen Preis von 5500 Dollar. Überraschenderweise kamen in der Folge immer mehr *Conus thomae* auf den Markt, sodaß der Preis bis auf etwa 250 Dollar verfiel und erst in letzter Zeit wieder ein wenig anzog. Das ist natürlich eine ausgewählt dramatische Preisbewegung. Üblicherweise sind die Preise stabiler. Für häufig vorkommende Schnecken konnte ich damals ein bis zwei Dollar erzielen. Ganz seltene Exemplare brachten zwei-, dreitausend Dollar. Bei diesen Schnecken blieb mir allerdings nur die Handelsspanne, selbst ertauchen kann man sie nicht, weil sie in großen Tiefen von etwa 200 Metern vorkommen, wo sie von spezialisierten Schneckenfischern mit Netzen gehoben werden. Das ist eine mühsame Sache und eine ewige Folge von Fehlschlägen, ernährt aber beispielsweie allein auf den Philippinen etwa 200 Fischer, die nur noch auf Schneckenfang ausgehen. Wenn man die richtigen Kontakte in Europa und Nordamerika hatte, konnte man ganz ordentlich verdienen.
Ich traf mich nach der Europa-Amerika-Reise mit Gerti in Bangkok, trennte mich in gutem Einvernehmen von Roger und übersiedelte nach Cebu City auf die Philippinen.

Gerti und ich zogen in den nächsten Monaten einen Schnecken- und Muschelversand auf. Ich hatte hier guten Zugriff zu seltenen Schnecken und versorgte meine Kontaktadressen in Europa und den USA mit besten Angeboten. Das Geschäft lief ganz gut an und machte eine Menge Arbeit. Ich war viel unterwegs zum Einkaufen. Praktisch jede erworbene Schale mußte vor dem Versand gereinigt werden. Natürlich war mein Schneckenhandel nicht amtsbekannt. Als Ausländer darf man auch auf den Philippinen nicht so ohne weiteres ein Geschäft aufziehen. Manche Bestimmungen mußten umgangen werden, überhaupt war diskretes Verhalten notwendig.

Auch der Geldtransfer verlangte ein besonderes Verfahren. Da ich nicht einfach ein Geschäftskonto eröffnen konnte, auf das die Kunden dann ihre Zahlungen überwiesen, ließ ich mir das Geld in Form von Schecks zuschicken. Die löste ich dann am Schwarzmarkt ein. Für Dollarschecks fanden sich immer Abnehmer, weil es auf den Philippinen genug Geschäftsleute gibt, die ihr Geld ins Ausland schaffen wollen. Schecks sind dafür günstiger als Bargeld (freilich nicht die bei uns im Alltag üblichen „personal checks“, die ja gesperrt oder ungedeckt sein können, sondern Reiseschecks oder „cashier checks“).

Anfangs war der Profit aus dem Schneckengeschäft vielleicht ein paar hundert Dollar im Monat, später hatte ich bis zu 8000 Dollar in Form von Ware oder Schecks auf dem Postweg, was dann pro Monat gut über 1000 Dollar Profit brachte.

Im Vergleich zum Geldtransfer war das Umgehen des Zolls eine Kleinigkeit. Zu Neujahr ist es auf den Philippinen üblich, beim Postbeamten eine kleine Aufmerksamkeit von etwa fünf Pesos (entsprach einem Dollar) fallen zu lassen. Ich gab meiner Postlerin zehn Pesos und hatte damit sämtliche Zollprobleme gelöst. Meine Päckchen, deklariert als "handy craft“, wurden nie kontrolliert; wenn ich das Postkämmerchen betrat, schallte es mir fröhlich „Mr. Hausner“ entgegen — zu warten brauchte ich nie, auch wenn da 15 Leute Schlange standen.

Die Philippinen waren ein guter Platz für einen neuen Anfang.

Der Alptraum TABOO II
SCHIFFBAU AUF DEN PHILIPPINEN

Auf den Philippinen wollte ich so rasch wie möglich den Bootsbau in Angriff nehmen. Meine Idee war, die beiden Rümpfe ohne jede Inneneinrichtung und ohne Decks bei einer Werft in Auftrag zu geben. Während des Baus der Rümpfe mußte ich fest weiterverdienen, um beim Ausbau des Schiffes, den ich selbst übernehmen wollte, das Schneckengeschäft ein wenig zurückschrauben zu können. Arbeitskräfte waren billig. Ich stellte mir eine kleine Gruppe von Tischlern vor, die unter meiner Leitung den Innenausbau zügig erledigen würde. Das Projekt sollte ja in absehbarer Zeit abgeschlossen sein.

Unter unserer Wohnung befand sich ein Friseurladen. Nach ein paar Wochen fühlte sich Gerti genötigt, dieses Etablissement aufzusuchen. Was Gertis Frisur betrifft, war der Erfolg bescheiden — die Mädchen dort waren eher auf schwarzes als auf blondes Haar eingeschossen —, aber Gerti lernte eine gewisse Frau Porter kennen, die Frau von Eddie Porter, der zufällig eine Werft in Mandaue, einem Vorort von Cebu City, hatte. Wenn seine Werft auch nicht den Bau unseres Schiffes selbst würde übernehmen können (sie baute große Frachtkähne), so waren doch ein paar vernünftige Empfehlungen zu erwarten.

Kurz darauf saß ich bei Eddie Porter in der El'nor Schiffswerft. Eddie empfahl mir eine auf Holzboote spezialisierte Werft, und wir holten gleich eine Offerte ein. Der Vorschlag lag in atemberaubender Höhe, wir brauchten darüber gar nicht zu verhandeln.

Aber Eddie hatte noch einen Tip in Reserve. Auf der Nachbarinsel Leyte wußte er einen Bootsbauer, der größere Ausleger-Fischerboote nach traditioneller Methode aus Holz herstellte. Dabei wird ein mächtiger Baumstamm als unterer Teil des Rumpfes verwendet. Die Rumpfwände werden in Marine-Sperrholz hochgezogen. Das klang ganz vernünftig. Der einzige Haken dabei war, daß es die passenden Bäume auf Cebu nicht mehr gab, sondern nur noch auf Leyte. Die Rümpfe müßten also dort, ein wenig abseits meiner Kontrolle, gebaut werden. Die Idee war mir trotzdem nicht unsympathisch — schließlich war der Bootsbauer ja ein Profi und hatte sicher schon Dutzende Schiffe dieser Art hergestellt. Eddi lud also Dominador Balugo, Werftbesitzer auf Leyte, zu einer Unterredung nach Cebu ein. Balugo kam, ich zeigte ihm meinen Bauplan, er machte ein recht günstiges Angebot. Wir hielten gleich alles vertraglich fest, ich leistete eine Anzahlung und war damit am Anfang eines Alptraumes.

Zuerst konnten wochenlang keine geeigneten Bäume gefunden werden. Dann wurde ein Baum gefällt, der sich aber als zu klein herausstellte. Die nächste Nachricht aus Leyte war, daß man einen perfekten Stamm gefunden und gefällt hätte — leider wäre er danach in eine Schlucht abgestürzt. Balugos Geschichten klangen mir irgendwie dünn. Mit der nächsten Fähre fuhr ich nach Leyte, um den ewigen Ausflüchten auf den Grund zu gehen.

Der erste Schock war der Anblick von Balugos „Werft“. Keine zwanzig Meter vom Strand stand ein windschiefes Palmwedeldach. Man konnte die Konstruktion nicht einmal Schuppen nennen, weil es praktisch keine Seitenwände gab. Die „Werft“ war nach allen Seiten offen.

Von hier aus unternahmen wir eine Expedition in die Berge. Balugo schleppte mich kreuz und quer durch die zerklüftete Geographie seiner Insel und wartete sichtlich darauf, daß ich das beschwerliche Unternehmen abblasen würde. Das kam natürlich überhaupt nicht in Frage. Überraschenderweise gelangten wir nach Stunden dann doch zu einem monströsen Baum, der am Rande einer Schlucht geschlagen und im Tiefflug abgestürzt war. Jetzt lag die Leiche mit einem langen Sprung am Boden der unwegsamen Schlucht.

Ich machte ein wenig Dampf unter Balugos Hintern, fuhr aber doch recht beruhigt zurück nach Cebu. Wenn der passende Baum auch noch nicht gefunden war, so war Balugo immerhin auf der Suche. Er hätte ja auch auf der faulen Haut liegen können.

Wenige Wochen nach diesem Besuch auf Leyte rief Balugo glückselig an und meldete einen Erfolg. Ein passender Baum war gefunden, gefällt und in die Werft transportiert worden. Der Baumriese war gleich im Wald gespalten und ausgehöhlt worden, dann hatten 15 Mann die Hälften zu Tal geschleppt, wo ihnen Wasserbüffel die Arbeit abnahmen und das Holz im flachen Flußbett bis ans Meer zogen. Von dort wurden die Baumhälften mit einem motorisierten Auslegerboot in Balugos Werft geschleppt. Ich war ganz zufrieden. Endlich rührte sich was.

In der Anfangsphase ging die Arbeit auch zügig voran. Ich pilgerte jedes Wochenende nach Leyte und konnte beobachten, wie die Baumstämme auf ihre endgültige Form und Wandstärke gebracht wurden und Spanten, Stringer und Vordersteven hochwuchsen. Alles war solide Handarbeit; in dem kleinen Ort Albuerra, in dem Balugo mit seiner Werft zu Hause war, gab es ja keine Elektrizität. So weit, so positiv.

Als das Skelett des ersten Rumpfes fertig war, fuhr ich zu einer Kontrollvermessung hinüber. Der Rumpf sollte eine Länge von 16 Metern haben, erwies sich allerdings als 17.40 Meter lang. Ich war einigermaßen konsterniert und stellte Balugo zur Rede. Der blockte sämtliche Vorwürfe mit dem Argument ab, ich bekäme ja mehr für mein Geld und sollte mich deshalb nicht aufregen. Ich sah die Sache nicht ganz im selben Licht. Immerhin war mein Bauplan dadurch unbrauchbar geworden.

An der Länge des Rumpfes war freilich nichts mehr zu ändern. Ich zeichnete einen neuen Plan für eine Länge von 17.40 Meter über alles.

Das Schiff war natürlich auch viel zu groß für Balugos Palmwedelhalle. Bevor es an die Sperrholzarbeiten ging, sollte der Bauplatz geschützt werden. Als ich am nächsten Wochenende wieder zur Werft kam, regnete es gerade. Balugo und seine Gesellen waren fröhlich dabei, im Regen Sperrholz zu verleimen! Von einem neuen Dach war keine Spur. Ich tobte und forderte von Balugo ultimativ eine Vergrößerung des Daches.

Bei meinem nächsten Besuch gab es das Dach. Verrückt wie er war, hatte Balugo dazu die für den Bau des zweiten Rumpfes vorgesehenen Sperrholzplatten verwendet, die nun abwechselnd glühender Sonne und heftigen Regengüssen ausgesetzt waren. Spätestens jetzt war mir klar, daß Balugo wenig Ahnung vom Bootsbau hatte. Unter normalen Umständen hätte ich das Unternehmen abgeblasen und den Kerl verklagt. Im Falle Balugo wäre das allerdings sinnlos gewesen. Er besaß nicht mehr als eine Stelzenhütte und einen Haufen Kinder. Seine „Werft" verfügte über null Kapital.

Jede Bauphase hatte ich vorfinanzieren müssen. Wenn ich den Bootsbau jetzt abbrach, verlor ich mit Sicherheit das ganze bisher investierte Geld. Es war also sicher klüger, die Rümpfe fertig bauen zu lassen und dann zu sehen, was ich damit anfangen konnte. Ich zwang Balugo also mit handfesten Drohungen zu einer ordentlichen Erweiterung des Daches und einer sachgerechten Behandlung meines Holzes und hoffte auf Besserung.

Die Hoffnung wurde mir bereits beim nächsten Besuch geraubt. Das Gerippe des zweiten Rumpfes war fertig. Bei einer Vermessung stellte er sich als 10 cm zu

kurz heraus. Der Unterschied war Balugo überhaupt nicht aufgefallen. Er verwendete zum Messen eine dehnbare Schnur, und so kam er immer wieder auf passende Maße.
Der Längenunterschied der Rümpfe wäre nicht gar so schlimm gewesen. Viel mehr Ärger bereitete mir die lockere Art, wie Balugo die Position der Hauptschotten verändert hatte. Das ergab unter anderem kleinere Kabinen und größere Toilettenräume. Gegen Ende des Bootsbaus packte Balugo zu allem Überdruß noch einen besonders faulen Trick aus: Er forderte mehr Geld, um überhaupt fertig werden zu können. Ich drehte den Spieß um, führte eine Verzugsklausel ein, hielt zehn Prozent der vereinbarten Summe zurück und setzte damit zur Abwechslung meinen sauberen Bootsbauer unter Druck.
Während Balugo jetzt recht zügig an der Fertigstellung des zweiten Rumpfes arbeitete, nahmen Gerti und ich Urlaub von Cebu City und kitteten und schliffen das Unterwasserschiff des ersten Rumpfes. Anschließend wurde es mit Dynel und Epoxyharz beschichtet. Das halbe Dorf gaffte: Noch nie hatte man eine weiße Frau arbeiten gesehen — und noch dazu in einem derart ausgefallenen Job!
Nachdem auch der zweite Rumpf von Balugo und seinen Gesellen fertiggebaut und von uns beschichtet worden war, stand einem Stapellauf und der Überstellung nach Cebu nichts mehr im Wege. Es war der 22. Februar 1977, ein denkwürdiger Tag. Die beiden Rümpfe wurden vorerst provisorisch verbunden. Die Flächen der jeweils vier Schotts ragten ein gutes Stück über die Rumpfoberkanten hinaus. Nun legten wir links und rechts eines jeden überstehenden Schotts einen Hartholzbalken, verbanden Balken und Schotts mit je vier massiven Bolzen. Am Ende waren die beiden Rümpfe scheinbar bombensicher mit acht Balken und 36 Stahlbolzen verbunden. Balugo schwor jeden Eid, daß die Muttern der Bolzen fest angezogen wären, und wir schoben den Kat auf Brettern und Holzrollen ins Wasser. Um zehn Uhr abends schwamm TABOO II mit der Tide auf. Ein motorisiertes Auslegerboot wurde vorgespannt, Balugo, zwei seiner Söhne und zwei Helfer verteilten sich auf dem Kat. Gerti und ich fuhren im Schleppfahrzeug. Wir liefen nach Cebu aus. Das Wetter war ruhig. Wir hofften, am nächsten Mittag anzukommen.
Gegen zwei Uhr morgens frischte der Wind auf. Im Mondlicht sah man Schaumkronen auf den Wellen tanzen, die See wurde ruppiger. Kurz darauf setzte Regen ein, sodaß man den Kat am Ende der langen Trosse kaum mehr sehen konnte. Das Auslegerkanu nahm bereits Wasser über und mußte dauernd ausgeschöpft werden. Kurz vor Tagesanbruch machte sich plötzlich die Kat-Besatzung durch heftiges Schreien bemerkbar. Wir verkürzten die Trosse, bis wir auf Rufweite

waren. Während die beiden Boote auf den Wellen tanzten, brüllte Balugo herüber, daß sich die Verbindung der Rümpfe zu lösen beginne. Die Meldung durfte einfach nicht wahr sein!
Wir versuchten, in Lee der nächsten Insel zu kommen, um den Schaden zu besehen und wenn möglich die Verbindung so weit zu festigen, daß wir es bis Cebu schaffen konnten. Im starken Wind und Seegang kamen wir mit unserem Schleppverband nur langsam weiter und erreichten das ruhigere Wasser nicht mehr. Im ersten Tageslicht brach still und leise die Rumpfverbindung. Die Rümpfe kippten um und liefen voll Wasser. Balugo und seine Bande waren in Seenot und schrien um Hilfe. Die Bergung wurde einigermaßen kompliziert, weil das Kanu in dem starken Seegang sorgfältig manövriert werden mußte.
Mit Mühe konnte ich den Schiffsführer des Kanus überreden, wenigstens einen der beiden abgesoffenen Rümpfe ins Schlepp zu nehmen. Beide abzuschleppen, wäre unmöglich gewesen. Wir konnten nur hoffen, daß sich der zweite später bergen ließ. Die Insel lag zwar nur drei Meilen entfernt, mit fünf weiteren Passagieren an Bord und dem umgekippten Rumpf im Schlepp war die Fahrt jedoch ab sofort lebensgefährlich. Gerti hielt sich gut. In dem ganzen Chaos war sie nicht hysterisch geworden. Jetzt verdrückte sie ein paar Tränen, weil sie kommen sah, was ich immer noch nicht wahrhaben wollte: Das Unternehmen TABOO II schlitterte in ein Fiasko.
Drei Stunden und einen Motorausfall später landeten wir durchnäßt und halb erfroren in der kleinen Bucht Dap Dap der Insel Pacijan. Ich kümmerte mich um die Verankerung des geretteten Rumpfes, und der Bootsmann fuhr mit seinem Gehilfen gleich wieder hinaus, um den zweiten Rumpf zu bergen. Erst am späten Nachmittag kamen sie wieder, schleppten aber nur ein kleines Wrackteil an.
Die Stimmung war im Keller. Daß wir den zweiten Rumpf am nächsten Tag noch finden würden, schien fast ausgeschlossen.
Ich schickte Balugo Quartier machen, um ihn aus den Augen zu haben. Am Ende der Bucht stellte uns eine Familie eine leerstehende Palmwedelhütte zur Verfügung, wo wir auf Matten die Nacht verbrachten. Bei Hochwasser zogen wir im Mondlicht den Rumpf auf den Strand — hier konnte er wenigstens nicht mehr abtreiben.
Am nächsten Morgen war an eine Bergungsfahrt mit dem Auslegerkanu nicht zu denken. Die See war noch rauher als am Vortag. Ich hatte Zeit genug, mich mit der Rumpfleiche zu beschäftigen. Beim Abschleppen und in der Nacht schien der Rumpf ja noch ganz in Ordnung zu sein. Bei Tageslicht besehen, war er aller-

dings gar nicht mehr so heil. Mehrere Leimstellen hatten sich gelöst. Die Ursache war mir vorerst schleierhaft. Ein korrekt geleimter Plattenstoß sollte so ziemlich als Letztes nachgeben. Ein ganz bestimmter Verdacht stieg nun in mir hoch. Ich machte mich an einen kleinen Wrackteil und klappte eine Stoßverbindung wie ein Butterbrot auseinander. Flächen, die durchgehend geleimt sein sollten, zeigten nur an den Rändern eine schwache Kleckserei. Die restlichen 80% waren nie mit Leim in Berührung gekommen! Mein famoser Bootsbauer hatte den Nerv gehabt, sich durch diese besonders rationelle Leimverwendung ein paar Dollars abzuzweigen. Unter normalen Umständen hätte ich dieses kleine Verbrechen erst durchschaut, wenn die Rümpfe beim Segeln mürbe geworden wären. Daß ich aus diesem Grund irgendwo draußen am Meer absaufen könnte, hatte Balugo offensichtlich nicht sehr beschäftigt. Er konnte von Glück reden, daß er gerade nicht am Strand war.

Als nächstes interessierte mich die Ursache, weshalb die Verbindung zwischen den Rümpfen hatte brechen können. Die Balken hingen noch teilweise an den Schotts. Die Muttern der Bolzen waren zwar bis zum letzten Gewindegang angezogen, was aber nur den Anschein einer festen Verbindung ergab. Die Gewinde waren unglücklicherweise zu kurz gewesen. Zwischen Balken und Schotts war noch ein gewisser Spielraum geblieben, und als die Rümpfe im Seegang zu arbeiten begonnen hatten, werkelten sich die Bolzen nach oben aus den Schotts. Ein paar ausgeleierte Bohrlöcher waren der beste Beweis dafür.

Noch einen weiteren Tag wurden wir vom Schlechtwetter in Dap Dap festgehalten und liefen dann endlich bei Regen und immer noch hoher See nach Cebu aus. Der Antrieb unseres Kanus, ein umgebauter Automotor, fing wieder an zu spinnen. Zweimal lagen wir quer zu den Wellen und schöpften um unser Leben, während der Bootsmann an seinem Motor herumoperierte. Bis auf die Knochen durchnäßt und völlig durchfroren kamen wir schließlich bei der El'nor-Schiffswerft an. Eddie Porter und Frau zeigten sich bestürzt über unser Mißgeschick und päppelten uns mit Kaffee und Brötchen auf.

Ich hatte von Eddie eine Ecke seines Werftareals für den Ausbau der Balugo-Rümpfe gemietet. Eddie hielt die Situation für geeignet, mir ein Geheimnis zu eröffnen. Er faßte mich vertraulich um die Schultern und schlenderte mit mir zum Wasser. „Das alles“, erklärte er mit weitausholender Geste, „wird bald im Zuge einer Hafenerweiterung aufgeschüttet werden“. Die Arbeiten könnten in drei Wochen oder drei Monaten beginnen, und danach würde ich mich mit meinem Boot eine halbe Meile landeinwärts, auf dem Festland befinden. Er selbst hätte schon daran gedacht, die Werft an die andere Seite der Insel zu übersiedeln

Die ersten Tage auf TABOO III: Der neue Kat ist größer und komfortabler geworden als geplant. Was mindestens genauso erfreulich war: Er segelt auch besser als erwartet

Die Jahre vor TABOO III: Abschied vom Vietnam-Krieg auf einer explosiven Ladung Öl (links).
Der im Desaster endende Bau von TABOO II.
Peer Tangvald und Lydia (oben). Peers Leben ist eine mysteriöse Geschichte, die vermutlich nie geschrieben werden wird

Wieder ganz unten:
Die Reste von
TABOO II

und so weiter und so fort. Die Geschichte war von hinten bis vorn aufgelegter Blödsinn, und Eddi brauchte nicht deutlicher zu werden. Er wollte mich auf seinem Gelände nicht haben, Mietvertrag hin oder her. Natürlich ist heute, sieben Jahre später, noch immer kein Meter aufgeschüttet.

Ich hatte von Eddie, Balugo und der ganzen Bande sowieso die Nase voll und sagte ja, ja, so, so, dann würde ich halt woanders bauen. Schluß damit. Ich versuchte Eddie und Balugo zu vergessen.

Zeitig am nächsten Morgen lief ich mit dem Küstenwachschiff nach Dap Dap aus, um den Rumpf nach Cebu zu schleppen. Die See war rauh wie in den letzten Tagen. Das Schiff rannte hart in die Wellen und kam kaum voran. Mit dem Bug schaufelten wir tonnenweise Wasser. Nach zwei Stunden weigerte sich der Skipper weiterzufahren.

Noch am selben Tag drehte der Wind, sodaß die Bucht von Dap Dap der Brandung ausgesetzt war. Nun konnte ich auch den vorerst geborgenen Rumpf abschreiben. TABOO II war keine einzige Meile gesegelt; mein zweiter Schiffbruch innerhalb von drei Jahren.

Trotzdem war die Situation nicht ganz so schlimm. Mit ein wenig Mühe konnte ich dem Intermezzo auch positive Seiten abgewinnen. Erstens waren wir mit dem Leben davongekommen, was beim Abschleppen des abgesoffenen Rumpfes und bei der Überfahrt nach Cebu nicht immer sicher gewesen war. Dann brachte uns der Verlust der Rümpfe nicht den finanziellen Ruin. Insgesamt hatten wir etwa 3500 Dollar verloren, was nur einen Bruchteil des veranschlagten Gesamtbudgets für den Bootsbau ausmachte. Und zuletzt war ich um eine Erfahrung reicher: Wenn ich hier ein Boot bauen lassen wollte, dann mußte jeder Handgriff überwacht werden.

Noch ein Beginn
EIN GARTEN BEI CEBU CITY

Wie unbekümmert die Filipinos den Bootsbau betreiben und wie richtig mein Entschluß war, den Bau des nächsten Schiffes von vorn bis hinten zu überwachen, zeigte mir ein Besuch bei der Werft Cebu Pleasure Craft Builders (das war jenes Unternehmen, von dem ich die unverschämt teure Offerte eingeholt hatte). Die Leute dort hatten eine denkwürdige Technik, „Pleasure Crafts“ zusammenzuschustern. Von Drall-Nägeln oder Niro-Schrauben hatten sie noch nie etwas gehört. Am Unterwasserschiff verwendeten sie am liebsten die auf den Philippinen hergestellten Messingschrauben, die natürlich oxydierten und bald zerfielen. Die Leute hatten auch eine rationellere Methode zur Beschichtung von Holz mit Glasmatte herausgefunden: Warum mit klebrigen Harzen herumpatzen, wenn die Glasmatte auch nach einem Anstrich mit Epoxyfarbe am Holz haften bleibt? Sie hielt zumindest so lange, bis die letzte Rate bezahlt war. Das optische Ergebnis war mit und ohne Harz das gleiche!
Zu den unglücklichen Kunden von Cebu Pleasure Craft Builders zählte auch die philippinische Küstenwache, deren Boote sich bei rascher Fahrt wie Schlangen häuteten und große Fladen von Glasmatte hinter sich ließen.
Da ein Unglück wie der Verlust von TABOO II nicht allein kommen kann, fanden wir bei unserer Rückkehr nach Cebu ein Telgramm von Gertis Familie vor. Gertis Mutter befand sich, nachdem sie jahrelang auf Wechselbeschwerden behandelt worden war, in einem fortgeschrittenen Stadium von Magenkrebs. Gerti mußte sofort nach Österreich zurück.
Ich begleitete sie bis Bangkok, wo ich eine Reihe von Schneckenkunden beliefern konnte. Gerti flog von dort aus über Moskau nach Wien. Keine angenehme Tour, aber in dieser Zeit die einzige Möglichkeit, mit einem Billigticket direkt nach Österreich zu gelangen.

Nach den Schneckengeschäften flog ich zurück nach Cebu, wo ich mich mit ganzer Kraft aufs Geldverdienen und auf die Entwicklung eines neuen Konzepts für den Bootsbau warf.
Ich wollte ein Grundstück mieten und dort eine eigene Werft mit angestellten Handwerkern einrichten. Es mußten gar keine Bootsbauer sein, auch tüchtige Tischler würden die Arbeiten erledigen können.
Den Bauplan wollte ich wieder selbst machen. Bei Kielyachten ist es sicherlich einfacher, billiger und zeitsparender, die Baupläne fertig zu kaufen — es gibt da eine Fülle von erprobten Entwürfen, sodaß man sicher ein maßgeschneidertes Boot für die persönlichen Ansprüche findet (gilt natürlich nicht für Rennschiffe). Mein Schiff sollte aber wieder ein Kat werden, weil ein Zweirumpfboot für meine Lebensart die einzig richtige Lösung ist. Ein Kat bietet viel mehr Wohnfläche. Beim Segeln hat man wenig Rollen und wenig Krängung, was die Lebensqualität deutlich erhöht; geringer Tiefgang, gute Reisegeschwindigkeit — das sind nur einige Vorzüge eines Katamarans.
Das oft diskutierte Argument, ein Kat könne im Gegensatz zu einer Kielyacht kentern, und das brächte in rauher See permanente Lebensgefahr, zieht nicht wirklich. Ein Kat mit geringem Tiefgang (und mein neues Schiff sollte bei deutlich mehr Länge etwa den gleichen Tiefgang wie TABOO I bekommen) wird sich, wenn er einmal wirklich quer zur Welle stehen sollte, nicht über den Leerumpf überschlagen, sondern seitlich abrutschen. Mit TABOO I habe ich das am Kap der Guten Hoffnung ein paarmal erlebt. Der Winddruck kann einen großen Fahrtenkat sowieso nicht umwerfen, da würde früher das Rigg über Bord gehen. (Mehr über die Vor- und Nachteile von Katamaranen steht im Anhang dieses Buches).
Für große Fahrtenkatamarane kann man einen Entwurf nicht mehr so ohne weiteres kaufen. Wohl gibt es einige „fertige" Designs; ich hatte jedoch ganz spezielle Vorstellungen von meinem Schiff, die — soweit ich einen rechten Überblick hatte — noch nirgends verwirklicht worden waren. Bei einem Designer die Pläne in Auftrag zu geben, schied sowieso aus; die Sache wäre ungeheuer teuer gekommen und zeitraubend gewesen. Außerdem traute ich mir den Entwurf auch selbst zu — TABOO III sollte schließlich keine Rennmaschine werden, sondern lediglich ein sicheres, bequemes, natürlich auch schnelles Reisegerät. Wobei ich unter „schnell" eine Höchstgeschwindigkeit von 15—20 Knoten verstand, die natürlich nur selten erreicht werden. Wichtiger sind die Etmale.*)

*) Ein Etmal ist die von einem Schiff innerhalb von 24 Stunden zurückgelegte Strecke, gemessen von Mittag bis Mittag.

Mit TABOO schaffte ich Durchschnittsetmale von 150 Meilen. Mit dem neuen Kat, der ja viel größer werden würde, sollten 200 Meilen und mehr pro Tag kein Mirakel sein. Ich brauchte also bezüglich des Unterwasserschiffes keine tollen hydrodynamischen Geheimnisse umzusetzen.
Schnell hin oder her — Lebensqualität first.
Die Zeit ohne Gerti verlief aber hauptsächlich mit der Arbeit im Schneckenhandel. Ich hatte keine rechte Laune zum ernsthaften Zeichnen. Hin und wieder skizzierte ich ein Detail wie Pantry oder Salon, mehr passierte damals in Sachen Bootsbau nicht.
Nach Gertis Rückkehr — sie war insgesamt fünf Monate in Österreich geblieben und hatte ihre Mutter bis zu deren Tod gepflegt — machten wir erst einmal ein paar Tage Urlaub. Wir buchten eine Dampferreise nach Zamboanga am westlichen Ende der Insel Mindanao. Dort hatte ich schon immer vorbeischauen wollen — nicht nur wegen der seltenen Muscheln, die es in Zamboanga zu kaufen gab. Mindanao gehört, was die Abstammung der Bevölkerung betrifft, eher zu Borneo als zu den Philippinen. Es lebt dort die politisch stets unruhige Gruppe der Moros. Außerdem gibt es riesige Auslegerkanus zu sehen. Touristisch also alles recht interessant.
Wir stiegen im alten Trakt des Lantaka-by-the-Sea-Hotels ab, direkt am Meer. Wer Lust hat, kann von seinem Fenster direkt in die Sulu-See spucken, wer zu viel Geld hat, kann auch Münzen ins Wasser werfen. Die werden dann von kleinen Filipinos, die in ihren Kanus vor dem Hotel Patrouille schieben, heraufgetaucht und einkassiert. Das Münzentauchen war zu unserer Zeit ein florierendes Gewerbe.
Zu gewissen Tageszeiten konnte man sich nicht einmal seinem Fenster nähern, ohne von den Jungs in ihren kleinen Auslegerbooten lautstark zum Münzenwerfen aufgefordert zu werden. Die ergiebigsten Objekte waren offensichtlich ältere Damen. Kaum zeigte sich ein graumelierter Kopf am Fenster, setzte ein wahres Freudengeschrei ein. Die tüchtigsten Münzentaucher präparierten ihre Opfer für immer reichhaltigere Spenden: „Ma'm, I love you, Ma'm", und so ähnlich klang es nach jeder ertauchten Münze vom Wasser herauf.
Gut fanden wir auch den Trick eines jungen Mädchens, das einen Säugling am Rücken trug und sich anschickte, jeden Moment ins Wasser zu springen. Ihr Kanu wurde mit einem wahren Münzenregen bedacht, von dem ein guter Teil auch tatsächlich im Boot landete. Sie brauchte das Geld nur noch aufzuklauben. Flogen keine Münzen mehr, imitierte sie wieder die Taucherin. Gerti und ich feierten zurückgezogen, aber ausgiebig unser Wiedersehen, kauften bei den Schnek-

kenhändlern gut ein und kehrten nach ein paar Tagen gestärkt zurück nach Cebu.

Jetzt war ich in der richtigen Verfassung, den Bootsentwurf in Angriff zu nehmen. Ich kaufte einige Bogen großes Zeichenpapier und begann mit dem ersten Linienriß. Anhaltspunkte waren genug da. Von den wichtigsten Wohneinheiten hatte ich Skizzen angefertigt; weiters stand fest, daß die Rümpfe durch vier Hauptverbindungen zusammengehalten werden sollten. Es ging dabei weniger um die Stabilisierung der Rümpfe in der Querrichtung, was recht einfach ist, das wahre Problem sind die im Seegang auftretenden Diagonalkräfte. Man stelle sich einen aufgebockten Kat vor, wobei jeder Rumpf nur einmal unterstützt ist, und zwar auf den gegenüberliegenden Enden. Wenn man nun bedenkt, daß so ein Rumpf mehrere Tonnen wiegt und zusätzlich dynamische Belastungen auftreten, wird einem die Bedeutung einer robusten Verbindung schnell bewußt. Also vier stabile Brücken, wobei eine wegen der großen Kompressionskräfte den Mast tragen mußte und keine in der Mitte liegen sollte, weil das die beiden Hauptkabinen ungünstig unterteilt hätte.

Anstatt mit einer gewissen Länge anzufangen und die fertigen Rümpfe in die verschiedenen Wohnbereiche aufzuteilen, ging ich von einem Einrichtungsplan aus und zeichnete danach die Rümpfe. Der Kat wurde größer als vorhergesehen. Vermutlich hätte ich den gewünschten Lebensraum auch auf einer Länge von 16 Metern untergebracht. Da ich jedoch langgestreckte, gefällige Linien wollte und keinen gedrungenen, kastenförmigen Kat, wie sie in dieser Größenordnung üblich sind, kam ich schlußendlich auf eine Länge von knapp 18 Metern.

Die Überlänge hatte neben den hübschen Linien auch konstruktive Vorteile. Die Püttings für die Achterstage mußten nicht extrem achtern angebolzt werden, sondern konnten an der letzten Rumpfverbindung ansetzen. Die Hahnepot für's Vorstag mußte nicht zu den Rumpfspitzen geführt werden, sondern konnte weiter achtern ansetzen. Weiters ergab sich ein günstiges Längen/Breitenverhältnis.

Bei der Konstruktion des Schiffes kam ich mit bescheidensten Mitteln aus. Um die passende Kurve für den Decksprung zu zeichnen, krümmte ich ein steifes Plastiklineal zwischen Tauchgewichten. Die Berechnung der Verdrängung und der verschiedenen Schwerpunkte ließ sich ganz passabel mit ein paar Hilfskonstruktionen und einem einfachen Taschenrechner bewältigen.

In gut zwei Wochen hatte ich die Rumpfform ausgetüftelt, ohne daß dabei viel Streß aufgekommen wäre. Als nächstes brauchten wir das passende Grundstück für den Bootsbau. Es mußte direkt am Meer liegen und durfte nicht zu weit von

Cebu City entfernt sein, wo ja sämtliche Fäden meines Schneckenversandes zusammenliefen.
Wie sich bald herausstellte, war so ein Grundstück nicht ohne weiteres zu haben. Die meisten Häuser am Strand gehörten reichen Bewohnern von Cebu City, die dort ihre Wochenenden verbrachten und nicht im Traum daran dachten, ihr Holiday-Refugium in einen Bauplatz verwandeln zu lassen. Und ein erschlossenes Areal mußte es ja sein. Wir konnten nicht irgendwo in der Wildnis bauen, weil wir Strom und eine Zufahrtsstraße für Materiallieferungen brauchten. Weiters mußten wir in unmittelbarer Nachbarschaft der Baustelle wohnen, weil sonst in kürzester Zeit alles gestohlen worden wäre.
Statt lang herumzufragen, schauten wir uns die Sache in natura an. Wir fuhren mit einem Jeepney (das sind die philippinischen, poppig dekorierten Kleinlastwägen, die in gewisser Weise als Gemeinschaftstaxis dienen) nach Minglanilla. Das war die äußerste Distanz, die wir beim Bootsbau zwischen uns und Cebu City haben wollten. Am Kirchplatz von Minglanilla angekommen, nach einer Fahrt zwischen Hühnern, Schweinen, Maissäcken, Blumen, Körben und Filipinos, fragten wir erst ein wenig herum. Der Erfolg war gleich Null. Die Leute erzählten uns von den spektakulärsten Vorkommnissen der letzten Zeit, von Raub, Mord, Vergewaltigungen, aber ob es hier in der Gegend ein Grundstück am Strand mit einem Wohnhaus darauf zu mieten gäbe, das wollten sie nicht wissen.
So kamen wir nicht weiter. Wir marschierten zum Strand und dort Richtung Cebu City. Auch bei den verschiedenen Fischersiedlungen war kein Tip aufzutreiben. Die Leute erzählten uns über die unangenehmen Begleiterscheinungen der neuen Wurstfabrik, die ihre Abfälle ins Meer leitet und dadurch jede Menge Haie angelockt hätte (mehreren Fischern wären bei ihrer Arbeit schon Arme oder Beine abgebissen worden!). Mit Grundstücken beschäftigte man sich weniger.
Trotzdem: Auch die folgenden Wochenenden verbrachten wir mit ausgedehnten Wanderungen die Küste auf- und abwärts. Trotz gefinkelter Gesprächsführung war aus den Leuten nichts herauszukriegen. Entweder gab es keine passenden Grundstücke, oder man wollte sie nicht an Fremde verraten.
Wie schon beim Bootsbau mit Balugo, knüpfte am Ende wieder Gerti eine entscheidende Verbindung über die Damen der Gesellschaft an (diesmal allerdings mit besserem Ausgang).
Der erste Geheimtip war ein Flop. Über die amerikanische Ehefrau eines Bankdirektors aus Cebu wurden wir an einen wohlhabenden Architekten weiterge-

reicht. Sein Wochenendhaus am Strand wäre zwar unter Umständen geeignet gewesen, doch hatte er tolle Ideen. Wir sollten auf unsere Kosten Elektrizität einleiten lassen, wobei die Installationen am Ende der Bautätigkeit wieder spurlos beseitigt werden mußten, weil die Söhne des Herrn Architekten sehr naturverbundene Menschen waren. Elektrisches Licht war ihnen unangenehm, sie lebten lieber mit Gaslampen. Dann hätten wir nicht das gesamte Haus, sondern nur ein Zimmer bewohnen und vorsichtig das Bad benützen dürfen. Der große Lagerschuppen hätte nicht für den Bootsbau benutzt werden dürfen, statt dessen sollten wir nach den Vorstellungen des Architekten eine Plattform aufs Meer hinaus errichten. Für all diese wunderbaren Leistungen verlangte er ungefähr das Zehnfache einer angemessenen Miete.

Der zweite Tip war besser. Über eine andere Größe der Cebu-Gesellschaft — Gerti hatte da ungeahnte Kontakte — wurden wir an eine Grundbesitzerin in Liloan verwiesen, einem kleinen Dorf zehn Kilometer nördlich von Cebu City.

Als wir bei der Adresse ankamen, hielten Gerti und ich zuerst einmal den Atem an. Ein geeigneteres Grundstück hätten wir uns gar nicht vorstellen können. Umgeben von einer mannshohen Mauer, erstreckte es sich von der Straße bis hinunter ans Meer. Am Wasser entlang war ein Bambuszaun errichtet, sodaß man auch aus dieser Richtung einigermaßen geschützt gegen diebische Besucher war. Gleich neben dem Einfahrtstor stand ein nettes Knusperhäuschen, ein Stück weiter eine riesige Hütte mit Palmwedeldach. Dann gab es noch eine winzige Hütte, die offensichtlich Dusche und Toilette beherbergte, und einen geräumigen Schuppen, in dem man sicher Baumaterial unterbringen konnte. Zwischen den Palmen war gerade Platz genug, um einen passenden Bootsbauschuppen aufstellen zu können.

Wie sich herausstellte, gehörte das Juwel von Bootsbau-Grundstück einer gewissen Witwe Pilapil. Wir unterdrückten unsere Begeisterung und schritten zur Verhandlung. Witwe Pilapil hatte jede Menge Sonderwünsche, die allerdings alle erfüllbar waren. So meinte sie, der künftige Mieter müsse den Rasen in Ordnung halten. Mir waren derartige wichtige Anliegen im Augenblick ziemlich gleichgültig, vor allem, weil sich das Grundstück, im Detail betrachtet, als noch besser herausstellte. Es gab Strom, es gab Wasser, die Renovierung des Häuschens würde leicht sein.

Die Verhandlung wurde mehrfach zu internen Beratungen der Pilapil-Familie unterbrochen und zog sich in die Länge.

Die dickste Bedingung kam am Schluß: Die Familie wollte das Anwesen an Wochenenden für Parties benutzen. Das war mir zwar nicht angenehm, mußte aber akzeptiert werden. Dann wurde der Preis eröffnet — ungefähr doppelt so viel, wie man mir als üblichen Tarif mitgeteilt hatte. Wir verzogen trotzdem keine Miene, sagten, wir würden uns die Sache überlegen und anrufen. Am nächsten Tag rief Gerti an und bat zerknirscht um weitere Bedenkzeit, weil die Miete doch recht hoch wäre und auch die Renovierung ins Geld gehen würde. Schweigen am anderen Ende des Drahtes. Beim nächsten Anruf war die Miete um ein Drittel niedriger und für uns akzeptabel.

Die Sache war vertragsreif. Witwe Pilapil bestand auf *ihren* Anwalt, weil sie die Vertragskosten ja bezahlen würde. Wir pilgerten hin und bekamen ein umfangreiches Papier vorgesetzt, in dem wirklich alles aufgelistet war, was die Witwe in diversen Gesprächen erwähnt hatte, also Verpflichtungen wie Rasenschneiden, Renovierung des Häuschens unter Verwendung von Fliesen (das schien besonders wichtig!), Erweiterung dieses oder jenes Daches, jederzeit freien Zugang für den Pilapil-Clan und noch hundert andere Auflagen mehr. Ich unterschrieb. Wichtig war, daß mich die Witwe nicht ohne weiteres vom künftigen Bauplatz vertreiben konnte. Und da war ich abgesichert. Der Vertrag wurde auf ein Jahr abgeschlossen, mit einer Option auf's jeweils nächste. Damit war ich praktisch unkündbar. Als ich nach meiner Vertragskopie greifen wollte, reichte mir der Anwalt statt dessen seine Honorarnote. Nein, Frau Pilapil würde für die Vertragskosten nicht aufkommen, schließlich wäre ich der Mieter, und die Anwaltskosten hätte immer dieser zu zahlen, niemals der Vermieter, und wenn ich nicht sofort die Dollars rüberreichen würde, könne der Mietvertrag leider nicht gültig werden. Die Rechnung war unverschämt hoch. Ich zahlte. 1:0 für die Witwe!

Unser Mietvertrag war ab 1. Februar gültig, und gleich an diesem Tag begannen wir mit der Renovierung des Knusperhäuschens, in dem wir während der Zeit des Bootsbaus wohnen wollten. Es hatte nur einen kleinen Raum, der wie ein vergessener Lagerschuppen roch und auch eine ähnliche Staubschicht angesetzt hatte. Das Nippadach zeigte ausgedehnte Löcher. Wir organisierten uns einen Tischler und beauftragten ihn mit der Reparatur des Daches und dem Anbau einer Küche. Es gab zwar eine Nippa-gedeckte Kochstelle an der Gartenmauer, die fand aber vor Gertis Augen keine Gnade. Durch die Küche wurde das Häuschen um etwa 50% größer (womit man sich vorstellen kann, wie winzig der ursprüngliche Wohnraum war). Man konnte dann ganz vernünftig darin leben.

Witwe Pilapil kam immer wieder zufällig vorbei, um sich von der Qualität unserer Renovierung zu überzeugen. Irgendwie bildete sie sich auch ein, daß wir die vertraglich vorgesehenen Kacheln für die Verkleidung der Küchenwände verwenden würden. Sie war völlig geil auf Kacheln! Uns erschienen gekachelte

Wände allerdings entbehrlich (ganz abgesehen davon, daß sie uns zu teuer gewesen wären). Da im Vertrag nicht stand, wo und wie viele Kacheln wir verwenden mußten, verkachelten wir die Arbeitsfläche des Küchentisches und hielten die Witwe so lange wie möglich aus dem Häuschen.

Während der Renovierung wohnten wir im sogenannten „rest house", dem monströsen Schuppen. Das Gebäude war rund 16 mal 8 Meter groß, hatte rundum Fenster und als einziges Möbel eine an der Wand entlang laufende Bank. Es diente Tanzfesten und Saufgelagen. Das rest house war kein guter Platz zum Wohnen. Wir saßen in der Auslage und inmitten einer neugierigen Nachbarschaft, was vor allem abends lästig war. Wir behalfen uns durch das Aufhängen von Tüchern an strategischen Stellen unserer Fensterfront, hatten aber trotzdem nie das Gefühl, unbeobachtet zu sein. Der Beweis dafür, daß manche Nachbarn unseren Aufenthalt im rest house als interessante Vorstellung betrachteten, wurde auch bald geliefert. Als ich eines Abends hinaus mußte, sah ich ein kleines Tier um die Ecke wischen. Ich machte schnell ein paar Schritte, um nachzusehen, und stolperte dabei um ein Haar über einen Filipino-Jungen, der sich an die Wand gedrückt hatte. Mit einem Satz war der Bursche auf und im Hechtsprung über die massive Gartenmauer, wo er im angrenzenden Palmenhain verschwand. Am nächsten Tag kaufte ich eine Rolle Stacheldraht und garnierte damit die Mauer. So konnte ich zwar nicht verhindern, daß sich jemand auf unser Grundstück schlich, aber zumindest waren rasche Fluchten mit einprägsamen Fleischwunden verbunden.

Die Renovierung zog sich in die Länge. Toto, unser Tischler, wollte sich offensichtlich nicht selbst arbeitslos machen und begann unglaublich zu trödeln. Ich munterte ihn mit der Drohung auf, daß ich mir für die Fertigstellung einen anderen Tischler nehmen könnte, und weil ich auch schon gelernt hatte, daß Filipinos nichts gern allein machen, engagierte ich einen Helfer. Filipinos brauchen für alles und jedes, sei es für's Reisen oder Arbeiten, einen Kumpan zum Schnattern. Mit dem Gehilfen kam Toto dann wieder gut voran.

Inzwischen engagierte ich auch eine Spezialpartie für die Errichtung des Bootsschuppens. Für die Träger und Verstrebungen wurden Bambusrohre verwendet, die Verbindungen wurden mit fingerdicken Bambusstiften hergestellt. Das Dach bestand aus dachziegelartig aufeinandergelegten Palmenblättern. Was sich hier so einfach liest, ist in Wirklichkeit hohe Handwerkskunst. Am Ende stand die filigrane Konstruktion bombenfest und machte mir jedenfalls einen viel besseren Eindruck als die windschiefe Werft Balugos.

Nach drei Wochen waren Häuschen und Bootshalle fertig. Gerti richtete unsere neue Wohnung heimelig ein. Besonders gefiel mir die Idee mit dem Arbeitstisch am Fenster. Von hier aus konnte ich das gesamte Grundstück und die Bootshalle gut überblicken. Wir zogen ein, und ich hatte das sichere Gefühl, daß *dieser* Bootsbau unter einem guten Stern stehen würde.

Ein langer Weg zurück aufs Meer
DER BAU VON TABOO III

Kein Streß, keine Aufregung, keine Angst. Jeder Schritt ergab sich logisch aus dem vorhergegangenen. Ich hatte alles unter Kontrolle und war niemandem ausgeliefert. Das Gundstück war ein ideales Nest, in dem ich meinen Kat ausbrüten konnte.

Als erstes schrieb ich umfangreiche Materiallisten und machte mich auf die Suche nach dem besten Holz. Das größte Sägewerk auf Cebu lag unweit von Liloan. Ich besuchte den Manager und erklärte ihm, worum es ging: um ofengetrocknetes Holz allererster Qualität. Kein Problem, das beste philippinische Mahagony wäre bei ihm zu haben. Ich wolle das Holz noch vor der Verladung sehen. Kein Problem, in zwei Tagen hätte er die Lieferung zusammengestellt, dann sollte ich wieder vorbeikommen. Das alles zu einem vernünftigen Preis.

In Trance zog ich wieder ab und nutzte die beiden Tage, um mich nach einem geeigneten Tischler umzusehen. Arbeitskräfte gab es auf den Philippinen zwar genug, aber ein Mann von Totos Mittelmäßigkeit hätte für den Bootsbau nicht gereicht. Natürlich waren die guten Leute unter Dach und Fach, sodaß mir nichts anderes übrig blieb, als meinen ersten und wichtigsten Mann, der ja später Vorarbeiter einer ganzen Gruppe sein sollte, irgendwo abzuwerben.

In Eddies Werft hatte ich einen geschickten Burschen kennengelernt, der sogar schon einmal beim Bau eines Mehrrumpfbootes beschäftigt gewesen war. Er hieß Diosdado Aspi und hatte gemeinsam mit ein paar anderen Handwerkern vor etwa zwei Jahren für einen Möbelfabrikanten einen Trimaran gebaut, eine Konstruktion von 60 Fuß, die ein amerikanisches 45 Fuß-Design zum Vorbild hatte. Das Schiff schien mir bei oberflächlicher Besichtigung recht solide gebaut, wenn es auch sonst ein paar Macken hatte. Beim Vergrößern des ursprünglichen Planes waren ein wenig die Proportionen durcheinander geraten. Der Tri hatte

zwei Etagen (eine unter und eine über Deck) und erinnerte in seinem Profil ein wenig an ein Stockhaus. Aber das schien niemand zu stören. Der Grund, warum der Apparat seit gut zwei Jahren in einer Halle Staub ansetzte, war alles andere als ästhetischer Natur. Das Ding stand hinter einem viel zu kleinem Tor. Um den Tri ins Wasser zu bringen, hätte man eine Wand der Halle abtragen müssen. Der Bootseigner konnte sich dazu allerdings nicht recht entschließen — es bestanden beste Chancen, daß die gesamte Halle dabei einstürzen würde.
Diosdado Aspi, kurz Dado, war leicht zu finden und sofort bereit, seinen Job zu wechseln. Sowas wie Firmentreue gibt's auf den Philippinen nicht. Wegen Eddie hatte ich keine Bedenken. Immerhin hatte er uns Balugo empfohlen und damit das Fiasko von TABOO II ausgelöst.
Dado ging am nächsten Tag gleich mit zur Holzinspektion. Alles war tadellos aufgeladen, und der LKW-Fahrer war bereits recht eilig. Ich brachte erst einmal den Zeitplan durcheinander, indem ich alles abladen ließ. Wie recht ich dabei hatte, zeigte sich bei der Durchsicht des Holzes. Etwa ein Drittel war Mist. Kielplanken hatten mehrere Meter lange Sprünge, Stringer strotzten von Astlöchern, viel Holz war erbärmlich verbogen. Wir ließen das unbrauchbare Holz aussortieren, und ich suchte den Manager, um ihm meine Vorstellungen von erstklassiger Qualität vorzutragen. Der Manager war nicht da, dafür erwischte ich einen chinesischen Unterling. Der versprach bis zum nächsten Tag die schlechte Ware durch gutes Holz zu ersetzen, was dann tatsächlich geschah.
Dados erste Aufgabe war die Errichtung der beiden Hellinge. Ich wollte die Rümpfe parallel nebeneinander bauen, sodaß gleiche Bauteile wie Schotten und Steven zur selben Zeit gefertigt werden konnten und dabei optimal gleiche Abmessungen bekommen würden. Seit sich Balugo in der Rumpflänge um 10 cm verhaut hatte, hatte ich einen großen Fimmel für Genauigkeit. Als wir nun den Bauplatz ausmaßen, stellte sich heraus, daß die Hellinge sozusagen fugenlos in den Bootsschuppen paßten. Die Breite des Schuppens war durch Palmen limitiert und betrug 9.60 Meter — ganze 20 cm mehr als die größte Breite des Kats. Damit wir bei der Arbeit nicht zu sehr durch die Wände begrenzt werden würden, verschob ich die Mittellinien der beiden Rümpfe um jeweils einen Meter zur Mitte des Schuppens und erklärte Dado anhand des Planes, wie er die Hellinge errichten sollte und daß es auf millimetergenaue Arbeit ankäme. Dado war ganz aufgeweckt und sah in der Konstruktion keine Probleme. Beglückt von so viel Verständnis, begab ich mich in die Stadt, um Werkzeug einzukaufen.
Dado hatte mir eine umfangreiche Wunschliste überreicht. Sein persönliches Handwerkszeug bestand aus einem Hammer, einem hölzernen Hobel und zwei

Stemmeisen. Wie ich später herausfinden sollte, erkennt man auf den Philippinen die Qualität eines Tischlers am Umfang seiner Werkzeugsammlung. Hat der Tischler jede Menge gut gepflegtes Werkzeug und vor allem sorgfältig geschärfte Stemmeisen, so kann man sich auf ihn verlassen. Auf Dados Einkaufsliste fand sich übrigens auch ein Schleifstein.

Als ich von meiner Besorgungstour nach Hause kam, hatte er schon eine Menge geschafft. Er hatte sämtliche Pfosten anordnungsgemäß metertief in den Boden geschlagen, die horizontalen Verbindungen waren sauber eingepaßt, die Mittellinien durch straff gespannte Schnüre markiert. Ich nahm das 30m-Metallmaßband zur Hand und überprüfte die Abstände. Alles paßte auf den Millimeter. Ich gratulierte mir zu meinem Edel-Tischler und konnte mich an dem Baugerüst kaum satt sehen. Die Rundung des Kiels war gut erkennbar, mit ein bißchen Phantasie sah ich bereits die fertigen Rümpfe im Schuppen stehen. Irgendeine Kleinigkeit allerdings kam mir eigenartig vor. Ich trat ein paar Schritte zurück, besah mir die Sache von allen Seiten und hatte bald den entscheidenden Verdacht. Der Boden unseres Grundstückes und natürlich auch der des Schuppens fiel ganz leicht zum Strand hin ab. Dado hatte die Mittellinien nicht horizontal, sondern parallel zum Boden gespannt. Ich erklärte ihm, daß wir danach nicht bauen könnten und die Hellinge sofort auf die richtigen Maße bringen müßten. Dado war da absolut nicht meiner Meinung. Man könnte tadellos mit der schiefen Mittellinie arbeiten, wenn man nur die Maße der Bauteile entsprechend korrigierte. Ich lauschte mit offenem Mund und hatte Visionen von schrägen Schotten, die sich wie die umliegenden Palmen dem Meer zuneigten. Dado meinte nur: „No problem“. Ich konnte mir im augenblicklichen Bauzustand allerdings kein größeres Problem vorstellen, außer vielleicht, daß der Schuppen zusammenstürzen würde. Ich brauchte eine gute Viertelstunde, um Dado von der Wichtigkeit horizontaler Hellinge zu überzeugen.

Schließlich war die Korrektur keine große Angelegenheit. Mittels einer 20 Meter langen Schlauchwaage eruierte ich das Ausmaß des Fehlers (es waren immerhin 20 cm), dann senkten wir die Mittellinien auf einer Seite der Hellinge entsprechend ab und kürzten die Pfosten aufs richtige Maß.

Diese kleine Episode am Anfang des Bootsbaues war bezeichnend für meine Situation. Ich durfte nie zuviel auf einmal verlangen, mußte jedes kleine Detail erklären und immer gewärtig sein, daß mir ein Arbeiter vorspielte, er hätte alles verstanden, um dann doch zu improvisieren. Die Burschen hatten einen natürlichen Drang, auf alles eher ja als nein zu sagen.

Ich suchte eine Firma, die mir erstklassiges Marine-Sperrholz liefern konnte.

Marine-Sperrholz wird auf den Philippinen in größeren Mengen gebraucht, hergestellt und auch exportiert. Ich hatte also eine schöne Auswahl an einschlägigen Herstellern. Schließlich entschied ich mich für eine Firma namens Evergreen, die erstens Platten in der Übergröße von fünf mal zehn Fuß im Programm hatte (üblicherweise sind die Sperrholzplatten vier mal acht Fuß), und zweitens das Holz auch nach England exportierte, was für mich der beste Qualitätsbeweis war.
Die erste Fuhre rollte bald an, ein schwerer Lastwagen, über und über mit Sperrholzplatten beladen. Die Einfahrt zu unserem Grundstück war für den Laster fast zu eng. Der Fahrer manövrierte herum, und als er es gerade geschafft hatte, den Wagen durchs Tor zu zwängen, kam Witwe Pilapil dahergestürmt und legte sich quer.
Der schwere Wagen dürfe nicht auf ihren teuren Rasen fahren. Es entwickelte sich eine der üblichen Diskussionen, in denen vernünftige Argumente nicht zogen. Die Unterhaltungen mit der Witwe endeten fast immer in einer hysterischen Schreierei. Diesmal war sie besonders heftig. Den ersten, nicht minder schweren Lastwagen mit dem Massivholz hatte sie versäumt, jetzt war sie um so entschlossener. Der Fahrer kümmerte sich wenig um unseren Disput. Er hatte keine Lust, das Holz 60 Meter weit vom Tor zum Schuppen zu schleppen, fuhr einfach auf den heiligen Rasen, schlängelte sich zwischen den Palmen hindurch und hatte bald das ganze Sperrholz ordnungsgemäß beim Schuppen abgeladen. Witwe Pilapil schien zuerst vor Wut zu zerplatzen; nach und nach wurde ihr Schimpfen aber leiser, und schließlich verzog sie sich.
Nachdem nun ausreichend Material am Bauplatz war, konnten wir uns richtig in die Arbeit knien und weitere Helfer brauchen. Dado wußte, welche. Schon am nächsten Tag brachte er einen Tischler namens Benito mit. Für den folgenden Montag versprach er einen weiteren Mann, Jose. Wie sich bald herausstellte, war Benito der Schwager Dados und Jose sein Pate. Mein Bootsbau entwickelte sich also zum Familienunternehmen. Die Burschen waren recht willig und leidlich geschickt, sodaß die Arbeit flott voranging. Hinderlich war anfangs nur, daß die philippinischen Arbeiter gewohnt sind, alles zu zweit zu tun, und da war eine Dreier-Mannschaft eher ungünstig. Dado wollte einen vierten Mann auftreiben. Natürlich rechnete ich mit einem weiteren Verwandten. Überraschenderweise gehörte der neue Tischler dann doch nicht zum Dado-Clan. Er sollte sich bald als wahre Perle unter den Handwerkern der Insel herausstellen. Sein Sperrholzkoffer war reich bestückt mit allen erdenklichen Werkzeugen zur Holzbearbeitung, seine Stemmeisen waren messerscharf geschliffen, und als besonderes Ju-

wel, das ihn kometenhaft über den Rest seiner Zunft erhob, besaß er einen Metallhobel. Sämtliche anderen Tischler, die ich bis zu diesem Zeitpunkt auf den Philippinen kennengelernt hatte, besaßen höchstens hölzerne Hobel, die als Messer ein zurechtgeschliffenes Stück Blattfeder von einem ausrangierten Jeep eingesetzt hatten.

Natürlich interessierte mich auch, wo meine Leute zuhause waren. Nicht aus Neugierde — grundsätzlich konnte es mir ja egal sein, wo und wie sie lebten —, aber wenn einer oder die ganze Truppe einmal nicht zur Arbeit erscheinen sollte, wollte ich schon nachfassen können.

Dado drückte sich um eine klare Antwort. Der Ort, wo sie zuhause wären, sei so klein, daß er nicht einmal einen Namen hätte, und beschreiben könne man den Weg dorthin eigentlich gar nicht. Irgend etwas war bei der Sache offensichtlich faul.

Erst nach Wochen hatte Dado so viel Vertrauen gewonnen, daß er mir erzählte, er und seine Kollegen wohnten auf halbem Wege nach Cebu City, am Areal des Eversley Child Sanitarium. Das klang ganz harmlos, tatsächlich verbarg sich aber hinter dem Namen die Leprastation der Insel Cebu. Gerti und ich waren wie vom Blitz getroffen und hatten Visionen von einem leprainfizierten Boot. Dado versuchte abzuschwächen. Es bestünde überhaupt keine Gefahr, weil sie alle lediglich „negative patients" wären. Die Krankheit wäre in einem frühen Stadium entdeckt worden und jetzt völlig unter Kontrolle, auch nicht ansteckend. Beruhigen konnte uns diese Auskunft freilich nicht. An einem der nächsten Tage fuhren wir nach Arbeitsschluß zum Eversley Child Sanitarium, um die Situation unter die Lupe zu nehmen.

Geleitet wurde die Station von belgischen Nonnen. Oberin Germaine war 75 Jahre alt und schon 50 Jahre in diesem Job. Sie konnte uns einigermaßen beruhigen. Wie die Lepra übertragen würde, wüßte man zwar noch nicht genau, aber ihrer Erfahrung nach bestünde für uns keine Gefahr der Ansteckung. Die Auskunft war glaubwürdig — schließlich hatten es die belgischen Nonnen täglich mit Lepra-Kranken zu tun (natürlich auch mit „positiv patients") und schauten trotzdem ganz gesund aus.

Die Filipinos waren bezüglich der Lepra-Station hysterischer als wir. Als eines Tages in einer lokalen Zeitung eine Meldung erschien, Lepra wäre eine heimtükkische, ansteckende Krankheit, hielt am nächsten Tag kein einziger Jeepney beim Eversley Child Sanitarium. Meine Leute konnten nicht zur Arbeit kommen. Natürlich wurde der Artikel in der darauffolgenden Ausgabe berichtigt,

aber der Schaden war schon angerichtet. Die Eversley Child-Bewohner wurden wochenlang wie Aussätzige gemieden.
Die Rümpfe wuchsen mit beachtlicher Geschwindigkeit. Jeden Morgen teilte ich die Arbeit ein, danach widmete ich mich dem Schneckengeschäft. Sonntags fuhren Gerti und ich nach Punta Engano, wo die besten Schneckenfischer ansässig waren. Die Burschen holten mit ihren Netzen die seltenen Schalen aus Tiefen bis zu zweihundert Metern. Es gab eine Menge Korrespondenz zu erledigen und die leidige Arbeit mit dem Reinigen, Verpacken und Versenden. Meine Tage waren voll ausgebucht. Es war Zeit, daß wir uns ein Hausmädchen zulegten. Das klingt ein bißchen fein, auf den Philippinen haben aber auch mäßig begüterte Familien Haushilfen. Die Löhne sind so niedrig, daß sich nur die ärmsten Bewohner kein Mädchen leisten können. Für Weiße ist es vollends undenkbar, daß sie ihr Haus selbst in Ordnung halten, selbst Wäsche oder Auto waschen oder den Rasen sauber halten. Angesichts des Umstandes, daß ich jeden Dollar für den Bootsbau benötigte, wäre mir diese Konvention gleichgültig gewesen. Mit Bootsbau und Schneckengeschäft waren Gerti und ich aber dermaßen ausgefüllt, daß für den Haushalt einfach keine Zeit mehr blieb.
Ein alter Freund und Muschellieferant von der Insel Samar, Jorge Escoto, verschaffte uns schließlich eine passende Haushilfe. Jorge kam immer wieder einmal vorbei, wenn er ein Sortiment Golden Cauris beisammen hatte. Die Dienstboten von seiner Insel standen in gutem Ruf.
Das Mädchen hieß Consing, war für philippinische Verhältnisse keine Schönheit, sprach aber etwas Englisch und war recht munter. Als sie nach einigen Tagen ihre Scheu verloren hatte, erzählte sie uns von ihrem früheren Beruf — sie war Leichenwäscherin gewesen. Mit Consing war unsere Familie gewissermaßen vollzählig.
Zu dieser Zeit lernte ich Peer Tangvald kennen. Sein Schiff lag nur wenige Meilen von Liloan entfernt in einem Fluß vor Anker, wo er die 50 m-Gaffelslup in einen Gaffelschuner umbauen wollte (wie sich später herausstellen sollte, wurde der Umbau nie vollendet). Eines Tages tauchte er bei mir am Grundstück auf.
Sein Name kam mir gleich bekannt vor. In den sechziger Jahren hatte Peer den Atlantik überquert — das war damals noch etwas Besonderes! — und über seine Fahrten ein Buch mit dem Titel *„Sea Gypsy“* geschrieben. Peer, geboren in Norwegen, war in Südfrankreich aufgewachsen und früher in Seglerkreisen leidlich bekannt.
Sein jetziges Schiff hatte Peer in Französisch-Guyana gebaut. Er segelte es nach Frankreich, wo er es verkaufen wollte. Als das nicht klappte, segelte er durch das

Ein neuer Anfang: Ein schmuckes Häuschen in einem Garten am Meer. Ein Bootsbauschuppen und viel Holz. Planke wächst an Planke, und schon sind ein paar vielversprechende Konturen zu erkennen

Es wurde viel gehobelt, es flogen viele Späne, aber es hat sich gelohnt. Am 16. 12. 79 kam TABOO III ins Wasser, und Gerti hatte für die Taufe sogar eine Flasche Sekt besorgt, die natürlich nicht am Rumpf zertrümmert wurde

So heimelig, wie es die Bilder unten zeigen, war es anfangs nicht.
Bis wir alles hübsch eingerichtet hatten, vergingen noch Monate

Viel Betrieb und Hochspannung beim Stapellauf. Insgesamt waren fast 100 Leute an der Arbeit. Ein paar Palmen mußten weichen, die Stämme wurden zu praktischen Rollhölzern zersägt

Rote Meer und den Indischen Ozean nach Taiwan, wo ihm eine französische Firma einen Job in Aussicht gestellt hatte. Er sollte den Bau von Yachten überwachen.

Peer segelte mit seiner Frau Lydia. Sie war die Tochter eines ungarischen Missionars, der in Französisch-Guyana den Seelenfang an den Nagel gehängt und auf Fischfang umgesattelt hatte. Lydias Mutter war Deutsche. Peer hatte Lydia in French Guyana kennengelernt. Sie war damals 17, er über 50. Lydia hatte die Seefahrt praktisch von Geburt an im Blut. Sie war während einer Dampferreise auf hoher See nahe Neu-Kaledonien geboren worden.

Als sich Peer auf den Weg nach Taiwan machte, war Lydia hoch schwanger. Prompt kam auch Lydias Kind Thomas auf See zur Welt. Die beiden managten die Geburt ganz souverän. Als wir Peer und Lydia später auf ihrem Schiff L'ARTEMIS DE PYTHEAS besuchten, zeigten sie uns Fotos: Lydia hält glückstrahlend den frischgeborenen Thomas hoch, der noch an der Nabelschnur hängt. Das war damals in Cebu drei Jahre her.

In der Zwischenzeit hatte sich für Peer viel ereignet. Nach rund einem Jahr hatte er den Taiwan-Job an den Nagel gehängt und war wieder auf große Fahrt gegangen. In die Philippinen hatte es ihn hauptsächlich deswegen verschlagen, weil er hoffte, hier kostengünstig sein Schiff umbauen zu können. Obwohl Peer von einem beträchtlichen Konto in den USA und einem Silberdepot in Wien erzählte, war Sparsamkeit oberste Tugend auf der L'ARTEMIS DE PYTHEAS. Wenn es jemals einen Segler gab, der von *nichts* existieren konnte, so war es Peer.

Der Sparfimmel wurde größtenteils auf dem Rücken von Lydia ausgetragen, einer resoluten, tatkräftigen, aufgeweckten kleinen Person. Peer war das genaue Gegenteil davon — eher zurückhaltend und nach seinen eigenen Worten kein Draufgänger. Nach Lydia habe ich keine Frau getroffen, die auf ihrem Schiff so hart arbeiten mußte. Als Lohn kassierte sie Vorwürfe und Schläge. In den seltenen Fällen, wo sie Geld in die Hand bekam, kaufte sie gleich einen Sack Reis oder ähnliche Vorräte, um das Notwendigste am Schiff zu haben. Oft wurde sie von Peer ausgeschickt, um bei Einheimischen Obst und Gemüse zu organisieren (kostenlos natürlich), was dann die Bordkost enorm aufbesserte. Die Sparsamkeit ging so weit, daß sich Lydia waschbare Monatsbinden stricken mußte.

Lydia hatte aber nicht nur diesen trostlosen Haushalt am Hals. Immer, wenn es brenzlig oder anstrengend wurde, verkroch sich Peer und schickte seine Frau voraus. Während sie in dem kleinen Fluß nahe unseres Grundstückes lagen, passierte es zweimal, daß sich eine giftige Wasserschlange durch den Schwertkasten ins Boot zwängte. Beide Male mußte Lydia mit der Situation fertig werden. Sie zerstückelte die Schlangen mit der Axt und kassierte danach jedesmal Vorwürfe von Peer wegen der Scharten im Holz.

Ein anderes Beispiel: Der zweite Mast der L'ARTEMIS DE PYTHEA sollte mit Naturfaserseilen verstagt werden. Für den Transport der schweren Seilrollen war natürlich Lydia zuständig, die das Zeug von einem kilometerweit entfernten Dorf anschleppen mußte.

Anfang Februar wollte Peer wieder weiter. Der zweite Mast stand zwar, doch mußten die Naturfaserstagen durch eine ordentliche Verstagung ersetzt werden, sollte der neue Mast nicht beim ersten stärkeren Wind über Bord gehen. Peer glaubte, daß er das notwendige Material in Hongkong billiger bekommen würde. Am Abend vor der Abfahrt saß ich gemeinsam mit Rowdy, einem weiteren in Cebu liegenden Yachtie, bei Peer und Lydia auf der L'ARTEMIS DE PYTHEA. Das Gespräch drehte sich natürlich um die bevorstehende Fahrt. Rowdy riet den beiden, statt nach Hongkong nach Brunei (Borneo) zu gehen, wo die benötigten Ausrüstungsgegenstände genausogut zu erhalten wären, worauf Peer praktisch in letzter Minute umdisponierte.

Am nächsten Morgen verließ er den kleinen Fluß. Da sein Schiff keine Maschine hatte, mußte es vom Beiboot aufs offene Wasser geschleppt werden. Lydia wurde natürlich zum Rudern eingeteilt und schuftete zum Gotterbarmen, während Peer am Steuer seines Schiffes stand und den Kurs hielt. Er war eine einzigartige Kreuzung aus Tyrann und Schlappschwanz.

Kein Wunder, daß Lydia davon träumte, abzuspringen. Am liebsten wäre sie nach Kalifornien gegangen, um dort ihr Glück beim Film zu versuchen. Es sollte ihr nicht vergönnt sein. Schon wenige Tage nach diesem gemeinsamen Abend im Fluß bei Liloan fand sie unter mysteriösen Umständen den Tod. Peers Bericht klang so: Wenige Tage nach dem Auslaufen von Cebu wäre seine Yacht in der Sulu-See von Piraten überfallen worden. Lydia hätte sich verteidigen wollen und zum Gewehr gegriffen, worauf sie erschossen worden wäre.

Das blieb allerdings nicht die einzige Variante vom Hergang des Unglücks, und Peer war an den aufkommenden Verdächtigungen nicht unschuldig. Anstatt das Unglück im nächsten Hafen zu melden, segelte er weiter bis Brunei und informierte erst dort, also Tage nach dem Überfall, die Behörden. Wie Augenzeugen berichten, ankerte Peer meilenweit vor der Stadt und ließ niemand mit Thomas sprechen. Als die Behörden zu lästig wurden, segelte er weiter. Dieses Verhalten stärkte natürlich die Gerüchte, nach denen der Piratenüberfall eine Erfindung Peers gewesen wäre. Es gibt eine ganze Reihe Yachties, die fest davon überzeugt sind, Peer hätte Lydia selbst umgebracht.

Mit dieser Geschichte, die in verschiedensten Fassungen durch die Weltpresse ging, war mein Kontakt mit Peer noch nicht zu Ende. Ein gutes Jahr später erreichte mich auf den Malediven ein Brief. Darin schilderte er die bekannte Piraten-Überfalls-Version und wie es danach mit ihm und der L'ARTEMIS DE PYTHEAS weiterging. Er blieb (wie er schreibt: sehr deprimiert) neun Monate in Malakka und segelte danach weiter, Richtung Europa. Nicht, ohne ein neues Opfer für seine Tyranneien aufgegabelt zu haben. Mit an Bord war eine gewisse Ann an Chew, die bis zu ihrer Bekanntschaft mit Peer ein würdevolles Leben als Chefin der Heilsarmee-Schule von Malakka geführt hatte. Originaltext Peer (wie üblich lamentierte er): *Ann wollte mit uns segeln. Unglücklicherweise war das eine schlechte Lösung. Sie konnte ihre Seekrankheit nie überwinden, und mit Fortdauer der Reise begann sie, Thomas mehr und mehr zu hassen. Besonders nach einem neuen Überfall, der uns in Tunesien passierte, verlor sie jede Geduld mit Thomas. Ann wurde bei dem Überfall fast umgebracht und erlitt einen Nervenzusammenbruch. Jetzt bin ich wieder allein und habe das gar nicht gern. Ich hoffe wirklich, eine neue Mutter für Thomas zu finden, auch wenn ich nicht viel anzubieten habe …*"
Wenig später hörte ich mehr über Peers letzte Reise und Anns Schicksal; in Seeseglerkreisen besteht ja eine hervorragende Nachrichtenübermittlung, jeder kennt jeden, und wenn man an einem der frequentierten Spots wie Singapur, Panama oder Tahiti die Ohren offen hält, kriegt man eine Menge neuer Meldungen. In Malaysia erfuhr ich, wie Peer und Ann wirklich zusammengekommen waren.
Eigentlich wollte Peer eine junge Heilsarmee-Chinesin mitnehmen, die sich in die blauen Augen und den blonden Schopf des kleinen Thomas verliebt hatte. Die Chinesin war ein ordentliches Mädchen und verlangte von Peer, daß er sie von der Heilsarmee auslösen sollte. Also pilgerte Peer zur Oberin und erzählte seine traurige Geschichte und daß die Zukunft des kleinen Thomas auf dem Spiel stünde. Die Mitleidsmasche verfehlte auch hier ihre Wirkung nicht. Die Oberin bekam glänzende Augen und hatte einen noch besseren Vorschlag: „Was Sie brauchen", sagte sie, „ist kein junges Mädchen, sondern eine reife Frau, die ihrem Sohn eine gute Mutter sein kann". An dieser Stelle machte Peer den entscheidenden Fehler. Statt zu widersprechen, fragte er einfach, wo er denn diese reife Frau finden könnte. Worauf Oberin Ann aufstand, die Arme ausbreitete, „Here I am" jauchzte und auf den Schuner übersiedelte.
Knapp bevor dieses Manuskript abgeschlossen wurde, hörte ich den tragischen Abschluß der Geschichte von Peer und Ann. Tragisch vor allem für Ann, die sich nach dem nicht näher beschriebenen Überfall in Tunesien wohl nur für

kurze Zeit von Peer getrennt hatte. Irgendwie kam sie zu ihrem Unglück zurück auf die L'ARTEMIS DE PYTHEAS, plus einer von Peer stammenden Tochter namens Carmen. Die Familie Tangvald verließ das Mittelmeer und segelte nach einem Stopp auf den Kanarischen Inseln Richtung Karibik.
Am 26. 1. 85 lief die Yacht nach Peers eigenem Bericht vor einem sehr frischen Passat. Nach dem Frühstück ging Ann an Deck, um Windeln zu waschen. Peer leistete seinen Kindern vorerst in der vorderen Kajüte Gesellschaft und ging dann ebenfalls nach oben. Ann begann gerade die Windeln aufzuhängen. Peer bemerkte, daß sie die Wäscheleine zu nahe der Windfahne der Selbststeueranlage befestigt hatte und diese behinderte. Noch bevor Peer die Leine klarieren konnte, lief das Schiff aus dem Kurs und halste. Peer rief Ann zu, sich zu ducken, aber zu spät. Sie wurde von dem herumschwingenden Baum getroffen und ins Wasser geschleudert. Bis Peer auf Gegenkurs gegangen war, hatte er Ann bereits aus den Augen verloren. Erfolglos segelte er noch 6 Stunden die Gegend ab. Nachdem Ann nicht schwimmen konnte und möglicherweise von dem schweren Baum bewußtlos geschlagen worden war, bestand sowieso wenig Hoffnung auf eine Rettung.
So erzählte es Peer (oder Peter, wie er manchmal schreibt). Wieder einmal hat er eine Frau ohne Zeugen verloren. Aber wenn es genau so passiert ist, hat er praktisch Schuld an ihrem Tod. Niemand segelt vor einem sehr frischen Passat mit Großsegel, ohne den Baum gegen eine Patenthalse gesichert zu haben. Ein blutiger Anfänger vielleicht, aber nicht ein Mann von Peers Erfahrung. Noch dazu, wenn man tage- oder sogar wochenlang am selben Schlag segelt. Die fehlende Mann-über-Bord-Boje oder den fehlenden Rettungsreifen möchte ich gar nicht erwähnen. So weit, so mysteriös und traurig.
Damit die Schilderung meiner Bekanntschaft mit Peer Tangvard abgeschlossen und übersichtlich bleibt, habe ich ein wenig vorgegriffen; vieles davon passierte Jahre, nachdem wir mit TABOO III Cebu verlassen hatten. Und so weit war es noch lange nicht.
Zur Zeit, wo Peer im Flüßchen nahe Liloan lag, standen von TABOO III gerade die unbeplankten Rümpfe. Es sollte noch mehr als ein Jahr dauern, bis der Kat ins Wasser gehen konnte. Dazwischen lag ein täglicher Kleinkrieg an mehreren Fronten: Mit der Witwe Pilapil, beim Import der Bootsmaterialien, und nach und nach auch mit den Tischlern.
Im Vertrag mit der Witwe bestand diese unscheinbare Klausel, nach der sie an Wochenenden samt Familie das Grundstück benutzen durfte. Man konnte auch kaum was dagegen haben, wenn die Pilapils am Sonntag Nachmittag am Strand

saßen, ein wenig Picknick machten und Ma Jong spielten. Irgendwie schien Witwe Pilapil allerdings dieses Recht ausreizen zu wollen. Was anfangs tatsächlich ein friedliches Picknick war, eskalierte und gipfelte schließlich in einer wüsten Strandfete. Als wir eines Nachmittags von einer Einkaufsfahrt aus Panto Engano zurückkehrten, tummelten sich auf unserem Grundstück gut fünfzig Pilapil-Gäste, jeder einzelne mehr oder weniger betrunken. Der heilige Rasen war übersät mit Bierdosen und abgenagten Hühnerteilen, der Wind trieb fettige Papierservietten übers Grundstück. Da in diesem Moment mit der besoffenen Bande ohnehin nichts anzufangen war, zogen wir uns ins Häuschen zurück und warteten, bis die Orgie zu Ende sein würde. Bei Einbruch der Dunkelheit verzog sich die feine Strandgesellschaft und ließ den Sauhaufen zurück. Unter diesen Umständen konnte ich natürlich nicht mehr die vertraglich vorgeschriebene Unversehrtheit des Rasens gewährleisten und mußte ihn vor weiteren Beschädigungen schützen. Ich kaufte also eine schwere Kette mit einem schweren Vorhängeschloß und versperrte damit das Tor. Der Witwe konnte diese Neuerung natürlich nicht verborgen bleiben. Ich hoffte, um des guten Hausfriedens willen, daß sie das Zeichen richtig verstehen würde. Sie hatte ja eine Woche Zeit zu überlegen, was das dicke Schloß bedeuten könnte. Sie verstand es leider nicht. Am folgenden Sonntag rauschte sie, flankiert von einem guten Dutzend trinkfreudiger Verwandter, zur nächsten Strandparty herbei. Wir waren ausnahmsweise zu Hause geblieben, um die Stellung zu halten (Consing hätte sich zu leicht einen Blödsinn einreden lassen und das Tor öffnen können). Von irgendeinem Spitzel wußte die Witwe, daß ich zu Hause war, und schrillte am verschlossenen Tor: „Mr. Hausner, Mr. Hausner, I want to enter". Damit war der Auftritt nicht mehr zu vermeiden. Ich schrie zurück: „You cannot". Dann ging ich hin und erklärte ihr, warum nicht und daß ich schließlich für das Wohl des Rasens zuständig wäre. Die Witwe wurde schriller und schriller, was bei ihrem hohen Blutdruck in der Affenhitze eines philippinischen Mittags nicht gesund sein konnte. Wir zogen uns deshalb zurück. Die Witwe legte daraufhin noch einen Endspurt aufs Parkett, daß die gesamte Nachbarschaft an die Fenster stürzte und die Passanten interessiert stehen blieben. Danach war allerdings Ruhe. Das Tor blieb permanent versperrt, die Witwe ließ sich nicht mehr blicken.
Ihr nächstes Lebenszeichen gab sie in Form eines Anwaltsbriefes von sich, in dem wir in einem schwülstigen Englisch, das einen Vergleich mit jedem Amtsdeutsch ausgehalten hätte, aufgefordert wurden, ihr bis zum Soundsovielten das Grundstück in einwandfreiem Zustand zu übergeben. Wir kramten unsere Kopie des Mietvertrages heraus und bemerkten gleich, daß es sich bei dem erwähn-

ten Datum um den Ablauftag des Vertrages handelte. Es war offensichtlich an der Zeit, von der Option auf Verlängerung der Mietdauer Gebrauch zu machen. Unser Anwalt schrieb einen ebenso barocken Brief retour, und damit war in Bezug auf die Witwe Ruhe eingekehrt.

Mein Alltag war erfüllt vom Tüfteln an optimalen Detaillösungen der Bootseinrichtung, mit dem Einteilen der Arbeit und hauptsächlich dem Besorgen der Baumaterialien — wenn nicht gerade eine bestimmte Stärke vom Sperrholz aus war, so mußten garantiert Kupfernägel, Epoxyharz oder gar größere Importgegenstände vom Zoll abgeholt werden. Wie sich am Ende des Bootsbaues zusammenzählen ließ, importierte ich aus nicht weniger als sieben verschiedenen Ländern. Der Papierkrieg war dementsprechend heiß. Mit den meisten Firmen klappte die Zusammenarbeit klaglos. Meine Offerte-Ersuchen und Bestellungen schrieb ich auf einem Geschäftsbriefpapier, das ich in Cebu City drucken hatte lassen. Laut Briefpapier war ich eine Yacht-Werft, und das verschaffte mir schon ein besseres Entree, als wenn ich geschrieben hätte, ich baue im Schuppen der Witwe Pilapil ein Boot. Trotzdem gab es fast jede Woche kleinere oder größere Troubles.

Ein kleines Beispiel nur, was da alles passierte: Mit Cardinal Industries/Manila, meinem Lieferanten von Epoxy-Harz, hatte ich ein besonders gutes Verhältnis. Die Firma schickte mir die Ware sogar ohne Vorauszahlung, was zwar bei uns normal sein mag, auf den Philippinen allerdings einen besonderen Vertrauensbeweis darstellt. Irgendwann wechselte Cardinal Industries den Luftfrächter, und als ich das nächstemal meinen Karton Epoxy von der Luftfracht auslösen wollte, wurde ich mit einer unverschämt hohen Rechnung konfrontiert. Normalerweise zahlte ich 50 bis 60 Pesos (7 bis 8 Dollar) für die Fracht, jetzt standen plötzlich 700 Pesos auf der Rechnung, die sich gleichmäßig auf „Manila Charges“ und „Cebu Charges“ aufteilten. Neben anderem Unsinn fand sich auch ein Posten Anwaltskosten auf der Rechnung. Ganz offensichtlich dachte sich der Erfinder dieser Rechnung, ich würde ihm ein goldenes Ei legen. Ich machte also meiner Wut ein bißchen Luft und verlangte nach dem Chef. Da dieser im Augenblick vergriffen war und sein Vertreter weder eine vernünftige Rechnung legen noch den Karton herausrücken wollte, ließ ich dem Chef ausrichten, daß er am nächsten Morgen pünktlich um neun zugegen sein sollte, sonst würde ich schnurstracks zum zuständigen Amt gehen und dort ein „official complaint“ einbringen, worauf er seinen Laden für eine Zeitlang zumachen könne.

Am nächsten Morgen war der oberste Halsabschneider erwartungsgemäß bereit zu Verhandlungen. Er wollte die Rechnung sehen und war dann gleich ein wenig

konsterniert, als ich ihm nur eine Kopie überreichte. Na ja, da wären seinem Untergebenen ein paar kleine Fehler unterlaufen, und so innerhalb von zwei Minuten hatte er den Rechnungsbetrag auf die Hälfte reduziert. Auf diese Art wurden die Frachtkosten zwar zusehends günstiger, trotzdem erschien mir das nicht der richtige Weg, von 700 auf 60 Pesos zu kommen. Ich wiederholte also meine Drohung mit dem official complaint und knallte ihm eine alte Rechnung von der anderen Frachtgesellschaft auf den Tisch. Jetzt resignierte der Kerl und fragte, wieviel ich denn zu zahlen bereit wäre. Das war leicht zu beantworten: 50 Pesos. Dabei blieb es dann auch.
Aus einiger Distanz betrachtet, überwiegt bei dem beschriebenen Auftritt die komische Komponente. In den verschiedensten Varianten — mal ernster, mal weniger ernst, mal um mehr, mal um weniger Geld — prägten Zwischenfälle wie dieser aber während des Bootsbaus meinen Alltag. Bei der Sendung von 400 Kilogramm dünnflüssigen Epoxy-Harzes aus Australien wurde zum Beispiel als Bestimmungshafen nicht Cebu City angegeben (wie ich es ausdrücklich verlangt hatte), sondern Manila. Um das Harz von Manila nach Cebu zu bekommen, mußte ich nach Manila fliegen, dort eine Spedition mit der weiteren Verfrachtung beauftragen und am Ende eine saftige Rechnung bezahlen, wobei in diesem Fall leider nichts zu verhandeln war. Auf der Rechnung fanden sich dann die bekannten Notargebühren, Gebühren für Telegramme (wohin?), ein Zuschlag für Überstunden, weil das Harz am Wochenende von einem Lagerschuppen in einen anderen Lagerschuppen transportiert worden war (während der normalen Arbeitszeit war das offensichtlich nicht möglich gewesen), Stempelgebühren, Kosten für Fotokopien und so weiter. Insgesamt 13 Posten, unter denen sich die Kosten für die pure Fracht von Manila nach Cebu vergleichsweise gering ausnahmen.
Wenn der Bootsbau in den ersten Monaten mit einem geradezu sensationellen Tempo voranging, so wurden die Fortschritte immer unmerklicher, je näher wir dem Finale kamen. Das lag zum einen daran, daß die Feinarbeiten mehr Zeit brauchen und weniger augenfällig sind, anderseits schienen meine Handwerker ihre Ambitionen zu verlieren. Alles ging eher zäh und lustlos vonstatten. Vor allem die neu angestellten Anstreicher, die ich in bewährter Weise in der Leprakolonie rekrutiert hatte, brachten nicht den richtigen Einsatz. Einer davon richtete sich bald in einer Kabine häuslich ein, aus der er nur noch zur Essenszeit hervorkam. Immer wenn ich meinen Kopf zu ihm hineinsteckte, griff er schnell nach einem Lappen und putzte damit an einer Lackfläche herum. Die lapidare Antwort auf die Frage: „What are you doing“, war: „Polishing, Sir“. Das war natür-

lich auf die Dauer zu wenig, und ich schmiß ihn raus. Ein andermal kam ich zwanzig Minuten, nachdem ich das Grundstück für Besorgungen verlassen hatte, zurück, um eine vergessene Bestelliste zu holen. Die gesamte Belegschaft hatte sich's am Deck des Kats gemütlich gemacht und hielt einen netten Schwatz. Ich feuerte den Mann, den ich am ehesten entbehren konnte. Danach ging die Arbeit wieder ein wenig zügiger voran.
Auch die Tischler wurden von der Lethargie angesteckt. Vor allem Dado, der einerseits nicht wahrhaben wollte, daß seine Anstellung irgendwann zu Ende gehen mußte, und sich anderseits in seiner Autorität als Obertischler in Frage gestellt sah, weil ich Jose mit dem Bau der handwerklich anspruchsvollsten Teile wie Ruderblätter oder Mast beauftragt hatte. Jose war einfach der bessere Tischler, nur wollte ich das in dieser Form nicht aussprechen, weil Dado schließlich der Rangälteste war und den Rest der Tischlertruppe aufgetrieben hatte. Dado kam zu spät zur Arbeit und gab immer häufiger kecke Antworten. Die fehlenden Stunden zog ich ihm natürlich vom Lohn ab, was ihn noch aufsässiger machte. Nachdem er mir schließlich unter die Nase rieb, daß er ohnehin noch nie so lange an einer Stelle gearbeitet hätte, hatte ich gute Lust, auch ihn an die Luft zu setzen. Aber das hätte so wenige Wochen vor Fertigstellung des Kats nicht gut ausgesehen. So verdaute ich die Flausen meines ersten Tischlers und hoffte auf ein gutes Ende. Die Fertigstellung des Kats wurde auch zusehends dringender. Unsere Visa liefen ab und – was noch mehr zur Eile drängte – sämtliche unter Zollvermerk importierten Materialien und Ausrüstungsteile waren bald außer Landes zu schaffen.
Sobald der Mast fertig war, rissen wir den von Sonne, Regen und Holzwurmfraß mürbe gewordenen Schuppen weg und stellten das Rigg auf. Bei dieser Gelegenheit meldete sich ein letztes Mal die unlustige Witwe. Sie protestierte auf's Schärfste gegen die Beseitigung des Schuppens, weil doch im Vertrag festgehalten war, daß sämtliche „improvements" am Grundstück verbleiben müßten. An Hand eines zerfressenen Bambusrohres versuchte ich ihr klar zu machen, daß der Schuppen schwer von Buc-Buc-Holzbohrern befallen wäre, und der Abbruch nur ein Gebot der Sicherheit. Es war hoffnungslos – die Witwe rotierte wie zu ihrer besten Zeit. Mir war das aber schon ziemlich gleichgültig. Kaum stand der Mast und kaum war die Maschine eingebaut, bereiteten wir alles für den Stapellauf vor.

Der große Tag
STAPELLAUF

TABOO III war längst noch nicht segelfertig, aber was jetzt noch zu tun war, konnte genausogut am Wasser geschehen. Ich war angesichts der sich verdichtenden Troubles mit der Witwe und mit Dado sowieso nicht scharf darauf, länger als notwendig am Bauplatz zu bleiben. Außerdem drängten Zoll und Paßbehörde auf eine baldige Ausreise. Wenn wir die Philippinen auch nicht Hals über Kopf mit dem unfertigen Schiff verlassen konnten, so wollten wir doch möglichst schnell aufs Wasser, um uns in eine stille Bucht zu verdrücken und dort die restlichen Arbeiten in Eile, aber unbehelligt durchzuführen.
Es machte sich eine gewisse Aufbruchstimmung breit. Der Kat — ein mächtiges Schiff, wie er so zwischen den Palmen lag — brachte uns eine unvergleichliche Unabhängigkeit. Gerti organisierte auf Hochtouren, freute sich, war ganz aufgeregt. Ich genoß die Gewißheit des Erfolges zwar ein wenig stiller, aber ich gebe gern zu, daß ich ein sehr, sehr gutes Gefühl im Bauch hatte. Nun mußte nur noch der Stapellauf gut gehen und sich ein Zollbeamter finden, der uns die nötigen Stempel in die Pässe drückte. Zwischen TABOO III und dem Wasser lagen etwa fünfzig Meter trockenes Land, das es zu überwinden galt.
Der Rasen unseres Grundstückes lief glatt und mit leichtem Gefälle bis zum wasserseitigen Gartenzaun. Danach kam aber ein recht steiler Abbruch zum Strand. Wir brauchten eine Menge Leute, um den Kat dort heil drüber zu bekommen. Am Sonntag vor dem Stapellauf veranstaltete ich eine kleine Generalprobe. Ich wollte den Kat am Grundstück ein wenig hin und her rollen und organisierte dafür im Dorf etwa vierzig Leute. Kollektiveinsätze wie dieser sind auf den Philippinen nichts Ungewöhnliches. Wenn Familien übersiedeln, so nehmen sie gern ihr Haus mit. Natürlich keine Ziegelhäuser, aber die leichten Holzhäuschen der ärmeren Bevölkerung lassen sich — die entsprechende Zahl von Helfern voraus-

gesetzt — locker transportieren. Die Helfer erwarten dafür auch keine Entlohnung. Man stellt Essen und Trinken bereit (wobei vor allem alkoholische Getränke geschätzt werden). So ein Umzug ist also mehr eine Party als wirkliche Arbeit.

Als Vorbereitung für's Proberollen schnitt ich mit meinen Tischlern in einer geheimen Kommandoaktion die Palmen um, die auf dem direkten Weg zum Wasser standen. Es wäre unmöglich gewesen, den Kat in Schlangenlinie um die Bäume zu manövrieren. Außerdem ließen sich die zurechtgeschnittenen Stämme sehr gut als Rollen verwenden. Die Witwe würde sich wegen dieses Baummordes nicht aufregen können. Irgendwo im Vertrag stand, daß ich Veränderungen in der Vegetation des Gartens vornehmen dürfte, um das Schiff ins Wasser zu bringen. Dado allerdings wußte von einem Gesetz, das das Fällen von Kokospalmen generell verbietet. Ich wollte mich danach nicht besonders intensiv erkundigen und stellte die Natur lieber vor vollendete Tatsachen. Die Palmen mußten so oder so weg, wenn der Kat nicht in alle Ewigkeit am Trockenen bleiben sollte.

Am Sonntag kamen tatsächlich die angeforderten vierzig Leute. Die Stämme waren in meterlange Walzen geschnitten und entrindet worden. Von einem nahen Sägewerk hatte ich mir dicke Bretter ausgeborgt, die eine feste Rollbahn auf dem weichen Rasen oder Sand bilden sollten. Mit dem Wagenheber wurde ein Rumpf nach dem anderen gelüftet, von den Helgen befreit und mit Brettern und Walzen unterlegt. Dann schoben wir den Kat einen Meter vor und zurück, drehten ihn ein bißchen, indem wir den einen Rumpf festhielten und am anderen anschoben. Das ging recht gut mit den vierzig Mann. Da wir uns beim Stappellauf allerdings nicht nur auf ebenem Terrain bewegen würden, schätzte ich die für den tatsächlichen Stapellauf notwendige Mannschaft auf 100 Helfer — lieber ein paar zu viel als zu wenig.

Der Stapellauf war mit 16. Dezember 1979 festgesetzt. Es mußte ein Sonntag sein, weil wir an keinem anderen Tag so viele Helfer auftreiben hätten können, und es mußte ein Tag mit Hochwasser sein. Bezüglich des 16. Dezembers standen wir unter Erfolgszwang — der nächste Sonntag mit ausreichender Tide war drei Monate später, und bis dahin wäre fix mit einem Besuch der Zollbehörde zu rechnen gewesen. Am 15. Dezember war letzte Lohnauszahlung. Alles war ein wenig feierlicher als sonst. Mit den meisten meiner Handwerker hatte ich voll zufrieden sein können. Nur Dado war in den letzten Wochen zusehends lästig geworden. Jetzt forderte er zu allem Überdruß noch einen aberwitzig hohen Bonus. Ich hatte ihm zwar für den Tag der Fertigstellung eine Prämie zugesichert, doch niemals in der Höhe, die er jetzt verlangte. Gewissermaßen als Kompromiß drückte ich ihm die Summe von fünf Wochenlöhnen in die Hand. Eigentlich nur deshalb, weil er für die Organisation der 100 Helfer zuständig war. Am nächsten Morgen kamen die Helfer nicht. Wir warteten mehr als eine Stunde vergeblich, bis endlich doch eine Gruppe von etwa siebzig Leuten am Tor auftauchte. Es waren die Arbeiter einer Möbelfabrik, die Gerti parallel zu Dados Leuten organisiert hatte. Wie klug das war, sollte sich bald zeigen, denn Dados Leute kamen nie. Auch die Möbelarbeiter wollten eigentlich nur die Fahrtspesen kassieren, denn Dado hatte ihnen schon erzählt, daß der Stapellauf heute nicht stattfinden würde. Die Fehlinformation ließ sich leicht korrigieren. Auf das Tor, der Stapellauf fand sehr wohl statt! Im Dorf waren bald weitere dreißig Leute organisiert, zwei Ankerseile wurden in Brusthöhe um die Rümpfe geschlungen, auf mein Kommando: „uno, dos, tres!“, zogen zweihundert Hände an, und der Acht-Tonnen-Kat bewegte sich dem Meer entgegen.

Als zuverlässige Assistenz für die Befehligung des Masseneinsatzes hatte ich Rowdy Tallioferro eingeladen, einen amerikanischen Freund, der mit seinem Trimaran ALLEGRA ein paar Meilen von Liloan entfernt vor Anker gegangen war.

Die Vorwärtsbewegung des Kats brachte kein Problem. Schwieriger war es schon, das Schiff in der Richtung zu halten. Wenn eine Walze nicht hundertprozentig gerade lag, neigte der Kolloß zum Ausbrechen. So lange wir auf der glatten Rasenfläche waren, konnte man das ganz gut unter Kontrolle halten, einen gewissen Respekt hatte ich nur vor dem Uferabbruch. Vor allem auch, weil meine Truppe beileibe nicht mit dem Ernst bei der Sache war, mit dem man normalerweise Katamarane zu Wasser bringt. Für sie war das eine kurzweilige Sonntagseinlage. Es fehlte auch nicht der Scherzbold, der zu den unpassendsten Momenten „uno, dos, tres“ brüllte.

Als der Kat am Abbruch angelangt war, machten wir Pause. Es war ohnehin fast Mittag, und die Stimmung kippte schon ein wenig zu sehr ins Scherzhafte. Es gab ausreichend zu essen, die Alkoholika hielt ich noch unter Verschluß. Für die Rutschpartie über den Abhang führte ich als Sicherung zwei schwere Ankertaue von den Palmen zu den größten Winschen am Schiff, die von Rowdy und seinem Freund bedient wurden. Dann balancierten wir TABOO III über den schrägen Sand- und Steinstreifen. Das dauerte zwar zwei Stunden, ging aber unter bester Kontrolle über die Bühne. Am späten Nachmittag stand der Kat, noch immer auf Bohlen und Rollen, am Riff. Kleine Wellen klatschten an die Unterseite der Rümpfe. Das Meer konnte steigen.

Die Filipinos schienen sich noch mehr über den gelungenen Stapellauf zu freuen als wir. Bei der nun obligaten Strandparty ging es hoch her. Der Bier- und Schnapskonsum war gewaltig. In der feiernden Gesellschaft tauchten nach und nach immer mehr Gesichter auf, die ich bei der Arbeit nie gesehen hatte. Schließlich infiltrierte auch noch Witwe Pilapil nebst Verwandtschaft das Grundstück.

So bald wie möglich komplimentierte ich den Haufen zum Tor hinaus und machte das Grundstück dicht. Was vor allem die Witwe nicht verstehen konnte – sie hatte fix angenommen, daß wir auf der Stelle und auf Nimmerwiedersehen mit dem Schiff abdampfen würden und alles, was wir noch am Grundstück hatten, ihrer Habgier überlassen. Die Übersiedlung sollte jedoch noch Tage dauern, und die Witwe oder andere Dauergäste wären dabei hinderlich gewesen. Schon allein an diesem öffentlichen Nachmittag war alles mögliche verschwunden. Sogar der Haufen Holzabfälle war auf ein Drittel seiner ursprünglichen Größe reduziert worden.

Für den Augenblick brachten wir rasch die notwendigsten Sachen für eine Übernachtung aufs Boot, denn gleich nach dem Aufschwimmen sollte TABOO III in eine sichere Bucht verlegt werden. Der Motor war zwar eingebaut, aber noch nicht betriebsbereit. Jean-Paul, ein weiterer lieber Freund, wollte uns mit seinem Taiwan Clipper schleppen.

Bei Einbruch der Dunkelheit saßen Gerti und ich an Deck. Ein Anker war im tieferen Waser ausgebracht, die Trosse wie eine Saite gespannt. Bei steigendem Wasser konnten wir uns daran vom Riff frei holen.

Die Stunden bis zum Aufschwimmen waren an Kitsch unüberbietbar. Die Sonne versank ordnungsgemäß in einem Meer von Rot und Gelb, eine leichte Brise strich übers Wasser, rauschte leise durch die Palmen. Sogar der Alltagslärm des Dorfes und das fallweise Katzengeheul entbehrten in diesen Stunden nicht einer gewissen Romantik. Gerti schnurrte in den zufriedensten Tönen.

Pünktlich um acht hatte die Tide die richtige Höhe erreicht. TABOO III schwamm. Keine 200 Meter draußen schaukelten die freundlichen Lichter des Taiwan Clippers. Ich brachte mit dem Dinghy eine Leine hinüber, und zwanzig Minuten später waren wir in einer kleinen, sicheren Bucht nördlich von Liloan. Am Ankerplatz angekommen, lehnten wir einen Drink bei Jean-Paul freundlich ab. Wir waren hundemüde und wollten nichts als schlafen.

Unsere eigene Kabine war mit Schachteln, Säcken, Dosen und Geräten bis unter die Decke angefüllt. So legten wir uns in der Gästekabine ziemlich so, wie wir waren, auf's Ohr. Der Schlaf dauerte nicht lange. Ich wachte auf – vielleicht durch ein ungewöhnliches Plätschern, eine Krängung des Kats. Vielleicht hatte ich mittlerweile auch eine innere Alarmanlage gegen Schiffbrüche entwickelt. Jedenfalls war ich mit einem Schlag wach, sprang aus der Koje und stand im Wasser.

Bei Wassereinbrüchen geht nichts über einen Eimer. Es lassen sich damit große Wassermengen in kurzer Zeit über Bord befördern, wenn man nur die entsprechende Motivation hat. Nach ein bißchen Suchen stellte sich aber heraus, daß wir nicht einmal einen Eimer an Bord hatten. Ich stürzte aufs Deck und versuchte Jean-Paul zu wecken, der mit seinem Schiff keine fünfzig Meter von uns entfernt lag. Nachdem sich nichts rührte, zog ich TABOO III an der noch immer angeschlagenen Schleppleine an Jean-Pauls Schiff heran. Mittlerweile tauchte der verschlafen in seinem Niedergang auf. „Have you got a bucket", brüllte ich hinüber. „What for?" fragte er verständnislos. „We are sinking, that's all!". Jetzt begriff er und reichte einen Eimer herüber.

Wir sanken natürlich nicht. Während der ganzen Eimer-Organisation, die ja ein paar Minuten gedauert hatte, war der Wasserspiegel nicht merklich gestiegen. Nach einer knappen Viertelstunde schöpfen — ich füllte den Eimer in der Bilge und beförderte ihn mit Schwung den Niedergang hoch, wo ihn dann Gerti ins Mittelcockpit entleerte — war der Wasserspiegel in der Kabine bis unter den Fußboden gesunken. Jetzt konnte ich mich auf die Suche nach dem Leck machen. Ich fand es gleich zu meinen Füßen. Der Plastikschlauch für die Seewasserpumpe der Pantry war nicht angeschlossen. Den Durchlaß am Rumpf hatte ich zwar auf Dichtheit überprüft, aber nicht das andere Ende des Schlauches, das an der Pumpe stecken sollte. Nachdem die Pumpe auf Wasserspiegelhöhe montiert ist, begann erst beim Aufschwimmen Wasser ins Schiff zu sprudeln, das sich dann gleichmäßig in Pantry, Salon, WC und Duschnische ergoß. Nicht notwendig wäre es in der Kabine gewesen, in der wir schliefen, weil diese durch zwei wasserdichte Schotts von den anderen Wohneinheiten abgetrennt ist. Nachdem aber das Lenzrohr zur zentralen Bilgekammer offen stand, war es auch hierher gekommen. Insgesamt drei bis vier Tonnen, nach meiner Schätzung. Wir nahmen den Wassereinbruch als eine Art besondere Schiffstaufe nicht weiter tragisch. Bei der großen Zahl von Möglichkeiten, irgendwas zu vergessen, war ein nicht angeschlossener Pumpenschlauch schon möglich — besser jedenfalls, als Dado hätte uns heimlich angebohrt. Nachdem ich noch einmal alle Durchlässe auf Dichtheit überprüft hatte, nahmen wir die zweite Hälfte Schlaf in Angriff.

Am nächsten Morgen — es war ein einzigartiges Gefühl, wieder auf einem eigenen Schiff aufzuwachen — schleppte uns Jean-Paul zurück zum Bauplatz. Wir hatten noch eine Menge unserer Besitztümer am Grund. Obwohl Rowdy so freundlich gewesen war, sich als Nachtwächter ins Häuschen zu setzen, war eine Menge weggekommen. So hatten fleißige Hände den letzten Rest Abfallholz weggeschafft, sogar die schweren Palmenstammrollen, die ein Tischler nach unserer Abfahrt eingefangen und auf den Strand gezogen hatte, waren weg. Aber das war ja völlig unbedeutend — vor dem Strand lag ein blitzsauberer Kat, der im gleißenden Sonnenlicht exakt auf der Wasserlinie schwamm. Nicht, daß mir bei diesem Anblick ungeheuer romantische Gedanken gekommen wären, aber mit einem Schlag war wieder diese Beweglichkeit da. Alle Fahrpläne und Tickets dieser Welt waren mit einem Schlag unbedeutend, ich konnte wieder in die entlegensten Winkeln segeln, dorthin, wo mich niemand findet und wo keine anderen Vorschriften gelten als die meinen.

Was wir an diesem Tag an Bord schaffen konnten, wurde mit dem Dinghy zum Kat gerudert. Am Nachmittag kam ein LKW und schaffte Gasherd, Eisschrank und Mobiliar zum Verkauf in die Stadt. Witwe Pilapil, die am Tor Beobachtungsposten bezogen hatte, versuchte sich ein letztes Mal quer zu legen und wollte unter Berufung auf den „improvement-Paragraphen" des Mietvertrages, Möbel und Geräte für sich beanspruchen. Jetzt saß sie allerdings am kürzeren Ast. Da wir ihr Grundstück sowieso nicht weitermieten wollten, riskierten wir einen bösen Anwaltsbrief und machten die Einrichtung zu Geld. Es blieben ihr ja die Kacheln — wenn auch nur am Küchentisch.

Am Nachmittag verlegten wir TABOO III in den geschützten Hafen von Cebu City. Es waren noch ein paar Montagen an Hydraulik und Ruderanlage vorzunehmen, für die ich die Hilfe von Werkstätten brauchte. Diesmal blieb Gerti als Nachtwache am Grund. Es dauerte noch zwei Tage, bis sämtlicher Hausrat verpackt und per Jeepney nach Cebu und aufs Schiff geschafft war. Dann konnte endlich auch Gerti mit Katze Mimmi aufs Schiff übersiedeln.

Wochen der Bewährung
JUNGFERNFAHRT

Wenn mir zwischen dem Verstauen der einzelnen Hausratslieferungen Zeit blieb, arbeitete ich eilig am Rigg. Es mußten noch hunderte Meter Schoten und Fallen auf die richtige Länge gebracht und eingeschoren werden. Sobald das erledigt war, konnte man den Kat als provisorisch segelfertig betrachten. Vor der großen Fahrt waren trotzdem noch tausend Kleinigkeiten zu erledigen. Wir verließen den Hafen von Cebu City und verdrückten uns in eine stille Bucht.

Einen Tag, bevor unsere Visa endgültig abgelaufen waren, klarierten wir nach Hongkong aus. Nach meinem langen Aufenthalt auf den Philippinen wäre dafür grundsätzlich eine Unbedenklichkeitserklärung des Finanzamtes notwendig gewesen. Ein entsprechendes Ansuchen schien mir allerdings ein gewagtes Manöver. Wie sollte ich erklären, daß ich die letzten vier Jahre ohne offizielle Einnahmequelle gelebt hatte und daneben noch ein großes Schiff gebaut hatte, für das offensichtlich viel Geld notwendig war. Der Verdacht lag nahe, daß ich einen Teil dieses Reichtums auf den Philippinen verdient hatte, was nur zu gut stimmte.

Ich verzichtete also lieber auf eine Vorsprache beim Finanzamt. Es konnten einfach zu viele unangenehme Fragen aufkommen, die sich nicht unbedingt durch eine dezente Beamtenbestechung aus der Welt schaffen ließen. Also direkt zur Paßbehörde. Dort fand sich auf Anhieb ein ahnungsloser Beamter, der uns für ein paar nette Worte und einen Händedruck, bei dem 50 Pesos den Besitzer wechselten, die notwendigen Stempel in die Päße drückte.

Das war am 13. Januar 1980. Erst sechs Wochen später war der Kat so weit fertiggestellt, daß wir die kleine Bucht verlassen und auf eine erste Kreuzfahrt innerhalb der Philippinen gehen konnten. Wir segelten von Cebu, das ungefähr im Zentrum des philippinischen Archipels liegt, zur südöstlichen Nachbarinsel

Bohol und von dort weiter nach Negros, das wieder im Westen von Cebu liegt. TABOO III übertraf meine Erwartungen in jeder Hinsicht. Das Schiff war eindeutig schnell, setzte weich in die Wellen ein, die Manövrierfähigkeit konnte bei einem Kat dieser Länge nicht besser sein. Es war schon ein beruhigendes Gefühl, wieder ein eigenes Deck unter den Füßen zu haben.
Wir ankerten in Port Bonbonon, einer winzigen Bucht an der Südküste von Negros. Weißer Strand, Palmen, Schutz vor allen Winden — einfach zu schön, um wahr zu sein. Wir gingen an Land und suchten eine geeignete Stelle, wo wir den Kat trockenfallen lassen konnten. Zum Zeitpunkt des Stapellaufes hatte ich keine schwarze Epoxyfarbe für den Wasserpaß gehabt, hier konnte ich die Malerei nachholen. Wir hatten bald ein Stück Strand mit weichem Sand und ohne Steine gefunden. Es war zwar ein wenig abschüssig, aber das sollte nicht viel ausmachen. Am nächsten Morgen setzten wir TABOO III bei Hochwasser mit drei Knoten Geschwindigkeit sanft aufs Trockene, brachten eine Leine zur nächsten Palme aus, damit der Kat nicht abrutschen konnte, und warteten gemütlich, bis wir im Trockendock waren. Mit fallendem Wasser neigten sich die Büge ein wenig zum Himmel und der Mast schräg nach hinten. Bei Niedrigwasser war dann der Vorderteil des Schiffes hoch aus dem Wasser, während das Heck bis unter das Antifouling eintauchte. Uns konnte es recht sein. Wir malten den Wasserpaß, soweit es möglich war, drehten bei Hochwasser um, fuhren mit dem Heck voran auf den Strand, winschten den Kat noch ein wenig weiter aufs Trockene und malten beim nächsten Niedrigwasser das Hinterteil.
Von Port Bonbonon segelten wir Richtung Cavili und Arena, zweier winziger Inseln mitten in der Sulu-See. Ohne besondere Pläne. Wir wollten einfach nur Segeln. Daß wir über die beiden Inselchen nichts wußten, war Grund genug, einmal hinzuschauen. Ich hatte dabei Gelegenheit, wieder ein bißchen astronomische Navigation zu üben — die Inseln waren so flach, daß wir mit einem gekoppelten Kurs sicher daran vorbeigefahren wären; noch dazu, wo in der Sulu-See unregelmäßige Strömungen herrschen.
Mit meinem neuen Sextanten hatte ich eine wahre Freude, Almanach und nautische Tafeln waren natürlich an Bord; das einzige, was fehlte, war die genaue Zeit! Klingt blöd, ist aber leicht erklärt. Ein guter Kurzwellenempfänger ist auf den Philippinen nicht so einfach zu bekommen, daher hatte ich damals nur ein normales Kassettenradio an Bord. Damit war ich auf die lokalen Zeitzeichen angewiesen. Mein philippinischer Lieblingssender brachte zwar jede volle Stunde ein Zeitzeichen — zwar kein Gong, eher, als wenn man mit einem Löffel an ein halbvolles Glas scheppert —, aber wie sich bald herausstellte, war auf die Genauig-

keit dieses Zeichens kein Verlaß. Ungefähr zur vollen Stunde kam das Scheppern, dann schaltete ich schnell auf einen anderen Sender um und bekam sieben Sekunden später ein zweites Zeitzeichen serviert. Zur nächsten Stunde war ich wieder am Apparat. Zeitzeichen des Lieblingssenders, dann schnell umgeschaltet. Diesmal war die Eile gar nicht notwendig -- es dauerte volle vierzig Sekunden, bis die Konkurrenz am Ende ihrer Stunde war. Im Laufe des Vormittags sammelte ich sämtliche Zeitsignale, erstellte eine Liste und schätzte dann, wie spät es tatsächlich sein konnte. Ab dann blieb das Radio ausgeschaltet. Es mußte sich ja bald herausstellen, ob meine Zeit-Interpolation richtig war.

Ich war etwas erleichtert, als kurz vor Sonnenuntergang Cavili auftauchte. Zwar nicht voraus, sondern ein wenig querab, aber immerhin wußte ich über meinen Standort Bescheid.

Bei dem leichten Wind kamen wir erst um neun ins Lee der Insel. Im Mondlicht tasteten wir uns unter Maschine ans Saumriff heran, warfen auf 1,50 Meter Wassertiefe den ersten Anker, fuhren ein Stück zurück und setzen im tiefen Wasser den zweiten Anker. Die Insel sah gespenstisch aus. Keine Palmen, nur dürre Laubbäume zeigten ihre Silhouetten im kalten Licht. Urwaldlaute drangen aufs Wasser heraus, und immer wieder bildeten wir uns ein, daß zwischen den Tierlauten auch menschliche Stimmen wären. Vom ersten Eindruck her war Cavili also nicht die Reise wert gewesen. Ich legte mich einigermaßen unsicher zur Ruhe, wobei ich als Empfang für etwaige unangemeldete Besucher den Revolver vorbereitete — nicht unter dem Kopfkissen, denn dort wollte Gerti keine Ölflekken.

Am nächsten Morgen waren am Strand tatsächlich einige Gestalten zu sehen. Wir segelten die fünf Meilen weiter nach Arena. Die Insel ist kaum 300 Meter lang, spärlich bewachsen und sandig. Wir klammerten uns in bewährter Weise am Riffsaum fest. Das Wasser war unwahrscheinlich klar, sodaß ich es kaum erwarten konnte, auf Tauchstation zu gehen.

Das Riff fiel vorerst in einem Winkel von 45 Grad auf zehn Meter Tiefe ab und von dort senkrecht ins Tiefblaue. Eine starke Strömung zwang mich gleich zum Gegenan-Schwimmen. Ich ließ mich auf 25 Meter fallen und arbeitete mich dann an der Riffwand entlang. Fische in eßbaren Größen hielten sich außer Schußweite. Dafür winkten mir bald die Fühler einer Languste zu. Sie saß am Eingang einer schmalen Spalte und konnte jederzeit nach hinten flitzen. Ich versuchte gar nicht, sie an den Fühlern zu packen. Das ist überhaupt nur sinnvoll, wenn die Languste in einem Loch sitzt, aus dem sie nicht aus kann, aber auch dann können die Fühler abbrechen, und man erwischt sie nicht. Ich ging lieber auf Nummer

sicher und harpunierte sie. Eine Stunde später lag die Languste, von Gerti köstlich zubereitet, auf dem Tisch. Der Alltag an Bord hatte begonnen.
Am nächsten Morgen, als wir auf dem Weg nach Puerto Princesa (Hauptstadt der westlichen Philippineninsel Palawan) waren, fingen wir auch unseren ersten Fisch mit der Schleppangel, eine 70 cm lange Makrele. Nach meiner alten Devise, daß Fisch am besten schmeckt, wenn er direkt vom Wasser in die Pfanne wandert, wurde die Makrele sofort zubereitet. Mimmi gebärdete sich beim Anblick des Fisches total aufgeregt, bis sie auch eine Ladung serviert bekommen hatte (roh natürlich).
Das Kätzchen hatte sich an Bord sehr gut eingelebt, zeigte überhaupt keine Symptome, daß ihr die begrenzte Welt des Schiffes zu wenig Bewegungsraum wäre. Sie war auf ihr Sandkistchen in einer Backskiste trainiert, das sie über ein eigenes, dafür ausgespartes Schlupfloch erreichen konnte.
An diesem Tag hatten wir wenig Wind. TABOO III trödelte mit 4--5 Knoten über das Wasser der Sulu-See. Erst gegen Mitternacht sahen wir die Lichter von Porto Princesa, kurz darauf waren wir in einer Flaute, und es dauerte bis zur ersten Morgenbrise, bis wir im Hafen zwischen zwei antiquarischen Kriegsschiffen Anker geworfen hatten. Puerto Princesa ist zwar die Hauptstadt von Palawan, aber nicht das, was man sich unter einer Metropole vorstellt. Zwar wird die Stadt überragt von einer wuchtigen Kirche spanischen Ursprungs, doch rundherum gibt es, abgesehen von wenigen Häusern in fester Bauweise, nur leichte Bretterbuden. Gleich dahinter das Feld der Slums, wo die Behausungen aus Reklameschildern, Blechflecken, Karton und Palmwedeldächern zusammengestoppelt sind. Am Wasser die Pfahlbauten, die hauptsächlich aus Bambus und Palmblättern bestehen und auch keine besondere Lebensqualität bieten. Wir blieben vier Tage in dem Nest, sahen uns ein wenig um, kletterten auf den Glockenturm, kauften am Markt ein und aßen einmal als Abwechslung zur Bordküche in einem der wenigen Restaurants; natürlich schlechter als gewohnt. Alles in allem ließen wir dem Ort ein unverdient großzügiges Sightseeing angedeihen. Dann segelten wir die Küste von Palawan entlang und hüpften hinüber zu den kleinen Cuyo-Inseln.
Eine davon ist Pamalican. Das Inselchen liegt im Norden der Gruppe und ist ein wahres Tropenparadies: Palmen, schneeweißer Strand mit einem Sand so fein wie Mehl, hellgrünes Wasser in der Bucht. Das Idyll wird einzig durch die Schilder gestört, die überall entlang des Ufers angebracht sind: Privat Property! No Trespassing!
Wir ließen uns davon nicht stören. Nachdem wir den Kat zwischen zwei mäch-

ohne weiteres ins Wasser werfen konnte. Bürgermeister Kim war sehr neugierig, stellte eine Menge Fragen, ersuchte um Lesematerial und versprach uns als Gegenleistung eine Sightseeing-Tour mit seinem Lastwagen über die ganze Insel, anschließend festliches Dinner bei ihm zu Hause. Sehr freundlich. Wir paddelten mit ihm gemeinsam an Land und bekamen im bürgermeisterlichen Heim (eine der üblichen Bretterhütten) Kaffee vorgesetzt. Von der Lastwagenfahrt wurde nicht mehr gesprochen, auch auf das Abendessen hatte Bürgermeister Kim offensichtlich vergessen. Vermutlich hatte er erwartet, daß ich als Gastgeschenk gleich einen Teil meiner Bordbibliothek mitbringen würde.
Wir erledigten das Sightseeing also zu Fuß und hätten dabei dem Rattenfänger von Hameln Konkurrenz machen können – in einer langen Prozession folgte uns der gesamte Nachwuchs der Insel. Die Alten standen vor ihren Häusern und gafften uns völlig ungeniert in die Gesichter. Ein schmuddeliger Typ löste sich vom Straßenrand und hielt Schritt: „Hey Joe, where are you from?“ *Hey Joe* – das ist die wenig elegante Anrede für alle Weißen. Mit *Joe* ist natürlich ein Amerikaner gemeint, aber für die Filipinos macht es keinen Unterschied, ob man Amerikaner, Europäer oder sonstwas ist. Auf Unterhaltungen, die mit *Hey Joe* beginnen, verzichte ich lieber. Der freche Bursche hatte offensichtlich nichts weiter im Sinn, als mit seinem Englisch auf die Beobachter der Szene Eindruck zu schinden. Also sagte ich ihm auf Deutsch meine Meinung. Das Gespräch erstickte damit im Keim, und wir konnten unbehelligt weiter.
Am Ende der Siedlung stießen wir auf ein hohes Gebäude mit Rundbogenfenstern im ersten Stock, das sich bei näherer Besichtigung als Kirche herausstellte. Wir kamen dort ins Gespräch mit einem jungen Mann, offensichtlich westlicher Abstammung. Er hieß John Donovan, war 32, Engländer und geistliches Oberhaupt dieser und sieben umliegender Inseln. Zur Kirche gehörte weiters ein irischer Pfarrer des gleichen obskuren Missionsordens und ein junger Schotte, der so etwas wie ein Laienbruder war, in Kürze nach Afrika wollte und die verbleibende Zeit auf diesem Posten totschlug. Wir wurden zum Nachtmahl eingeladen. John kochte und brachte eine überraschend gute Mahlzeit auf den Tisch. Es war angenehm, wieder einmal mit Europäern zusammenzusitzen und nicht immer die stereotypen Fragen der Einheimischen beantworten zu müssen. Wir revanchierten uns mit einer Gegeneinladung für den nächsten Tag. Gerti servierte einen Schweinebraten, der die frommen Missionare glatt auf das Tischgebet vergessen ließ.
Nach diesem Besuch auf Caluya war es höchste Zeit, nach Cebu zurückzukehren. Es waren noch eine Menge Arbeiten am Boot zu tun. Ich brauchte Werk-

stätten und diverses technisches Kleinzeug, das nur auf einer großen Insel wie Cebu zu bekommen war.
Wir übten wieder ein wenig Kreuzen bei kräftigen Winden genau auf die Nase und waren am nächsten Morgen in Cebu. Unauffälligkeit war angebracht – schließlich hatten wir schon vor Monaten nach Hongkong ausklariert. Unsere Version für etwaige neugierige Amtsmenschen war, daß wir auf halbem Weg nach Hongkong wegen eines technischen Gebrechens umgekehrt wären. Um derartigen Interviews von vornherein aus dem Weg zu gehen, ankerten wir nicht im Hafen von Cebu City, sondern vor dem kleinen Örtchen Talisay, etwas südlich von Cebu.
Dort wurden die elektrischen Leitungen verlegt, die Tiefkühltruhe installiert und noch ein Haufen kleiner Arbeiten erledigt.

Endlich auf großer Fahrt
ABREISE VON CEBU

Aus den wenigen Wochen, die wir in Cebu bleiben wollten, sind prompt vier Monate geworden. Immer wieder fand sich ein Grund, den Aufenthalt zu verlängern. Schließlich erwischte uns auch noch die Taifun-Saison, womit wir praktisch festgenagelt waren. Gegen Taifune war unser Liegeplatz nicht ideal. Die kleine, palmenbewachsene Bucht von Talisay war gegen Südwest vollkommen offen und bot damit keinen Schutz vor den Wirbelstürmen. Ich beobachtete also die Wetterentwicklung mit einiger Sorge. Glücklicherweise bekommt man in Cebu normalerweise nur die Ausläufer von Taifunen zu spüren. Die reguläre Zugbahn liegt weiter im Norden. Anfang Mai schraubte sich der Wirbelsturm „Ditang“ mit Winden von 100 Knoten auf Luzon (ca. 500 km im Norden) zu. In Cebu spürten wir davon vergleichsweise harmlose 35 Knoten, begleitet von tagelangem Regen.

Wie wenig man sich auf Statistiken und vorausberechnete Zugbahnen verlassen kann, wurde übrigens im September 1984 bewiesen. Da verwüstete der schwerste Taifun dieses Jahrhunderts die zentralen Philippinen, inklusive Cebu City und Liloan, das dem Sturm voll ausgesetzt war.

Es bedarf keiner großen Phantasie, sich auszumalen, was bei einer derartigen Katastrophe auf unserem Bauplatz passiert wäre — keine fünfzig Meter weg vom Wasser.

Von solchen Unannehmlichkeiten blieben wir gottlob verschont, wenn auch das Wetter alles andere als erholsam war. Manchmal konnten wir tagelang nicht von Bord, weil man in den kräftigen, böigen Winden immer damit rechnen mußte, daß ein Fischerboot oder unbemannter Schlepper durch die Gegend schlierte.

Die schlechten klimatischen Umstände waren aber nur ein Grund, weshalb dieser letzte Aufenthalt auf Cebu etwas beschwerlich wurde. Auch das Ganoven-

tum hatte in der Umgebung von Cebu City ungewohnte Ausmaße angenommen. Selbst ankernde Yachten blieben davon nicht verschont. So wurde der ebenfalls in Talisay liegenden australischen Yacht ANETTE M die Kabine ausgeräumt, während Skipper Jim und seine Frau im Steuerhaus schliefen. Jim wachte auf, sah aber nur noch drei Typen in einem Kanu abhauen. Sein Beiboot und Außenborder waren zwar vorsorglich angekettet gewesen, die Verfolgung konnte er trotzdem nicht aufnehmen, weil die Gauner den Benzinschlauch vom Motor durchgeschnitten hatten.
Unserem alten Freund Rowdy, der uns beim Stapellauf geholfen hatte, wurde mitten im Hafen von Cebu der Außenborder vom Deck gestohlen.
Der amerikanischen Yacht CHARLEY'S ANGEL, die nur 50 Meter neben uns ankerte, wurde in der Nacht das Schlauchboot samt Motor geklaut. Charley war zu bequem, das Beiboot immer an Bord zu holen, und ließ es trotz der Diebsgefahr lieber längsseits festgemacht. Er fühlte sich sicher, weil er immer im Cockpit schlief. Eines Morgens wachte er ohne Schlauchboot auf.
Zwei Nächte später wurde TABOO III ein Besuch abgestattet. Meine innere Alarmanlage funktionierte glücklicherweise auch diesmal. Ich wachte ohne ersichtlichen Grund auf, spähte durch das halbgeöffnete Schiebeluk und sah am Vordeck eine Figur knotzen, die gerade dabei war, das Ankerseil von der Belegklampe zu lösen. Gott weiß, zu welchem Zweck. Ein Stück Hydraulikschlauch mit Stahldrahteinlage liegt für solche Fälle immer bereit. Leider läßt sich das Luk nicht geräuschlos öffnen, sodaß ich mich nicht anschleichen konnte. Also stieß ich das Luk auf und sprang nach vorn, um dem Kerl eins über den Schädel zu ziehen. Noch schneller allerdings war der Bursche mit affenartiger Behendigkeit über Bord geturnt und paddelte mit zwei weiteren Gaunern in einem Kanu davon. Ich sprang zurück in die Kabine, faßte den 45er-Armee-Colt aus dem Versteck und schoß dem Gesindel in die Dunkelheit nach. Zu Treffen war natürlich nichts, die Ganoven sollten nur wissen, daß sie bei einem weiteren Besuch ihr Leben riskierten.
Meine Wut steigerte sich noch, als ich den Schaden registrierte. Es fehlten der Tank vom Außenborder und meine Ledersandalen. Der Verlust der Sandalen war vom finanziellen Aspekt ja eher zu vernachlässigen, schmerzte aber trotzdem: *die* Größe und Qualität war auf den Philippinen einfach nicht zu kriegen.
Die Zustände waren also so, daß wir das Boot nachts nicht mehr unbeaufsichtigt lassen konnten. Außerdem wünschte ich mir jetzt eine bessere Bewaffnung, die für Fahrten in piratengefährdeten Regionen sowieso unentbehrlich war. Meinen alten Trommelrevolver, den ich mir vor der Jungfernfahrt zugelegt hatte, hatte

ich mittlerweile schon gegen den erwähnten Armeecolt umgetauscht. Der war zwar auch gebraucht, schoß aber im Gegensatz zu meiner ersten Waffe zuverlässig. Wichtiger als eine Faustfeuerwaffe war allerdings ein vollautomatisches Gewehr. Revolver oder Pistole sind dann brauchbar, wenn der ungebetene Besuch bereits an Bord ist, auf größere Distanz wird man aber nur mit einem Gewehr Eindruck machen können.
Der Ankauf eines automatischen Gewehres ist — speziell auf den Philippinen — etwas heikel und umständlich. Offiziell kaufen kann man diese Kriegswaffen natürlich nicht, und auf unerlaubten Waffenbesitz stehen zwanzig Jahre Kerker. Auf dem Schwarzmarkt, im düsteren Hafenviertel von Cebu, war aber fast alles zu bekommen. Die Operation verkomplizierte sich für mich nur ein wenig, weil mein letzter „Kontakt-Boy" in der Zwischenzeit erstochen worden war. Also mußte ich mit Geduld und Vorsicht eine andere Quelle erschließen.
Derartige Geschäfte laufen meist über die Vermittlung irgendwelcher „Boys". An diese selbst kommt man wieder nur über Vermittlung heran. Wer eine geraume Zeit auf einem Platz gelebt hat, tut sich beim Herumfragen natürlich leichter. Praktisch jedermann — Anwalt, Industrieller, Beamter, Taxifahrer — kann für einen heißen Tip gut sein. Der schaut dann ungefähr so aus: Geh in diese oder jene Hafenbar und frag nach XY.
Für das Rendezvous zieht man sich dann die miesesten Jeans an und legt Uhr sowie größere Geldscheine ab — die Bars im Hafen von Cebu City sind nicht gerade von der noblen Sorte. XY, der Boy, stellt sich beim ersten Anreden ziemlich taub; erst wenn man ihn durch ein paar nette Worte aus dem Lokal gelotst hat, kann man vernünftig mit ihm plaudern. Je eher der Bursche an die gewünschte Ware herankommen kann, desto reservierter gibt er sich. „Ein Freund könnte vielleicht wissen", ist zum Beispiel eine brandheiße Auskunft! (Vermutlich hat der Kerl das Zeug griffbereit unterm Ladentisch). Daß der Bursche nicht gleich damit herausrückt, ist reine Vorsicht — wer sagt schon gern einem Spitzel auf den Kopf zu, daß er auf verbotenen Waffen, Rauschgift oder sonstwas sitzt. Umgekehrt: Je freudiger der Kontakt-Boy auf die Sache eingeht, desto fragwürdiger ist die Quelle.
Genauso war es bei der Anschaffung meiner M16. Düstere Hafenkneipen, eine Menge „Boys", die sich gebärdeten, als würden sie ein ganzes Waffenarsenal auf Lager haben. Die Philippinen sind schließlich das Land der Zwischenhändler. Jeder führt sich auf, als wäre er eine große Nummer im Geschäft, um dann loszuwieseln und die gewünschte Ware zu suchen.
Meine Kontaktgespräche zogen sich über Wochen hin. Die richtige Quelle fand

ich dann ganz überraschend im seriösen Milieu einer Schlosserei. Dort erzeugte man unter anderem auch kleine Waffenteile für die Armee.
In einem Gespräch mit dem Oberschlosser — ich ließ dort auch einige Kleinigkeiten fürs Boot machen — kam ich mehr zufällig aufs Thema Kriegswaffen. Was soll ich viel erzählen! Die Burschen betrieben über ihren Laden einen schwungvollen Waffenhandel, ganz offensichtlich im besten Einvernehmen mit der Armee. Ein paar Tage später wanderte eine blitzsaubere M16 nebst 400 Schuß Munition, ein paar Magazinen und ein paar Handgranaten über den Schreibtisch des Schlosserei-Besitzers in meine Hände. Die Handgranaten wollte ich erst gar nicht nehmen, aber sie waren preisgünstig und konnten in irgendeiner besonders blöden Situation durchaus nützlich sein.
Das kleine Arsenal kostete 3000 Pesos, rund 400 Dollar. Das war zwar keine Okkasion, in Anbetracht der sicheren Geschäftsabwicklung aber in Ordnung. Wenige Tage zuvor hatte man mir eine M16 um den halben Preis angeboten — Übergabe in einer dubiosen Gegend, außerhalb von Cebu City. Geld ist mitzubringen. Auf einen derart riskanten Deal hatte ich lieber verzichtet. Am günstigsten hätte ich mich übrigens damals im Vietnam-Krieg eindecken können — dort wurden derartige Kanonen um fünf Dollar je Stück verschachert.
Mein kleines Waffenarsenal wanderte in ein beim Bau eigens dafür vorgesehenes Versteck, wo es auch von gewieften Suchtgiftfahndern kaum gefunden werden kann.
An dieser Stelle ist vielleicht kurz eine Stellungnahme zum Thema Waffen angebracht. Man liest ja sehr viel Unsinn darüber, vor allem von Autoren, die Piraterie nur vom Hörensagen kennen. Als Beispiel möchte ich nur die haarsträubenden Thesen des Joachim Schult anführen, der in seinem Buch über Yachtunfälle zu dem Schluß kommt, daß Schußwaffen an Bord rundweg abzulehnen wären; anzuraten wäre bestenfalls der Gebrauch einer Signalpistole. Es ist das mit Abstand der gefährlichste Unfug, der jemals zu diesem Thema zu Papier gebracht wurde.
Als einzige Erklärung dafür habe ich die Vermutung, daß der Autor noch nie mit Piraten konfrontiert war. Hätte er dabei zu einer Signalpistole gegriffen, so wäre er vermutlich heute nicht mehr in der Lage, über Waffenbesitz auf Yachten zu dozieren — man hätte ihn wahrscheinlich umgebracht. Obwohl es heute natürlich nicht mehr klassische Piraterie gibt, von der eine gewisse Verbrechergilde gewerbsmäßig lebt, hört man immer mehr von Überfällen auf Yachten. Das mag daran liegen, daß in unseren Tagen viel mehr Boote unterwegs sind als noch vor fünfzehn oder zwanzig Jahren. Besonders betroffen sind die Gewässer der Phi-

lippinen, Borneos und Thailands, obwohl natürlich überall in der Welt Überfälle vorkommen können. Da ich in diesen Regionen mehr als fünf Jahre gelebt habe, selbst verschiedentlich mit skrupellosen Gaunern konfrontiert war und eine traurig lange Reihe von grausamen Überfällen authentisch berichtet bekam, fühle ich mich einigermaßen befähigt, zum Thema Waffen an Bord eine vernünftige Auskunft zu geben.

Meiner Meinung ist es heutzutage leider notwendig, eine Waffe an Bord zu haben. Obwohl ich selbst ohne gute Bewaffnung nicht mehr am Leben wäre, würde ich diesen Standpunkt aber nicht jedermann aufdrängen. Wer mit Schußwaffen nicht umgehen kann und sich auch nicht zutraut, auf Menschen zu schießen, soll die Finger davon lassen. Ich erinnere mich an ein nettes älteres Ehepaar aus Amerika, das mit seiner Yacht auf den Philippinen Station machte. Frank konnte sich beim besten Willen nicht vorstellen, daß er jemals eine Schußwaffe gegen Menschen richten würde, selbst wenn ihn diese berauben wollten. Wozu auch, seine Yacht war gut versichert.

Das muß man natürlich akzeptieren. Genauso muß man allerdings akzeptieren, daß jemand von seinem Recht auf die Verteidigung von Hab und Gut Gebrauch macht.

Noch viel mehr, als es in manchen Fällen nicht allein mit Raub und Diebstahl abgeht. Es gibt ja eine ganze Menge Berichte von Vergewaltigungen und Mißhandlungen. Wer mit Frau, Lebensgefährtin oder gar Familie unterwegs ist, hat meiner Meinung sogar die Verpflichtung, für die Sicherheit seiner Begleitung vorzusorgen. Ich glaube, daß jeder normale Mensch auf andere Menschen schießt, wenn die Motivation nur ausreichend ist. Man gebe nur einer Mutter, deren Kind gerade bedroht wird, eine Waffe in die Hand! Selbst der friedlichste Mann wird von der Waffe Gebrauch machen, wenn sich ein paar Gangster daranmachen, seine halbwüchsige Tochter zu vergewaltigen.

Von Waffengegnern wird angeführt, man würde sich durch den Waffenbesitz einen unnötigen Papierkrieg einhandeln und in den Häfen hohe Aufbewahrungsgebühren zahlen müssen. Das ist nach meinen Erfahrungen übertrieben. In westlichen Ländern sind die Formalitäten durchaus erträglich. Die Waffen werden entweder an Bord unter Verschluß gelegt oder müssen abgegeben werden. Jedenfalls hat man die Gewähr, daß man sie bei der Ausreise wieder zurückerhält. Ich habe erst ein einziges Land erlebt, wo Aufbewahrungsgebühren eingehoben wurden. Das war Singapur, wo ich 1981 5 US-Dollars pro Waffe und den gleichen Betrag für die jeweils dazugehörende Munition bezahlen mußte.

In vielen Ländern der Dritten Welt wird man überhaupt nicht nach Waffen gefragt, in anderen ist es ratsam, diese nicht zu deklarieren. Wenn sie in offizieller Verwahrung sind, können sie „verloren gehen". Vollautomatische Waffen werden gerne konfisziert. Es ist sinnlos, hier meine Erfahrungen in verschiedenen Ländern festzuhalten, weil sich die Situation überall über Nacht ändern kann und die Information schnell falsch werden könnte. Generell gilt allerdings, daß man gerade in jenen Regionen, wo man eine Waffe am dringendsten braucht, am wenigsten danach gefragt wird.

Wer sich entschließt, seine Waffen (bzw. einen Teil davon) in unsicheren Ländern nicht zu deklarieren, braucht dafür ein zuverlässiges Versteck, das auch für professionelle Suchtgift-Schnüffler unauffindbar ist.

Die oft geäußerte Meinung, daß man gegen professionelle Piraten mit und ohne Waffen chancenlos wäre, stimmt genausowenig wie die Geschichte vom überdimensionalen Papierkrieg. Den meisten mir bekannt gewordenen Überfällen liegt *ein* Muster zugrunde, und man ist ihnen gar nicht hilflos ausgeliefert.

Bei ruhigem Wasser werden die Yachten gern von Fischerfahrzeugen oder kleinen Motorbooten verfolgt und eingeholt. Ist niemand an Deck, steigen die Piraten möglichst unauffällig über, und man schaut dann tatsächlich hilflos in die Läufe von Pistolen und Gewehren. Genauso ging es einer amerikanischen Yacht, die unweit von Manila überfallen wurde. Das Schiff war unter Selbststeueranlage und Motor unterwegs. Der Lärm der Maschine übertönte die Annäherung der Piraten, die plötzlich mit angeschlagenen Schnellfeuergewehren im Niedergang standen und Geld und Wertsachen kassierten. Kurz darauf sausten die drei Gangster mit ihrem motorisierten Auslegerkanu wieder davon. Die Sorglosigkeit der betroffenen Amerikaner hat es in diesem Fall den Gaunern leicht gemacht.

Ich habe es mir angewöhnt, in regelmässigen Abständen für einen Rundblick an Deck zu gehen. Nähert sich ein fremdes Boot, gibt eine Kursänderung sehr bald darüber Auskunft, ob es sich um ein zufälliges Zusammentreffen oder um eine Verfolgung handelt. Folgt das andere Schiff der Kursänderung, so empfiehlt es sich, eine gewisse Entschlossenheit zu demonstrieren. Man wird nicht gleich zur Schußwaffe greifen — als erste Stufe der Abschreckung genügen vielleicht schon unfreundliche Gesten. Wenn die Verfolger harmlose Fischer sind, die Fische oder Langusten gegen Zigaretten oder eine Flasche Schnaps tauschen wollen, werden sie auf diese Weise kapieren, daß ein Besuch unerwünscht ist.

In vielen Teilen der Welt ist die Annäherung eines Fischerbootes in Ordnung und verhilft der Yachtbesatzung vielleicht zu einer tollen Proviantverbesserung. In Südostasien, gewissen Küstenabschnitten Afrikas sowie Zentral- und Südamerikas ist aber ein gesundes Mißtrauen angebracht.

Um die Verfolger abzuschütteln, bleiben als letzte Maßnahme ein paar Warnschüsse. Zu diesem Zeitpunkt sollten mindestens noch 150 Meter Distanz zum Verfolger sein, damit auf die Warnschüsse nicht gleich eine gezielte Antwort folgen kann. Spätestens jetzt werden friedliche Fischer verärgert abdrehen.
Piraten werden sich unter Umständen schon viel früher zu erkennen gegeben haben, indem sie ihrerseits auf die Yacht schießen, um die Besatzung einzuschüchtern und zur Aufgabe zu bewegen. Das erfordert natürlich eine entschlossene Antwort.
Als gutes Beispiel dafür mag das Verhalten eines amerikanischen Yachtie dienen, der im Golf von Siam von einem Fischerboot mit vielköpfiger Besatzung verfolgt und beschossen wurde. Kaum war der erste Schuß gefallen, stürzte er unter Deck, holte seine automatische Armeewaffe an Bord und entleerte drei Magazine in die Richtung des Angreifers. Daraufhin hatte er Ruhe.
Daß man sich eine Überzahl von Piraten auch mit schwächerer Bewaffnung vom Leibe halten kann, beweist eine andere Geschichte aus derselben Gegend. Ein australischer Segler wurde auf ähnliche Weise belästigt. Immer, wenn der Verfolger zu nahe kam, gab er ein paar Schüsse aus seinem alten Repetiergewehr Marke Enfield 303 ab (übrigens das gleiche Modell, das ich auf TABOO I hatte), worauf sich die Gangster wieder in sichere Distanz zurückfallen ließen. Das ging so einen ganzen Nachmittag. Im Schutz der Dunkelheit konnte der Australier dann entkommen. (Daß er drei Tage später, völlig übermüdet, im Schlaf überfallen und ausgeraubt wurde, ist eine andere Geschichte).
Gerade in Thailand gilt ein Menschenleben sehr wenig, trotzdem sind auch Piraten keine Selbstmörder. Sie kommen ja oft in leichten, offenen Booten an, die keine Deckung bieten, und wissen sehr wohl, daß sie für einen entschlossenen Verteidiger bequeme Zielscheiben sind. Im Gegensatz dazu findet sich auf einer Yacht — und sei sie noch so klein — immer eine gewisse Deckung, aus der heraus ein halbwegs sicherer Schütze einen ordentlichen Schaden anrichten kann, bis sein Schiff eingeholt ist. Da es genug ungefährliche Möglichkeiten für Raub und Diebstahl gibt, sind Piraten im Falle eines entschlossenen Widerstandes erstaunlich zurückhaltend.
Die besten Waffen nützen allerdings nichts, wenn man sich überrumpeln läßt. Das zeigt ein tragischer Zwischenfall, der sich auf der australischen Yacht EDNA MAREE ereignete. Auch hier war die Besatzung unter Deck, während die Yacht unter Maschine und Selbststeuerung über glattes Wasser lief. Eine Horde Piraten pirschte sich unbemerkt heran und stieg auf die EDNA MAREE über. Skipper Jim hatte Waffen an Bord, und es wäre ihm ein leichtes gewesen,

die 60 Fuß-Stahlyacht mit ihrem hohen Freibord gegen die Gauner zu verteidigen — noch dazu, wo diese nur mit Macheten und einer einzigen Pistole bewaffnet waren und in einem offenen Kanu ankamen. Als die Burschen an Bord waren, war allerdings nichts mehr zu machen. Jim konnte nicht mehr zu seinen Waffen kommen, warf zwar einen der Kerle über Bord, bekam dann allerdings einen Machetenschlag ab, der ihm fast die Hand abtrennte. Danach mußte er hilflos zusehen, wie seine zierliche Freundin Meta en masse vergewaltigt wurde. Glück hatte nur ein ebenfalls an Bord befindliches thailändisches Mädchen, das im Moment des Überfalls zufällig nicht im Salon war und sich in einer Kabine verstecken konnte. Nachdem die Piraten auch noch das Schiff ausgeräumt hatten, zogen sie wieder ab. Jim gelang es, Funkkontakt mit der australischen Militärbasis Butterworth, gegenüber von Penang, herzustellen, von wo er per Hubschrauber abgeholt und in ein Krankenhaus geflogen wurde. Obwohl er viel Blut verlor und seine Hand buchstäblich nur noch an einem Stück Muskel hing, konnte er im Krankenhaus wiederhergestellt werden. Die tapfere kleine Meta segelte inzwischen das Schiff nach Penang. Der Überfall fand zwar in malaiischen Gewässern statt, wurde jedoch von Thais verübt.
Wie weit die Unverfrorenheit der asiatischen Gangster geht, zeigt ein anderes Beispiel aus philippinischen Gewässern. Dort wollten sehr schlecht bewaffnete Piraten doch glatt zwei Schiffe überfallen, die eine Bohrinsel im Schlepp hatten. Man stelle sich die mächtigen Schleppkähne vor, wie sie mit etwa vier Knoten ihr „Oil-Rig“ über die Sulu-See ziehen, und als Angreifer ein Auslegerkanu mit drei oder vier philippinischen Gangstern drauf. Die Burschen fuchtelten mit einigen M16 herum und forderten den Kapitän zum Stoppen auf. Der amerikanische Kapitän tat das einzig Richtige, schickte seinen Ersten Offizier, einen Filipino, mit einer Schrotflinte in der Hand an die Bordwand und ließ dem Gesindel ausrichten, daß man Waffen hätte und keinen an Bord lassen würde. Das genügte. Die Burschen zogen wieder ab.
Die Überfälle passieren natürlich nicht nur auf offener See, sondern genauso am Ankerplatz. Diebereien sind in gewissen Gebieten selbst in stark frequentierten und bekannten Häfen an der Tagesordnung. Es gibt Plätze, wo bis zum letzten Ausrüstungsteil alles angekettet oder weggeschlossen sein muß, will man es nicht beim ersten Landgang verlieren. Die Gauner schleichen sich sogar in's Schiff, während die Crew schläft, und klauen einem praktisch das Kissen unter dem Kopf weg.
In Thailand praktizieren die Gangster folgende Methode: Sie schleichen sich nachts ins Schiff und wecken die Crew, indem sie ihr mit Taschenlampen ins Ge-

sicht leuchten und einen Revolver an den Kopf oder ein Messer an die Gurgel halten. Danach wird die Bootsbesatzung gefesselt und das Schiff in aller Ruhe ausgeräumt. In einsamen Buchten wird der Ankerlieger einfach gerammt, mit Waffengewalt geentert und ausgeräumt.

Wie gesagt, beschränkt sich diese Art von Piraterie keineswegs auf weltabgeschiedene Nester, sondern passiert vor Rio genauso wie vor Pattaya, dem fashionablen Badeort von Bangkok, wo eine amerikanische Yacht innerhalb von drei Tagen zweimal ausgeraubt wurde!

Für mich ist es also selbstverständlich, sämtliche Niedergänge und Luken so gesichert zu halten, daß ein lautloses Einsteigen unmöglich ist. Selbstverständlich habe ich in dubiosen Gegenden immer meine Waffen bereit.

Welche Waffen? Auch hier gibt es verschiedene Theorien. Manche glauben, daß eine Faustfeuerwaffe ausreichend ist und verweisen dabei vielleicht auch noch auf ihre sichere Hand, untermauert durch olympiareife Leistungen am Schießstand. In einer Situation, wo es auf Leben und Tod geht, würde ich mich jedoch nicht auf meine ruhige Hand verlassen.

Auch mit einer Schrotflinte läßt sich ein feindliches Schiff kaum auf Distanz halten. Detto mit einer Maschinenpistole. Die hat zwar eine hübsche abschreckende Wirkung, ist aber für meinen Geschmack viel zu ungenau. Wer schon einmal eine Salve mit einer Maschinenpistole geschossen hat, wird über die Streuwirkung Bescheid wissen.

Also sind wir beim Gewehr gelandet. Optimal ist natürlich ein vollautomatisches Schnellfeuergewehr. Diese modernen Kriegswaffen — egal, ob es sich dabei um die russische AK 47 oder die amerikanischen Modelle M14 oder M16 handelt — haben den Vorteil, daß man, abgesehen vom Einzelfeuer, auch in kürzester Zeit 30 Schuß durch den Lauf jagen kann und beim Magazinwechsel kaum Zeit verliert. Diese Waffen werden in Europa und selbst in den USA, wo es diesbezüglich sehr lockere Bestimmungen gibt, natürlich nicht frei gehandelt.

Will man den Weg über den Schwarzmarkt vermeiden, so ist man auf halbautomatische Waffen angewiesen, die auch an Privatpersonen verkauft werden und die nächstbessere Lösung darstellen. Wie das Beispiel des australischen Seglers zeigt, der im Golf von Siam überfallen wurde, tut es unter Umständen auch eine weit primitivere Waffe — etwa ein Repetiergewehr. Voraussetzung sind lediglich eine gewisse Zielgenauigkeit und Durchschlagskraft. Der Erwerb einer solchen Waffe ist dazu viel einfacher als der einer Faustfeuerwaffe.

Mancher wird sich nach diesen Ausführungen über Piraterie und Waffen vielleicht abgeschreckt fühlen und denken, so ein Leben in ständiger Bedrohung wäre nichts für ihn. Wie kann man unter solchen Umständen ruhig schlafen und die Reise genießen? Also, ich für meinen Teil habe damit keine Schwierigkeiten. Man gewöhnt sich die richtigen Verhaltensweisen sehr schnell an, und es ist ja nicht so, daß hinter jeder Landzunge ein Kanu voller Piraten verborgen wäre. Nun genug von diesem unerquicklichen Thema.

Ich hatte mir also in Cebu City eine ideale Waffe zugelegt, und wir warteten mit der Abfahrt nur noch darauf, daß sich das Wetter bessern würde.

Am 28. Juli 1980 war es soweit. Wir verließen Cebu mit Generalrichtung Malaysia — Abstecher nach Borneo nicht ausgeschlossen. Ich war noch nie ein Freund von allzufixen Reiseplänen, und Gerti liegt da genau auf meiner Linie. Wir begannen mit einer kurzen Etappe und segelten nach Port Bonbonon, wo wir den Kat auf den Strand setzten, um den defekten Geber des Echolots in Schwung zu bringen.

Kaum hatten wir geankert, war vom Strand her ein schlimmes Gewinsel und Geheule zu hören. Mimi stellte sämtliche Haare auf und verkroch sich mit allen Anzeichen von Todesangst unter Deck. Bald stellte sich heraus, was es mit dem erbärmlichen Gewinsel auf sich hatte. Auf den Philippinen werden, wie in Teilen Polynesiens, Hunde gegessen, und an unserem Strand war gerade Schlachttag. Der Hund wurde an eine Schlinge gebunden, die am Ende eines Stockes festgemacht war. Dann wurde er unter Gejohle niedergeknüppelt, bis er sich kaum mehr rührte. Anschließend wurde er im Meer ersäuft. Vom Wasser ging es zum Feuer am Strand, wo die Haare abgebrannt wurden. Eine Handvoll Leute stand herum und half mit Ratschlägen. Danach gab's gleich ein Barbecue! Wir verzogen uns wie Mimmi unter Deck und machten die Ohren zu.

Nachmittags, als wir schon am Strand saßen, sah Gerti einen Jungen in die Büsche flitzen, der gleich darauf mit einem meterlangen toten Leguan zurückkam und mit dieser Delikatesse eine weitere Strandparty abhielt. Als am nächsten Morgen wieder ein Hund hingerichtet wurde, war der Platz nicht mehr nach unserem Geschmack.

Unsere Route sollte um die Nordspitze von Palawan, über das südliche Chinesische Meer nach Malaysia führen. Die Fahrt über die Sulu-See war ereignislos. Das Wetter war wenig erbaulich. Leichte Winde wechselten mit Gewitterstürmen, Flauten und Regen. Nachdem wir Libro Point an der Nordspitze Palawans umrundet hatten, waren wir aus dem Lee der Insel draußen und bekamen den vollen Effekt des Südwest-Monsuns zu spüren: Wind genau auf die Nase und ein beachtlicher Seegang. An diesen Verhältnissen sollte sich die nächsten tausend Meilen auch nichts ändern. Dazu kam noch brauner, schwimmender Seetang,

Easy Sailing in den Philippinen.
Gerti fühlt sich schon
prächtig, Mimmi offensichtlich
noch nicht

Mag sein, daß die Ruder der chronische Schwachpunkt von Katamaranen sind. Jedenfalls gab es auch bei TABOO III – wie bei TABOO – nach wenigen Tausend Meilen gerade mit den Rudern Schwierigkeiten. In ein paar Tagen Handarbeit verkürzte ich die Ruderblätter. Seitdem ist alles in bester Ordnung

der die beiden Schleppangeln sabotierte. Ein einziger Biß in diesen Tagen, und als ich die Leine einholte, fand ich daran nur noch den Kopf eines mittelgroßen Thuns — den Rest hatten sich unsere Freunde, die Haie, geschnappt.
Unser erster Ankerplatz westlich von Palawan war auf den Dilumacad-Inseln. Diese konnten mit einer unvergleichlich spektakulären Landschaft aufwarten. Steile Klippen, die senkrecht aus dem Wasser steigen und sich in den Nebel der tiefhängenden Wolken verloren. Im Westen konnte man kleine, aber unwahrscheinlich hohe Inselchen sehen, die wie drohende Zeigefinger herüberwinkten. Wir ankerten am Ausgang eines kurzen Fjords, der bei besseren Wetterbedingungen sicherlich ungeheuer romantisch gewesen wäre, so aber gespenstisch-gefährlich wirkte. Um 17.00 Uhr hörte ich den Wetterbericht von Manila. Er wurde zwar in Filipino durchgegeben, aber ich verstand nur zu deutlich, daß die tropische Depression „Paring" auf dem Weg nach Luzon (das ist die nördlichste Insel der Philippinen) war. Wir hatten also beste Chancen auf einen handfesten Sturm. Der Barometerstand war zwar noch unverändert, aber unser Ankerplatz nicht gegen alle Winde geschützt. Für ein Verlegen des Bootes war es schon zu spät.
Um drei Uhr morgens wurden wir grob aus dem Schlaf gerissen. Plötzliche Sturmböen brachten das Schiff zum Erzittern. Der Wind kreischte und heulte im Rigg, und kurz darauf waren ein Knall und ein Peitschen zu hören. Mit einem Sprung waren wir aus der Koje und auf Deck. Stockdunkle Nacht, Regen und fliegendes Salzwasser. Daß sich das Großsegel vom Baum gerissen hatte, war dennoch leicht zu erkennen. Also an mit den Salingslichtern und Bergen des wild um sich schlagenden Segels. Das Segel war mit zehn Gummistropps gesichert gewesen, die allesamt den Geist aufgegeben hatten. Ich packte eine Leine und begann es vom Mast her zu bändigen. Gerti versuchte, einen dämpfenden Einfluß auszuüben, ohne dabei über Bord geboxt zu werden. Unsere nächste Sorge galt den beiden Ankern. Die Situation war zufriedenstellend. Die Anker hatten sich offensichtlich so fest im Korallengrund festgebissen, daß keine Gefahr bestand, ins tiefere Wasser abzutreiben. Dann wäre die Lage nämlich unerquicklich geworden. Zu sehen war ja praktisch nichts. Auch das Echolot hätte uns bei den senkrechten, ins Wasser fallenden Felsen keine Auskünfte über Untiefen oder Ufer geben können. Außerdem pfiff der Wind — verstärkt durch die Düsenwirkung unserer Schlucht — Richtung Festland.
Bei Tageslicht konnten wir uns dann den Schaden näher besehen. Alle Lattentaschen des Segels waren beschädigt, die unterste Latte hatte sich auf weiß Gott welche Art selbständig gemacht und fehlte.

Als erstes wollten wir uns auf einen besseren Ankerplatz verlegen, kreuzten 19 Meilen die Küste Richtung Süden und ankerten vor einem kleinen Ort mit dem zungenbrechenden Namen Liminangcong. Hier reparierten wir das Segel. Zwei Tage später tuckerten wir durch einen Schlauch mit hohen Felswänden in den Malampaya Sound, dem größten natürlichen Hafen der Philippinen. Man liegt dort vollkommen geschützt, der Sound würde mit seinen Seitenarmen eine ganze Flotte aufnehmen können. Wir ankerten in der „Pirate Bay", die, wie schon der Name sagt, früher ein Piratenschlupfwinkel war. Jetzt ist sie allerdings zivilisiert. Zwei antiquarische Kriegsschiffe lagen dort, eines davon saß bei Niedrigwasser auf Grund. Es gibt ein Dorf, wovon die Hälfte der Häuser auf Pfählen ins Wasser gebaut ist.

Die Pirate Bay war bei unserem Besuch alles andere als ein lauschiges Plätzchen. Wenn nicht gerade ein Nebelhorn rachitische Laute von sich gab, plärrte ein Lautsprecher über die Bucht. Aber es gab hervorragendes Quellwasser, und weil von nun an die Wasserversorgung ungewiß sein würde, tankten wir davon 400 Liter. Nach einigen Tagen schien sich das Wetter beruhigt zu haben, sodaß wir weitersegeln konnten.

Das Wetter aber hatte sich nur scheinbar gebessert. Gegen einen kräftigen Südwestwind und rauhe See kämpften wir uns die Küste hinunter. Schwere Regengüsse beschränkten die Sicht. Manchmal schnappten wir im Regen nach Luft wie Fische im Wasser. In die Ulugan Bay, dem nächsten vernünftigen Ankerplatz, segelten wir im Blindflug.

Bei der nächsten vermeintlichen Wetterbesserung machten wir uns aus dieser unwirtlichen Ecke des Chinesischen Meeres davon. Mit jeder Meile gegen Süden kamen wir weiter weg von der Zugbahn der Taifune (solang sich diese an die Statistik hielten). Gerti erlebte gleich zum Auftakt ihrer Seglerkarriere die unangenehmen Seiten dieses Lebensstils. Es hackte täglich mit mindestens sechs Beaufort, die Sonne hatte endgültig Urlaub genommen, die See war giftig — kein Wunder, daß Gerti wieder seekrank wurde.

Der Empfang von Radio Manila wurde immer schwächer und so von Statik überlagert, daß ich bald keinen Wetterbericht mehr hatte. Das Barometer verhielt sich zwar friedlich und reagierte auch nicht auf beharrliches Klopfen, trotzdem hatte ich oft genug den Verdacht, daß sich der Wind zum Taifun entwickeln könnte. Aber die Frage, ob Sturm oder nicht Sturm, war sowieso akademisch — mit Ulugan Bay hatten wir den letzten sicheren Ankerplatz hinter uns gelassen. Irgendwann in den folgenden Tagen zeigte sich eine neue Variante im Wetterzustand. Die schwarzen, tiefen Wolken hatten sich verzogen, der Regen aufgehört.

Die Sonne war trotzdem nicht zu sehen. Wir segelten in einer dicken, milchigen Suppe. Wind und Wellen waren im Zunehmen. Ich traute der Situation wenig, legte ein zweites Reff ins Groß und setzte die 20 m^2-Sturmfock. Um keinen Augenblick zu früh. Ohne Warnung fiel eine gewaltige Sturmbö über uns her. TABOO III machte einen Satz vorwärts und schraubte sich im Tiefflug ins nächste Wellental hinunter, kam verblüffend leicht wieder hoch und raste einfach davon, allerdings nicht mehr so hart am Wind wie vor dem Einfallen der Bö. Bezüglich der Stabilität des Bootes legte sich der erste Schrecken bald. TABOO III schien mir absolut nicht in Kentergefahr. Lediglich der Druck im Rigg bereitete mir Sorgen. Unter Mobilisierung aller Körperkräfte brachte ich den Kat vor den Wind und hatte dann endlich Gelegenheit, einen Blick in die Umgebung zu werfen. TABOO III surfte über eine weiße See. Das Meerwasser wurde waagrecht durch die Luft geblasen, klatschte mir ins Genick und flog links und rechts am Schiff vorbei.

Es war sinnlos, in irgendeine andere als in die Windrichtung sehen zu wollen. Man hätte die Augen nicht offenhalten können. Ich kam mir vor wie in einem Schneetreiben. Die Sicht betrug wenige Bootslängen.

Mein Ölzeug aus Cebu zeigte rapide Auflösungserscheinungen. Zuerst trennte sich die Kapuze von der Jacke. Wenig später waren auch die Ärmel der Windgeschwindigkeit nicht mehr gewachsen und machten sich selbständig. Was übrig blieb, war ziemlich luftig. Gerti stand unten in der Kabine ärgste Ängste aus. Es war ihr erster wirklicher Sturm, außerdem war sie einigermaßen geschwächt durch ihre nun schon Tage andauernde Seekrankheit. Eine ordentliche Seekrankheit kann sich verheerend auswirken. Man fühlt sich im wahrsten Sinne todübel, leidet an Magenkrämpfen, erbricht immer wieder Magensäure und verliert sämtliche Willenskraft. Bald hat man nur noch eine Sehnsucht, nämlich ein stabiles Stück Land unter die Beine zu bekommen.

Während ich nach wenigen Tagen am Schiff meine Seefestigkeit zurückgewinne, hatte Gerti diesbezüglich gröbere Anlaufschwierigkeiten. Mittlerweile hat sie sich natürlich längst an die Schiffsbewegungen gewöhnt und hält die ärgsten Kreuzseen aus.

Jedenfalls saß sie damals, in diesem eigenartigen Sturm im Chinesischen Meer, ziemlich jämmerlich unter Deck und dachte wohl, jetzt und jetzt wäre alles aus. Der Wind kreischte im Rigg, noch schlimmer war das Brummen der Rümpfe, die durch das Surfen in Vibrationen versetzt wurden. Dazwischen immer eine kleine Explosion, wenn der Kat durch eine Welle brach.

Mir schien die Situation relativ harmlos – bis zu jenem Moment, als ich die Spannschraube einer Want kraftlos an Deck liegen sah. Die untere achterliche Steuerbordwant war nicht da. Das Drahtseil war offensichtlich am unteren Ende gebrochen und hatte sich, verdeckt durch das Groß, um eine Backbordwant gewickelt. Das Ganze mußte beim Einfallen der ersten Bö passiert sein. Es war reiner Zufall, daß der Mast noch stand. Für den Moment blieb mir nichts anderes übrig, als zu hoffen, daß es sich der Mast nicht doch noch überlegen würde. Nach etwa einer halben Stunde hatte sich der Sturm so weit gelegt, daß ich etwas unternehmen konnte.

Zuerst nach vorne und die Fock bergen. Dann wahnsinnig vorsichtig halsen. Ich belegte die Pinne, und während sich der Kat langsam in den Wind drehte, brachte ich das doppelt gereffte Groß mitschiffs und dicht, so weit es nur ging. Nach der Halse war die Steuerbordwant entlastet. Ich blieb am Wind und konnte den Kat sich selbst überlassen. Er segelte mit weichen Bewegungen und vier Knoten gemächlich seine Kreuz.

Jetzt die gebrochene Want. Das 8 mm-Niro-Drahtseil war knapp oberhalb des Terminals gerissen. Einige Drahtenden ragten noch heraus. Die Notreparatur war einfach: ein vorgerecktes Terylenseil mit Hilfe eines dreifachen Schotsteks an das Ende der gebrochenen Want gesteckt, Spannschraube abmontieren, Block an das Püttingeisen schäkeln, Seil durchfädeln und zu einer Winsch scheren, durchsetzen, bis es zirpt.

Jetzt fiel auch das Barometer deutlich und rapide, was endlich Klarheit über die perverse Wetterlage schaffte. Wir waren eindeutig im Bereich eines Taifuns, und insoweit war unsere Fahrtrichtung goldrichtig. Mit jeder Meile würden wir uns vom Zentrum des Sturmes entfernen. Jetzt blies er mit acht Windstärken, dazu noch harten, unberechenbaren Böen. Punkto Segelfläche hielt ich mich einigermaßen zurück, und so wurde das Rigg trotz des unangenehmen Windes nicht übermäßig belastet. Nachts segelten wir lediglich unter doppelt gerefftem Groß.

Wir befanden uns in der sogenannten „Palawan Strait“, das ist ein tiefes Fahrwasser zwischen der Küste Palawans und dem Chinesischen Meer. Die Palawan Strait ist etwa 300 Meilen lang und zwischen 30 und 50 Meilen breit. Auf der Palawanseite ragt der Landsockel der Insel bis auf 20 Meter unter das Meeresniveau und ist gespickt mit zahlreichen Untiefen. Auf der anderen Seite ist das Wasser zwar tief, es lauert aber „foul ground“ mit zahlreichen kleinen, isolierten Riffen, von denen fast jedes auf der Karte ein Wrack eingezeichnet hat.

Unter diesen Umständen leistete das Echolot unschätzbare Dienste. Die 20-Faden-Linie war der Ausgangspunkt unserer Schläge quer über die Palawan Strait.

Nachdem ich zwei Tage ununterbrochen auf Deck verbracht hatte, war ich zum Umfallen müde. Gerti war wieder halbwegs am Damm und hielt tapfer Nachtwache.
Wie notwendig das war, sollte sich bald zeigen. Kaum daß ich eingeschlafen war, holte mich Gerti zurück an Deck. Ein undefinierbares Licht, das sich erst durch das Glas als Topplaterne eines größeren Frachters herausstellte, kam direkt auf uns zu. Plötzlich zeigte sich auch das Backbordlicht, und der Kahn schien beträchtlich näher zu sein, als ich es im ersten Moment angenommen hatte. Dann wieder rot, dann grün, rot, grün. Ich sprang zur Pinne und fiel vorsorglich ab, um Geschwindigkeit und Manövrierfähigkeit zu gewinnen. Es war absolut nicht auszumachen, wo dieses schlingernde Monster, das uns abwechselnd sämtliche Lichter zeigte und ständig näher kam, hin wollte. Rot war alles in allem dominierend, also halsten wir und flüchteten Richtung Palawan. Kurz darauf dampfte der Frachter hinter uns vorbei.
Die Aufregungen auf diesem Schlag nach Borneo hatten damit noch lange kein Ende. Kaum war ich am Morgen wieder an Deck, fiel völlig überraschend eine Bö ein. Der Lukendeckel vom Kettenkasten wurde glatt von den Niro-Scharnieren gerissen und kam mir fliegenderweise ins Cockpit entgegen, wo ich ihn gerade noch bändigen und in Sicherheit bringen konnte.
Keine zehn Minuten später hatte es wieder abgeflaut. Der Wind drehte ein wenig auf West, das Wetter schien sich generell zu bessern. Hoffnungsfroh setzte ich den Klüver. Eine halbe Stunde später fiel wieder eine giftige Bö ein. Noch bevor ich TABOO III vor den Wind bringen konnte, trennte sich das Horn vom Rest des neuen Zwölf-Unzen Segels (450g/m^2). Bis ich das Segel herunten und unter Kontrolle hatte, war es ziemlich ausgefranst.
Von diesem Augenblick an ignorierte ich sämtliche scheinbaren Wetterbesserungen. Pünktlich zur Mittagszeit klarte es ein wenig auf, und die Sonne blinzelte ein Hallo durch die Wolken. Ich schnappte mir den Sextanten und erwischte gerade den Kulminationspunkt. Minuten später wußten wir über unsere Position Bescheid: Wir befanden uns etwa 20 Meilen östlich der Eran Bay. Die Beschreibung dieser nach Norden offenen Bucht las sich im South China Pilot III ganz verlockend. Visionen von einem ruhigen Ankerplatz stiegen in uns hoch. Gleich hatten wir einander überredet, dorthin zu segeln und Pause zu machen. Ein paar Stunden später waren wir in der Bucht, schlängelten uns um ein langes Riff, segelten in ein Eckchen namens Iraan Bay und ließen den Anker in völlig ruhigem Wasser auf Sandgrund und einer Wassertiefe von zweieinhalb Metern fallen. Draußen donnerten die Brecher einer weißgefleckten See ans Riff. Zu uns kam nicht einmal ein Schwell. Gerti war sofort wie-

der total okay. Bevor wir uns aufs Ohr legten, saßen wir noch ein paar Minuten im Cockpit und genossen die Ruhe und Behaglichkeit.
Am Abend riggte ich eine provisorische Antenne und erwischte ein letztesmal den Sender von Manila. Die Neuigkeiten: Der Taifun „Reming" hatte das Gebiet der Philippinen verlassen und bewegte sich auf das chinesische Festland zu.
Während der nächsten sechs Stunden stieg das Barometer um 10mb.
Wir verbrachten eine erholsame Nacht und waren am nächsten Morgen wieder voll Tatendrang. Gerti buk Vollkornbrot und später einen Schweinebraten. Ich kümmerte mich um die Schäden am Schiff. Es war eine ganz beachtliche Liste. Gebrochene Unterwant, losgerissener Lukendeckel, lädiertes Groß, lädierter Klüver, außerdem eine Menge Bruch in der Pantry, weil sich beim Einhaken der ersten Bö und in den folgenden Schlaglöchern ein paar Schapps geöffnet und ihren Inhalt auf den Boden ergossen hatten. Das gab einen unbeschreiblichen Saustall. Die Schapps brauchten schnellstens effektive Sicherungen.
Trotzdem konnte ich mit TABOO III zufrieden sein. Strukturell hatten sich keine Schwierigkeiten bemerkbar gemacht. Was die Segeleigenschaften betrifft, zeigte sich der Kat verblüffend angenehm. TABOO III setzte weich in die Welle ein. Auch wenn wir in brechenden Seen segelten, war die Aktion erstaunlich gedämpft. Die Ruderanlage, manchmal ein schwacher Punkt bei Mehrrumpfbooten, bewährte sich ebenfalls. Der Kat segelte mit belegter Pinne selbständig gegenan. (Die Selbststeueranlage hatte ich gleich im Anfangsstadium des Sturmes abmontiert, weil die Gefahr bestand, daß die Windfahne über Bord geblasen werden könnte). Alle Luken und Fenster stellten sich auch in diesem Vollbad als hundertprozentig dicht heraus, lediglich beim Niedergang war etwas Wasser ins Boot gekommen, und auch nur durch die fliegende Gischt und das Herummarschieren zwischen Kajüte und Cockpit in nassen Klamotten.
Die Reparaturen waren bald getan. 8mm-Niro-Draht hatte ich an Bord und ersetzte damit die gebrochene Unterwant. Die Unterwanten waren offensichtlich ein Schwachpunkt im Rigg, und ich nahm mir vor, bei Gelegenheit 10mm starke Wanten einzuziehen. Bei der Arbeit am Rigg bemerkte ich erst, daß sämtliche Elektrokabeln am Mastfuß aus ihren Schellen gesprungen waren. Der Mast hatte also ganz schön nach vorne gewippt, als die Want brach. Von einer Beschädigung des Mastes oder anderer Riggteile war aber keine Spur.
Eine Woche später waren wir mit repariertem Großsegel, gesicherten Schapps und frisch gewaschenen Klamotten (Gerti hatte an Land einen Brunnen ausfindig gemacht) wieder unterwegs in Richtung Borneo. Das Wetter war ein wenig gemäßigter, aber noch nicht ideal. Wir kreuzten wieder gegen einen frischen Südwestwind

an. Am nächsten Morgen sagten wir den Philippinen endgültig Adieu und passierten Balabac, den letzten westlichen Zipfel der Inselrepublik. Das Cap Melville-Leuchtfeuer, eine wichtige Navigationshilfe in diesen riffübersäten Gewässern, war anscheinend „out of order" und blinkte uns nicht zum Abschied.

Neue Reviere
BORNEO — MALAYSIA — SINGAPUR

Gegen den Monsun kreuzten wir nach Süden. Bald waren die letzten Zipfel der Philippinen am Horizont verschwunden, die Heimat der letzten Jahre blieb achteraus, vor uns lag Neuland, immer wieder neues Land, bis wir eines Tages wieder auf die Philippinen kommen würden — vermutlich von der anderen Seite.

Bald waren wir mitten in der Balabac-Strait. Der Tag verflog, und als sich die Nacht aufs Wasser senkte, war mir das nur recht. Die Region um Nordborneo und die südlichen Philippinen ist ein bevorzugtes Revier der Piraten. Sie terrorisierten die vielen kleinen Schiffe, die die philippinische Freihandelszone von Zamboanga mit Waren versorgen, und natürlich die Schmugglerboote, die Schnaps und Zigaretten auf die Philippinen schaffen. Auch von Überfällen auf Yachten war berichtet worden, weshalb mir ein unauffälliges Verhalten angebracht erschien.

Mit der Morgensonne wuchs die Bergkette des nördlichen Borneo aus dem Meer. Der Dunst verwischte die Konturen, nur hoch darüber, in der klaren Luft, stand wie freischwebend der Gipfel des Mount Kinabalu mit seinen steilen Hängen, 4100 Meter hoch und alles überragend in diesem Teil der Welt. In den nächsten Tagen krebsten wir von einem Hafen zum anderen, suchten günstige Einkaufsmöglichkeiten, waren überrascht von der erfrischenden Freundlichkeit der überwiegend malaiisch-chinesischen Bevölkerung, dem großstädtischen Flair der Hauptstadt mit ihren Wolkenkratzern und Glasfassaden, und waren ein wenig verschreckt von der Betriebsamkeit mancher Häfen, wo Wassertaxis hin und her schossen, die unglaublichsten Wasserfahrzeuge leger und völlig unzureichend verankert lagen und ein paar Wracks unbeachtet und friedlich auf Grund saßen.

Nach einer Woche hatten wir genug von diesem Trubel und suchten uns ein friedliches Etappenziel. Die englische Seekarte Nr. 1263 im Maßstab von

1:4,840.000 konnte nur unzureichende Auskünfte geben. Sie reicht von Japan bis Java, Borneo nimmt nur einen bescheidenen Platz im unteren Drittel ein; diese Karte ist also kein richtiges Werkzeug für Küstennavigation. Im China Sea Pilot, Band 2, fand ich allerdings eine ganz interessante Eintragung, die sich auf eine Insel namens Talang Besar bezog: Schildkrötenschutzgebiet, Koordinaten soundso. In der Karte war die Insel nicht eingezeichnet, und das machte den Abstecher noch ein wenig reizvoller.

Drei Tage später waren wir am bezeichneten Punkt. Die Insel war herzig klein, nicht mehr als ein paar Hundert Meter im Durchmesser, palmenbewachsen und mit einem schönen Sandstrand, in dem schon von weitem Spuren wie von kleinen Kettenfahrzeugen zu erkennen waren, offensichtlich die Abdrücke von Schildkröten. Oben auf der Insel ein kleines Holzhaus im Kolonialstil, davor ein Flaggenmast mit einer vom Wetter zerschlissenen Fahne. Früher einmal hatte sie eine weiße Schildkröte auf blauem Grund gezeigt. Jetzt wehte nur noch das Hinterteil am Mast.

Nach dem Frühstück ruderten wir an Land und marschierten zum Haus. Einige junge Burschen kamen zögernd heran, überwanden aber bald ihre Scheu und erzählten uns vom Alltag mit den Panzertieren. Sie hatten die verantwortungsvolle Aufgabe, den Schildkröten das Eierlegen so leicht wie möglich zu machen, die Gelege zu betreuen und die jungen Schildkröten aufzupäppeln. Während der Saison kam fast jede Nacht eine trächtige Schildkröte den Strand hochgerobbt, schaufelte ein tiefes Loch, legte an die 150 Eier, schaufelte die Grube wieder zu und schleppte sich erschöpft zurück ins Wasser. Die Jungs gruben die Eier aus und an einem zentralen Platz wieder ein. Jedes Gelege erhielt ein kleines Schild, auf dem das Datum und die Anzahl der Eier vermerkt waren. Dann wurde es rundherum und obenauf mit einem feinmaschigen Drahtgeflecht geschützt.

30 Tage später zappelten die frischgeschlüpften Schildkröten an die Oberfläche, starteten Richtung Meer, wurden aber durch den Zaun von diesem gefährlichen Unternehmen abgehalten. Die Wärter sammelten die Schildkrötenbabies sorgfältig ein und setzten sie in einen Bottich mit Meerwasser, wo sie einen Monat lang gut durchgefüttert wurden. Dann erachtete man die Schildkröten als reif für ein selbständiges Leben und kippte sie ins Meer.

Das empfand ich als einen sehr schönen Beruf.

Natürlich wollten wir die Prozedur live erleben. Um neun Uhr abends saßen wir gemeinsam mit einem der Schildkrötenhüter im Sand und warteten auf die Invasion schwangerer Panzertiere. Bald hörten wir auch einige Meter abseits ein eigenartiges Schleifgeräusch. Wir schlichen uns hin und konnten eine kapitale Wasserschildkröte bei ihrer Landexpedition beobachten. Die ersten paar Meter, am harten, flachen Sand, kam sie flott voran. Als dann der Sand weich wurde und die Steigung zunahm, wurde die Angelegenheit mühsam. Zwei Schritte vor, ein Rutscher zurück. Unsere Schildkröte kam ins Schwitzen. Ihre Schnauferei wurde immer lauter, die Ruhepausen immer länger. Am liebsten hätte ich das Vieh gepackt und an seinen Legeplatz getragen, aber das wäre aus zwei Gründen unvernünftig gewesen. Erstens wäre die Schildkröte gleich verschreckt abgehauen, und zweitens hätte ich nicht gewußt, *wo* sie ihre Eier legen wollte. Der Sand sah für menschliche Augen überall gleich aus. Nicht so für die Schildkröte.

Nachdem sie fast dreißig Meter schnurstracks den Strand raufgekrochen war, schlug sie einen Haken und marschierte ebensoweit parallel zum Wasser. Das dauerte fast eine Stunde. Dann wandte sie sich wieder Richtung Meer, schlug abermals einen Bogen, überquerte ihre eigene Spur und fand endlich den geeigneten Platz zum Graben. Unter großen Mühen schaufelte sie ein respektables Loch, rastete ein wenig, marschierte dann zu unserer maßlosen Enttäuschung den Strand hinunter und verschwand im Wasser. Kein einziges Ei, alles leere Kilometer! Unser Schildkrötenwärter klärte das Mysterium auf. Es hätte sich um ein junges Tier gehandelt, das gewissermaßen für den Ernstfall geübt hätte.

Während wir unsere ganze Aufmerksamkeit der Schildkröten-Jungfrau gewidmet hatten, war ein wenig abseits eine andere Schildkröte bereits heftig am Ausheben einer Grube. Eine gewisse Professionalität war nicht zu übersehen. Eine gerade Spur ohne Schnörkel und Umwege führte vom Wasser zum Platz der Erdarbeiten. Mit ihren breiten Flossen schleuderte die Schildkröte den Sand energisch in die Luft. Wenig später war das Loch tief genug, und sie begann mit dem Eierlegen. Das dauerte gut eine halbe Stunde. Danach scharrte die Schildkröte das Loch wieder zu und robbte sichtlich geschafft zurück in ihr angestammtes Element.

Talang Besar liegt nur etwa sechs Meilen vor dem „Festland". Nachdem wir genug von der Schildkröteninsel gesehen hatten, segelten wir zur Küste. Kein Zeichen einer Zivilisation. Dichte Urwälder bedecken die Hügel und Bergketten Borneos wie ein dichter Teppich. Um so überraschter waren wir, als uns bei einer Erkundungsfahrt mit dem Schlauchboot ein anderes Boot entgegenkam. An der Pinne des Außenborders stand ein Weißer, und das war in dieser weltabgeschiedenen Gegend eine wahre Sensation. Die Überraschung war nicht nur auf unserer Seite. Der junge Mann, er stellte sich als Neil McKenzie vor, stotterte

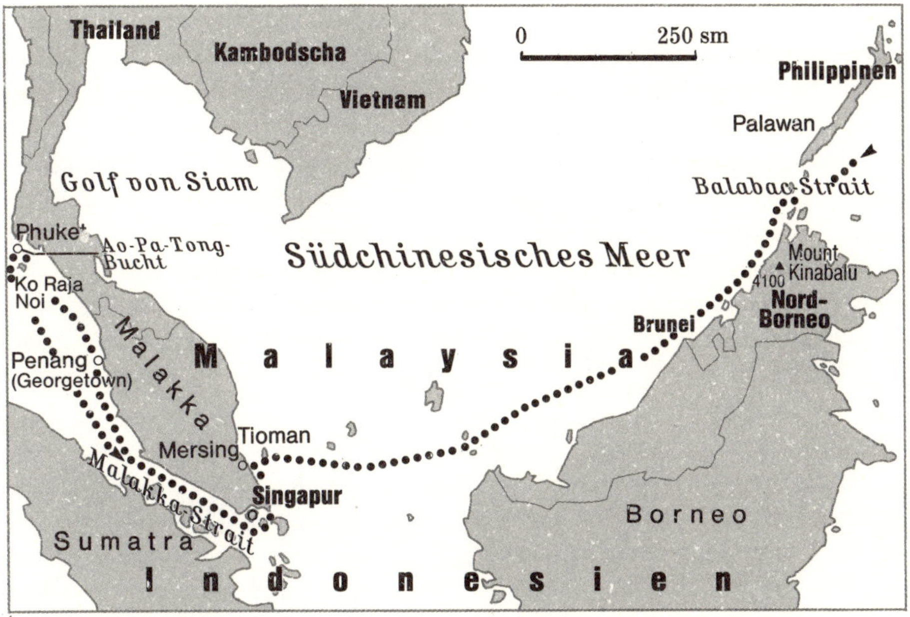

bei der Begrüßung vor Aufregung. Er hatte monatelang keine Europäer mehr gesehen.

Wir fuhren gleich gemeinsam zu TABOO III, um einen ausführlichen Tratsch zu halten. Neil war Schotte und als Zoologe für den neugeschaffenen Samunsam-Tierpark zuständig, ein weitläufiges Naturreservat in eben diesem unbewohnten Küstenabschnitt. Beim Abendessen erzählte er uns dann ausführlich über seinen Job und die Fauna dieser Bergwelt. Unter anderem kamen wir natürlich auch auf die Schildkröteninsel zu sprechen. Neil wetterte über die Leute dort, daß sie keine Berufsethik hätten, Schildkröteneier äßen und — Gipfel des Skandals! — sogar welche verkauften. Er konnte sich gar nicht genug entsetzen. Erst beim Nachtisch — Palatschinken auf Wiener Art — wurde er wieder friedlich. Die Pfannkuchen schmeckten ihm so gut, daß er nach dem Rezept fragte. Das war einigermaßen unangenehm. Die jungen Burschen der Schildkröteninsel hatten uns nämlich zum Abschied ein paar Dutzend frischgelegter Eier geschenkt, und die standen jetzt, mit Mehl und ein wenig Milch zu Teig vermischt, in Butter gebacken und mit Marmelade gefüllt auf dem Tisch! Neil leckte sich vor Begeisterung den Bart. Gerti war ein wenig peinlich berührt, zog sich aber geschickt aus der Affäre. Sie gab ihm das Rezept samt der notwendigen Eiermenge, verschwieg aber, ob Hühner- oder Schildkröteneier.

Abgesehen von Neil McKenzie hatte der Regenwald als besondere Attraktion Langnasenaffen zu bieten, die nur mehr dort vorkommen. Neil lud uns auf eine Fahrt den Fluß hinauf ein, und wir konnten tatsächlich einige dieser erschrekkend menschenähnlichen Kreaturen erspähen.
Bald danach machten wir uns an die Überfahrt nach Malaysia. Erste Station sollte Tioman sein, eine etwa 300 Meilen von der Nordwestspitze Borneos entfernte Insel. Wir trödelten mit wechselnden Winden über das unterste Zipfel des Südchinesischen Meeres, fanden Tioman bei sintflutartigem Regen, erholten uns ein paar Tage auf bequemen Ankerplätzen und machten uns nach und nach mit dem Gedanken vertraut, daß wir hier einen Termin hatten. Freunde hatten sich für eine Tauchfahrt angesagt, Treffpunkt Penang. Zuvor mußten wir noch in Mersing einklarieren.
Mersing ist ein geschäftiger Fischerhafen an der Ostküste Malaysias. Man muß ein Stück Fluß hochfahren, was zum filmreifen Abenteuer wurde. Eine Seekarte besaß ich nicht, auch das nautische Handbuch verweigerte jede genauere Auskunft. Also gingen wir auf Entdeckungsfahrt. Bei Hochwasser hatten wir dann die notwendige Handbreit Wasser zwischen unserem Kiel und den Sandbänken und tuckerten einen schmalen Schlauch mit einer noch schmäleren Fahrrinne landeinwärts. Nach etwa einer halben Meile war schon Endstation in Form einer niederen Brücke. Links und rechts der kaum zwei Bootslängen messenden Fahrrinne lagen die Fischerboote in Dreierreihen vertäut, viel Volk stand an den Ufern. Als wir unser Wendemanöver in Angriff nahmen, wird wohl schon die halbe Stadt am Ufer gestanden haben. Mit einem Katamaran von der Dimension unserer TABOO III ist das Reversieren mit geringer Fahrt eine ganz spezielle Kür. Das schien auch unser Publikum zu wissen. Es war ein sonnig-heißer Nachmittag, und so war es auch ganz normal, daß mir beim Umdrehen ein paar Schweißperlen auf die Stirn traten. Nach dreimal hin und her zeigten die Büge aber wieder Richtung Meer, und wir dampften ein wenig eilig aus dieser Mausefalle. Etwas außerhalb der Flußmündung ankerten wir und fuhren mit dem Dinghy zum Einklarieren.
Der Treffpunkt mit unseren Freunden Gaby und Norbert rückte immer näher. Wir segelten unverzüglich in Tag- und Nachtfahrten die verkehrsreiche Malakka-Strait hoch und ankerten am 1. Dezember um 17 Uhr in Georgetown. Das war auch auf die Stunde der vereinbarte Termin. Wenige Stunden später waren die beiden an Bord, und wir klarierten nach Thailand aus.
Die nächsten Wochen verbrachten wir tauchend, schnorchelnd und faulenzend auf verschiedenen thailändischen Inselchen. Am längsten hielt es uns auf Ko

Raja Noi, einer Insel mit wahrhaft gesegneten Tauchgründen, etwa 15 Meilen südlich von Phuket. Schon beim ersten Tauchgang waren die Langusten unübersehbar. Sie saßen zuhauf in den Felsspalten und wedelten adrett mit ihren Fühlern. Oft klebte ein halbes Dutzend oder mehr an einem Platz. Die ersten Mahlzeiten arteten zu Langustenorgien aus. Irgendwie verloren wir aber bald die Lust an den delikaten Schalentieren. Angesichts des hohen Ranges, den sie in der europäischen Küche genießen, hielten wir tapfer durch. Ein paar Tage lang redeten wir uns gegenseitig ein, wie delikat und köstlich die Schalentiere wären, aber dann kam unabwendbar der Moment, wo die Langusten vom Speiseplan abgesetzt werden mußten. Gerti rebellierte als erste und aß eine chinesische Nudelsuppe, während wir anderen ein letztes Mal an den Langusten würgten.
Eines späten Morgens kam ein größeres Fischerboot mit zwei Beibooten im Schlepp in die Bucht und ankerte unweit von TABOO III. Eines der Beiboote machte sich selbständig und verschwand hinter einem kleinen Landvorsprung. Nachmittags ging Norbert tauchen. Ich brachte ihn mit dem Dinghy zu einem guten Platz, setzte ihn ab und fuhr rasch wieder zurück, um ein Auge auf unsere Nachbarn zu halten. Die hatten ein sonderbares Fahrzeug. Für ein normales Fischerboot fehlten ihm die Lichter, Netze und Hebebäume. Bei genauerem Hinsehen ging mir auch eine Registrierungsnummer ab. Dafür mangelte es nicht an Personal. Gut und gern zwanzig Figuren trieben sich auf dem Kahn herum.
Das kleine Boot kam bald wieder zurück. Wenig später stieg beim Ufer eine Wasserfontäne hoch, und der harte Schlag einer Unterwasserexplosion brachte TABOO III zum Erzittern. Unsere eigenartigen Besucher waren also offensichtlich aufs Dynamitfischen spezialisiert. Zu allem Überdruß hatten sie sich für den ersten Fischzug ein Revier unweit von Norberts Tauchplatz ausgesucht! Ich flitzte also hin und kam gerade zurecht, wie Norbert etwas konsterniert an die Oberfläche schnaufte. Es hatte ihn zwar ordentlich durchgerüttelt, aber sonst war er okay. Er hatte auch nichts dagegen, den Tauchgang frühzeitig abzubrechen.
Wir saßen gerade bei Tee und Kuchen an Deck, als uns eine neugierige Abordnung des Fischerbootes die Aufwartung machte. Leise tuckerte eines der Beiboote heran und war schon längsseits, bevor ich noch ins Cockpit springen konnte. Einer der braunen Kerle turnte gleich an Bord. Ich schubste ihn noch zurück und warf auch gleich einen Blick ins Boot, um zu sehen, ob irgendwelche Überraschungen für uns geplant waren. Unfreundliche Gesichter starrten mir entgegen, Waffen waren nicht zu sehen. Nachdem der Mann wieder im Boot war und ich meine Meinung deponiert hatte, entspann sich ein unverständlicher Palaver.

Keiner der Kerle sprach Englisch, sodaß eine Verständigung unmöglich war. Außerdem legte ich keinen gesteigerten Wert auf die Bekanntschaft. Das feindselige Verhalten war offensichtlich. Unauffälliges Anpirschen, kein Vorwand von Freundlichkeit wie etwa ein hochgehaltener Fisch oder eine Languste (wobei die Languste sowieso gemischte Gefühle hervorgerufen hätte). Der Kerl, der an Bord gesprungen war, hatte sich überhaupt nicht um mich gekümmert, sondern blitzschnell seinen Schädel in die Entlüftungsluke der Pantry gesteckt, um einen Blick auf die Einrichtung unseres Bootes zu werfen. Während sich unsere Besucher ungeniert unterhielten, hatte Gerti wieder einmal schlau geschaltet und die M16 vorbereitet. Um die Diskussion abzukürzen, ging ich unter Deck und lud das Gewehr hörbar durch. Jeder, der mit solchen Waffen jemals zu tun gehabt hat, kann das markante Geräusch richtig deuten. Unsere Besucher hatten damit keine Schwierigkeiten, stießen ab und sausten mit Vollgas zurück zum Fischerboot.
Wenige Minuten später pfiffen uns Kugeln um die Ohren. Wir zogen die Köpfe ein, und Gaby warf sich geistesgegenwärtig in Deckung. Es war zwar völlig unmöglich, daß uns ein gezielter Schuß treffen konnte – immerhin war das Fischerboot gut zweihundert Meter entfernt. Vom Zurückschießen hielt ich wenig. Die Kerle saßen gewiß unterhalb der Wasserlinie in Deckung. Ich hätte ein paar Magazine leeren können, ohne damit einen Erfolg zu erzielen. Eine eilige Abfahrt wäre sicher als Zeichen der Schwäche ausgelegt worden und hätte die schmierige Bande eventuell zu einem couragierten Vorgehen veranlaßt. Man hörte auch nach ein paar Schüssen mit der Ballerei auf, und wir beschlossen, nach Einbruch der Dunkelheit dezent den Ankerplatz zu wechseln.
Sobald das Tageslicht dahin war, zogen Norbert und ich vorsichtig den Anker hoch und das Vorsegel auf. Obwohl wir dabei jedes Geräusch vermieden, war die Aktion nicht unbemerkt geblieben. Ein Scheinwerfer leuchtete in unsere Richtung, aufgeregte Stimmen, die Maschine des Fischerbootes wurde angeworfen. Jetzt war auch bei uns keine Heimlichkeit mehr notwendig. Wir zogen das Groß hoch, starteten unsere Maschine und machten, daß wir aus der Abdeckung unserer Bucht kamen. Zehn Minuten später stoppten wir den Diesel und spitzten die Ohren. Nichts zu hören, auch nichts zu sehen. Wenig später waren wir aus dem Lee heraus und pflügten mit zehn Knoten Richtung Phuket. Am neuen Ankerplatz zwischen der kleinen Insel Ko bon und Phuket genehmigten wir uns erst einmal einen Drink. Später marschierte ich zur Marinepolizei und meldete den Vorfall. Die Sache wurde achselzuckend protokolliert, von Interesse schien sie nicht zu sein.

Den Jahreswechsel 80/81 feierten wir — bereits wieder solo - in der Ao Pa Tong-Bucht von Phuket. Allgemeiner Treffpunkt war die 18-Meter-Charteryacht EDNA MAREE von Jim und Meta, die später dem schon beschriebenen Überfall zum Opfer fallen sollten. Es ging hoch her. Bald waren sämtliche Crews der umliegenden Yachten an Bord der EDNA MAREE, die meisten brachten was zu Trinken mit, Jim rührte Flasche um Flasche in den Punsch — mal Whisky, mal Gin, mal Rum. Nach dem ersten Umtrunk wurde es urgemütlich, das Zeug tat seine Wirkung. Das englische Stimmengewirr mit amerikanischen, deutschen, französischen Akzenten wurde immer lauter und fröhlicher, bis es selbst die plärrende Stereoanlage überlagerte. Mitternacht. Raus mit dem Sekt und den chinesischen Feuerwerkskörpern. Allgemeines Zielschießen auf die Topps der benachbarten Yachten. Irgendwann kippte eine nackte Gestalt über die Reling und wurde unter lautem Hallo gerettet.
In den frühen Morgenstunden rafften wir unsere letzte Konzentration zusammen, bestiegen das richtige Dinghy, suchten und fanden TABOO III und fielen ins Bett. Trotz spiegelglatten Wassers schaukelte der Kat beträchtlich. Ein eigenartiges Phänomen.
Phuket hatte sich seit meinem letzten Aufenthalt auf dieser Insel im Jahre 1975 gravierend verändert. Damals war es ein verträumter exotischer Platz, Ao Pa Tong eine stille, einsame Bucht. Inzwischen war die Insel für den Tourismus erschlossen worden. Wuchtige Hotels hatten die einfachen Absteigen verdrängt, in Ao Pa Tong verzierten neben dem obligaten Strandhotel auch noch ein paar Restaurants und unzählige Freßbuden den Palmenstrand. Volles Service für den Massentourismus: Bars und Nachtlokale, langhaarige Mädchen von blutjung bis mehr als abgetragen, mäßiges Service zu überhöhten Preisen. Ein trauriger Platz in meinen Augen — noch dazu, wo ich recht schöne Erinnerungen daran hatte.
Mitte Januar klarierten wir aus und segelten nach Singapur. In der stark befahrenen Malakka-Strait hielten wir uns vorzugsweise abseits der Fahrrinne. Hier waren zwar die zahlreichen Fischerboote und ausgespannten Netze zu beachten, was aber immer noch sicherer war, als zwischen den Frachtschiffen herumzugurken. Die Wassertiefe nahe der Küste beträgt in manchen Abschnitten nur etwa 15 Meter, und die Fischer spannen ihre Grundnetze quer zur Strömung. Nachts wird an einem Ende des Netzes ein Petroleumlicht angezündet, am anderen Ende, ca. 200 Meter weiter, hängt das Schiff mit seiner mehr oder minder ordnungsgemäßen Beleuchtung. Trotz der steten Landbrise war das Segeln in diesem Irrgarten kein reines Vergnügen. Rundum flackerten die Lichter wie auf einem gutbesuchten Friedhof zu Allerseelen.

Gut eine Meile weiter draußen spielte sich der Frachtverkehr ab. Ein halbes Dutzend Schiffe oder mehr in Sicht, tagein, tagaus. Eines Nachts fuhr trotz unserer Abseitsposition einer dieser Frachter grad auf uns zu. Anfangs bereitete mir das wenig Sorgen, wir waren ja voll manövrierfähig. Außerdem würde der Kerl wohl nicht allzulang direkt aufs Land zufahren. Aber entweder schlief der wachhabende Offizier, war besoffen oder geistig weggetreten. Jedenfalls behielt uns das Containerschiff beharrlich im Visier. Nicht nur uns, auch die unzähligen Netze, die Fischerboote und die Küste, keine zwei Meilen weiter. Als Segelschiff auf Vorfahrt zu beharren, ist mit russischem Roulette vergleichbar. Vielleicht hat der Mann auf der Brücke deine Lichter gesehen, richtig interpretiert und schaltet dementsprechend. Vielleicht sieht er deine Lichter auch nicht, oder sie sind ihm gleichgültig. Jedenfalls änderte ich vorsorglich den Kurs und schickte mit dem Halogenscheinwerfer ein paar Wecksignale in Richtung des herandampfenden Frachters. Unbeirrbar pflügte der Kasten weiter Richtung Küste, jetzt schon mitten in den Netzen. Auf den Fischerbooten dürfte sich zuerst fassungsloses Staunen und dann Panik breitgemacht haben. Erst ein paar Minuten später erwachte man an Bord des Frachters. Das Schiff drehte hart nach Backbord und hielt wieder auf das tiefe Fahrwasser der Malakka Strait zu, nicht ohne ein paar Netze abzuräumen.

Die weitere Fahrt nach Singapur hatte keine derartigen Abenteuer mehr zu bieten. Wir segelten nach Finger Pier, dem Einklarierungshafen für Yachten und Fährboote aus Indonesien. Auf der Reede von Singapur trafen wir auf eine buntgemischte Gesellschaft. Hunderte Wasserfahrzeuge lagen dichtgedrängt vor Anker: rostige Frachter, schmucke Containerschiffe, verkommene Fischerboote, Supertanker, Kriegsschiffe, auch ein paar Yachten.

Was die Amtsbehandlung betrifft, sollte Singapur recht untypisch für Asien sein, hatte man mich auf den Philippinen vorgewarnt. Die Behörden nähmen es mit Waffen, Alkohol und Drogen peinlich genau, die Strafen wären furchterregend. Nachdem Singapur ein sicheres Pflaster ist, wollte ich ganz korrekt vorgehen und meine Waffen deklarieren (gegen eine Registrierung unseres Alkohollagers war sowieso nichts einzuwenden). Der erste Weg also geöffneten Herzens zum Zoll. Dort wurde ich gleich mit einem Stapel von Formularen empfangen, die mit Angaben über die mitgeführten Waffen, Harpunen, Alkoholika, Drogen und Tiere auszufüllen waren. Ich füllte aus: Militärgewehr, Pistole, Munition, zwei Harpunen, 60 Flaschen Schnaps, Mimmi. Die 60 Flaschen wurden mit Stirnrunzeln zur Kenntnis genommen, man würde sich später darum kümmern. Bezüglich der Waffen brauchte man Polizeiverstärkung. Eine schmale Chinesen-

TABOO III

Szenen aus dem Inselalltag: Malerarbeiten in reizvoller Umgebung; ein wenig Komfort durchs Bordtelefon; Frischobstversorgung, wie man sie sich nicht besser wünschen könnte

Inselidylle
in den
Philippinen

hand langte zum Telefon, kurzer Palaver. Polizei würde bald da sein, ich sollte die Waffen inzwischen an Land bringen.
Zurück am Pier, war die Polizei schon zu Stelle — nach der Schlamperei auf den Philippinen waren mir Präzision und Eifer dieser Behörden nicht ganz geheuer. „You didn't bring the spearguns", wurde ich gleich beschuldigt. Kein Wunder, hatte mir auch niemand vorgeschrieben. Also zurück zum Kat, Harpune holen. Dann ging es im klimatisierten Polizeiauto zur Wache, wo die Waffen registriert wurden. Obwohl man sich augenscheinlich mit den Kriegswaffen sehr gut auskannte, wurde die Zeremonie besonders umständlich angelegt. Einer fragte sogar: „Which one is the M 16". Da hatte ich gute Lust, auf eine Harpune zu zeigen.
Nach dem Papierkram war die Sache noch längst nicht ausgestanden. Die Waffen mußten in meinem Beisein in ein Arsenal gebracht werden, aber dafür war es an diesem Tag schon zu spät. Also warten bis zum nächsten Morgen.
Für die Abendbeschäftigung sorgte der Zoll. Registrierung der Alkoholika. „You didn't bring the bottles of alcohol", wurde ich am Pier abgefangen. Nein, dazu hatte ich auch keine Lust. Sollte ich vielleicht die 60 Flaschen verschiedenster Größe in Plastiksäcken klimpernd an Land schleppen? Der Bestand konnte ja auch an Bord versiegelt werden, wie das sonst überall auf der Welt üblich ist. Okay, das wäre auch möglich. Das Zollboot würde bald vorbeikommen. Ich gab Gas, um vor dem Eintreffen der eifrigen Zöllner den Schnapsbestand noch ein wenig umzuschichten. Nichts blöder, als in Singapur trocken zu fallen. Die Alkoholpreise sind dort verrückt überhöht. Wir dachten dabei weniger an uns selbst — wir trinken ja kaum was, aber sobald man ein paar fremde Yachties zu einem Tratsch an Bord hat, versiegt der Schnaps wie Wasser im trockenen Sand. Deshalb auch der mächtige Vorrat. Auf den Philippinen sind hochgeistige Getränke spottbillig, und da diese Lebensmittel ja haltbar sind, hatten wir gleich ordentlich eingekauft. Kaum hatte ich ein paar Flaschen der gängigsten Getränke auf die Seite geräumt, tauchte auch schon das über Funk verständigte Zollboot auf. Die Beamten warfen sich routiniert auf unser Schnapslager, sortierten Rum zu Rum und Gin zu Gin, bekritzelten Formulare. Mitten drin eröffnete uns einer, daß eine gewisse Menge für den Eigenbedarf innerhalb der ersten vierzehn Tage zollfrei wäre. Wieviel uns zustand, war erst durch eine komplizierte Rechnung festzustellen. Schließlich durften wir vier Flaschen auswählen, der Rest wurde in einer Bilgekammer verstaut, die Öffnung durch Aufkleben von Zollzetteln versiegelt.
Am nächsten Morgen zur Polizei, Waffen ausheben, unter Polizeibegleitung

zum Arsenal, für jede Waffe und jede Sorte Munition ein eigenes Formular mit einer eigenen Gebühr. Als Belohnung für die ganze Prozedur gab's einen bedruckten Zettel: Die Waffen dürfen nur unter Polizeibegleitung abgeholt werden, und nach sechs Monaten verfielen sie dem Staat. Die Gefahr bestand nicht. Länger, als für die Einkäufe notwendig, wollte ich Singapur mit meiner Anwesenheit nicht belasten.

Wir verdrückten uns auch rasch vom hektischen Finger Pier und segelten zum Changi Yacht Club im Nordosten der Stadt. Der Club mag zu Zeiten der Engländer recht nett gewesen sein, ein paar Jahre vor unserem Besuch war er aber von den Chinesen übernommen worden und hatte jetzt einen miserablen Ruf. Gleich nachdem wir geankert hatten, rauschte eine Barkasse des Clubs heran und überreichte uns wortlos ein engbedrucktes Informationspapier. Eine Unmenge Vorschriften und Gebühren standen drauf, für die praktisch keine Gegenleistung geboten wurde. Im Klartext hieß es also, daß wir umgehend verduften sollten. Für das Privileg, auf 85 Fuß ankern zu dürfen, wurde in der ersten Woche ein Obulus von ca. 10 US-Dollar pro Tag verlangt, in der zweiten Woche 15 und so weiter. In der vierten Woche würde es schon günstiger sein, im besten Hotel von Singapur zu logieren. Ich verabschiedete mich also mit einer bekannten angelsächsischen Geste Richtung Clubgebäude, und wir segelten den Johore River hinauf. Etwa zehn Meilen flußaufwärts lag die Ong Sai Kuan Marina, die uns schon in Phuket als vernünftiger Liegeplatz empfohlen worden war. Ein eilfertiger Chinese begrüßte uns und wies uns eine Mooring zu. Die Gebühr war auch ganz vernünftig, 60 Dollar im Monat.

Singapur. Noch vor wenigen Jahrzehnten war die Stadt das größte Drecknest Asiens, jetzt präsentiert sie sich als ein wahres Musterbeispiel an Sauberkeit, eine Metropole von Weltformat. In Singapur ist praktisch alles erhältlich, was der Segler an Ersatzteilen, Ausrüstung und Vorräten benötigt. Man muß nur herausfinden, wo. Ich hatte eine meterlange Einkaufsliste, und auf meinen ausgedehnten Hardware-Touren lernte ich die Stadt recht genau kennen. Die Oase übergroßer Reinlichkeit wuchs mir nie so recht ans Herz. Sterilität, überall Schilder, was man alles nicht darf, auf das Wegwerfen eines Zigarettenstummels oder Bustickets steht eine Strafe von 250 US-Dollar. Wäre da nicht die alte China-Town, in der der original asiatische Dreck offensichtlich aus kulturhistorischen Gründen geduldet wird, könnte der eilige Besucher ein völlig falsches Bild vom Lebensstil der Chinesen bekommen.

Für's Einkaufen war Singapur dann doch nicht so ideal. Die Preise für Yachtzubehör lagen vorzugsweise in astronomischen Höhen. Ich schickte also lieber ein paar Bestellungen nach England und Hongkong, sparte trotz der Frachtkosten noch immer 50 % und komponierte gemeinsam mit Gerti ein Programm, wie wir die Wartezeit angenehm überbrücken könnten. Das hieß dann Ostküste von Malaysia inklusive vorgelagerter Inseln.

Zuvor noch Waffen auslösen. Das gestaltete sich fast ebenso mühsam wie die Abgabe. Ein Polizist mußte zur Begleitung angeheuert werden, eine Lizenz war notwendig, Kaution, Kaution auslösen, Taxifahrten hin und her — an jedem Eck der Prozedur verlor ich ein paar Zehn-Dollar-Scheine. Vom Waffenabgeben war ich geheilt. So scharf konnte gar nicht kontrolliert werden, daß ich nochmals mein Waffenversteck ausräumen würde.

Der letzte Abend in der Ong Sai Kuan Marina verlief recht unterhaltsam. Der Fluß dort trennt Malaysia von Singapur, und zwischen dem zollfreien Singapur und Malaysia herrscht reger Schmuggelverkehr. Das wissen natürlich auch die Behörden, nur sind sie relativ machtlos. Die Schmuggler benützen kleine Motorflitzer, keine vier Meter lang, aber mit einem 240 PS-Außenborder am Spiegel. Die malayischen Zollfahnder dagegen bewegen sich auf entenartigen Brummern, die in einer Verfolgungsjagd natürlich keine Chance haben. Kein Wunder, daß sie zu unkonventionellen Methoden greifen.

In besagter Nacht gab es im Schatten eines alten, verlassenen Zementbootes, das in unserer unmittelbaren Nähe halb auf Grund sitzend vor sich hin rottete, ungewöhnliche Aktivität. Ich richtete also den Scheinwerfer auf das unbekannte Boot bei der alten Kiste und fragte lautstark, was denn los sei. Die erste Auskunft war recht mysteriös. Zuerst „psst, psst," dann „mind your own business". Als ich mit meiner Lautstärke und Fragerei zu lästig wurde, drohte mir einer, mich von Bord zu schießen. Endlich kam eine vernünftige Erklärung: „We are customs!". Die Herren waren also malayische Zollfahnder und hatten sich hier auf die Lauer gelegt — mit dem kleinen Schönheitsfehler, daß sie sich ein paar Hundert Meter in Singapur befanden. Ich wollte also nicht weiter stören, machte es mir im Cockpit bequem und wartete auf die Action. Nicht lang, bis einer dieser Schmuggelflitzer mit gedrosseltem Motor, aber immer noch beachtlicher Geschwindigkeit aus Malaysia kommend auf eine Sliprampe am Ufer von Singapur zurauschte. Das Boot kehrte offensichtlich von einer erfolgreichen Lieferung zurück. Ein Anhänger wartete bereits im Wasser, aus dem Dunkel lösten sich ein paar hilfsbereite Gestalten. In diesem Augenblick starteten die malayischen Zöllner ihre Ente. Die bockte kurz, starb ab, wurde neu gestartet und katapultierte sich aus der Deckung auf die Rampe zu. Die Helfer verschwanden in der Dunkelheit, 240 PS heulten auf, der Flitzer zischte mit einer Affengeschwindigkeit flußabwärts. Die Ente brummte rachitisch. Leuchtkugeln schossen in den Himmel, standen sekundenlang über dem Fluß und erleuchteten einen Abschnitt, in dem das verfolgte Boot längst nicht mehr war. Ein paar Kugeln pfiffen flußabwärts, dann verlor sich das Spektakel aus unserem Beobachtungsfeld. Der Flitzer war bald nicht mehr zu hören, das Husten der Ente noch deutlich länger.

Am nächsten Morgen kam das Schmugglerboot unauffällig zurück, wurde auf den Hänger genommen und in Sicherheit gebracht. Einer der beiden jungen Burschen hüpfte vor Freude, als er wieder an Land war.

Am nächsten Morgen segelten wir ab, ankerten für eine Nacht an der Südküste Malaysias und klarierten dann zum zweiten Mal in Mersing ein. Diesmal schon viel routinierter, ohne die Flußexpedition mit dem Kat. Die Zoll- und Immigrations-Formalitäten waren gleich erledigt, freundliche Gesichter, „Welcome in Malaysia“. Ich fühlte mich gleich wieder wohler.

In den folgenden Wochen trieben wir uns auf den der malayischen Ostküste vorgelagerten Inseln herum. Landschaftlich ist die Gegend eine Reise wert. Tioman zum Beispiel, die größte dieser Inseln, erinnerte mich in ihrer wildromantischen Schönheit sehr an Polynesien. Im Süden Tiomans ragen steile Felsspitzen bis in die Wolken, Dschungel ergießt sich über die Berghänge und reicht bis an die Strände. Wer sich leise durch diese Wälder bewegt, wird Scharen von Affen, Eichhörnchen und anderen Baumbewohnern beobachten können.

Eine weitere bemerkenswerte Station in diesen Tagen war die Insel Aur, die von allen am weitesten von der Küste entfernt ist und deshalb auch die besten Sichtbedingungen beim Tauchen bietet. Glatte Felswände steigen steil aus dem Wasser, darüber ist der Berghang dicht mit Palmen bewachsen. Ein kleines Dorf schmiegt sich schüchtern an eine Felsspitze, die wie ein erhobener Zeigefinger aufs Wasser droht.

Es waren abwechslungsreiche Tage. Vor allem auch, was das Wetter betrifft. Mit schöner Regelmäßigkeit zogen Gewitter und Stürme durch, die uns von Ankerplatz zu Ankerplatz scheuchten. Wir erlebten unter anderem auch den „heftigsten Sturm seit 23 Jahren“, wie man uns später erzählte. Es war überhaupt eine Zeit der Rekorde. Kurz zuvor hatten wir uns durch den seit Menschengedenken heißesten Februar Singapurs geschwitzt.

Die Geschichte vom heftigsten Sturm erfuhren wir von alten Freunden, die auf Pu lau Hujong, einer kleinen Insel nahe von Mersing, lebten. Johanna und Eric Airriess, ein amerikanisches Ehepaar, lebten hier ihr Rentnerleben. Die beiden waren für ihr Alter ungeheuer agil und sowas wie eine zentrale Anlaufstation für die Segler in dieser Gegend, also ideal zum Plaudern. Daß wir hier ein paar Tage verbringen würden, war von vornherein festgestanden, weshalb wir auch die Post an die Adresse von Jo und Eric schicken ließen. Um ein Haar wäre die schlaue Planung in die Hosen gegangen. Jo und Eric standen unmittelbar vor einem längeren Besuch in Singapur.

Ein paar Tage nach unserer Ankunft auf Pulau Hujong trafen auch schon die erwarteten Nachrichten ein. Die Sendung aus England war in Singapur gelandet, die Segel aus Hongkong praktisch unterwegs. Damit war der Aufenthalt in Malaysia zu Ende. Baldige Abfahrt nach Singapur, Ersatzteile und Segel einholen und dann Kurs Richtung Malediven — wir hatten uns sowieso schon viel länger als geplant im Südchinesischen Meer herumgetrieben.

Jo und Eric brachen ziemlich gleichzeitig mit uns auf, augenscheinlich gar nicht glücklich. Irgendwas stimmte nicht. Sie rückten auch bald heraus mit ihrem Problem. Es ging um Charly, ihren Labrador, ein Brocken von einem schwarzen Vieh. Der arme Hund müßte, obwohl gesund, bei der Übersiedlung nach Singapur für drei Monate in Quarantäne, und Jo und Eric hatten Tränen in den Augen, wenn sie nur dran dachten. Ob wir nicht vielleicht ...

Natürlich war die illegale Einfuhr des Hundes für uns kein Problem. Die Zollzeremonie in Finger Pier wollte ich mir sowieso sparen. Unser Ziel war die freundliche Ongs Marina, wo wir ja schon amtsbekannt waren und voraussichtlicherweise nicht weiter auffallen würden. Wir vereinbarten also mit Jo und Eric einen Treffpunkt im Süden von Malaysia und übernahmen dort den Hund. Mimmi, das schlaue Kätzchen, hielt einen vernünftigen Abstand zu dem schwarzen Ungeheuer, und Charley selbst schien zu ahnen, daß auf auffälliges Benehmen drei Monate Knast standen. Erst als wir schon den Sembawang River hinaufsegelten und die Luft von Singapur offensichtlich unverkennbar über die schwarze Schnauze strich, wurde er ein wenig lästig und wollte sich umschauen. Wenn ein Polizeiboot in der Nähe war, setzte ich mich einfach auf seinen Rükken, das schien Charley ganz gut zu verstehen. In der Marina angekommen, schafften wir als erstes unser lebendes Schmuggelgut an Land. Dort wurde Charly von Johanna sofort mit einer amtlichen Hundemarke dekoriert und war damit in Sicherheit.

Die nächsten Tage vergingen mit groß angelegten Einkaufsfahrten. „Auf den Malediven bekommt ihr praktisch nichts", hatten uns Freunde gewarnt, und so standen Lebensmittel und Haushaltsgüter auf Gertis Einkaufsliste, die mindestens ein Jahr lang reichen sollten.

Bei unseren letzten Aufenthalt in Singapur hatten wir auch die eigenartigen Ver-

haltensweisen der dortigen Taxifahrer kennengelernt. Sie nehmen nicht immer, und wenn, dann nur gnadenhalber Fahrgäste auf. Wie sie dabei auf ihre Rechnung kommen, ist mir unbekannt, jedenfalls ist man ihren Launen ausgeliefert. Meist wollen sie schon vor dem Besteigen des Wagens das Fahrziel wissen, um die Fuhre eventuell abzulehnen. Große oder gar schwere Gepäckstücke sind ihnen überhaupt ein Greuel. Man könnte darauf am Straßenrand verhungern, ohne Gnade vor den Augen eines Singapur-Taxilenkers zu finden.
Das war natürlich ein echtes Handicap bei unseren Einkaufstouren, aber mit einer ausgeklügelten Taktik kamen wir ganz gut zwischen den diversen Supermärkten und der Marina hin und her. Wir kauften gerade so viel, wie in einen Wagen paßte. Dann postierte sich Gerti mit einer größeren Schachtel am Straßenrand, um ein Taxi zu stoppen. Mit dem Rest der Ladung blieb ich unauffällig im Hintergrund. Wozu die große Schachtel? Ganz einfach, damit der Taxifahrer den Kofferraum öffnet. Das war dann das Signal für meinen Auftritt. Mit dem vollen Einkaufswagen sprintete ich zum Taxi, füllte den Kofferraum, verfrachtete den Rest im Fahrgastraum und zwängte mich gemeinsam mit Gerti dazu. Das ging so schnell, daß der quängelnde Fahrer keine Chance zu einer wirksamen Reaktion hatte. Das wahre Aufheulen kam erst, wenn wir ihm das Fahrziel bekannt gaben, Sembawang, praktisch am anderen Ende der Insel. Daß er angesichts der Professionalität des Überfalles keine Chance hatte, uns wieder loszuwerden, mußte selbst der einfältigste Fahrer einsehen. Mit der ungebührlichen Beladung und der Destination Sembawang hatten die von uns vergewaltigten Chauffeure aber noch nicht ausgelitten; die Marina liegt noch ein Stück weiter und ist nur über einen löchrigen Dschungelpfad zu erreichen. Um die Fahrer da drüber zu bringen, halfen nur noch nackte Drohungen. In unserem Fall hatten diese Drohungen die gewünschte Wirkung. Ein australischer Segler erzählte uns allerdings, daß er einen Fahrer erwischt hätte, der selbst durch liebste Schmeicheleien nicht weiter fahren wollte. Da nahm Timmie, der Australier, einfach den Wagenschlüssel, schleuderte ihn in hohem Bogen ins Dickicht und ging den Rest des Weges zu Fuß. Das wird dann vermutlich doch Eindruck gemacht haben.
An einem schönen Nachmittag war es endlich soweit, wir segelten den Fluß hinunter, kehrten dem Südchinesischen Meer endgültig den Rücken und reihten uns in die endlose Prozession von Schiffen und Schiffchen ein, die die Malakka Strait Richtung Golf von Bengalen zieht. Der rege Verkehr war kein Problem. Die Sicht war Tag und Nacht ausgezeichnet, TABOO III machte gute Fahrt hoch am Wind. Erwartungsgemäß blieb es nicht lang beim guten Wind. Damp-

fende Flaute schien uns zurückhalten zu wollen, dann gaben wieder heftige Gewitter ein unbequemes Abschiedskonzert. Meist drehte der Wind unentschlossen hin und her. Wir legten einen geplanten Stopp in Lumut ein, und wenig später einen ungeplanten in Phuket, um die defekte Rollreffanlage zu reparieren. Tage später setzte sich ein Nordostwind durch, und TABOO III rauschte mit acht Knoten die Küste Thailands hoch. Vorerst traute ich dem Frieden nicht, aber als sich über einen Tag nichts an den steten Windverhältnissen änderte, stand es fest: wir hatten den Bereich des Nordost-Monsuns erreicht, und dieser Wind sollte uns bis auf die Malediven blasen.

Bald hatten wir auch die Malakka Strait hinter uns und segelten inmitten der Andaman-See. Ich malte mir Etmale in runden Zahlen aus. So sehr wir unsere Zeit auch auf Ankerplätzen oder zwischen Inselchen verbummeln können — wenn größere Strecken vor uns liegen, nehmen wir das Segeln von der durch und durch sportlichen Seite. 15 Knoten Fahrt, Etmale über 200 Meilen, das ist nach wie vor aufregend. Jeder Viertel-Knoten mehr macht Spaß. Das funkelnde Wasser entlang der Büge, der Schaumstreifen achteraus, das weiche Auf und Nieder — keine andere Art des Reisens erlebt man so bewußt. Und ganz pragmatisch gesehen: Jeder Viertel-Knoten mehr heißt früher ankommen; jeder Tag weniger auf offener See verringert das Risiko.

Die Hoffnung auf eine Überquerung des Bengalischen Golfes mit Rekordetmalen mußten wir schon am nächsten Tag begraben. Mit einem schmerzlichen Krachen brach der Ruderkopf des Backbordruders; das Ruder hing nur noch an einer Leine. Ich sprang aufs Achterdeck, sicherte das Ruder mit einem Tampen, raffte das Groß, um die Geschwindigkeit zu reduzieren, und hievte das Ruder an Bord. Der Indische Ozean schien es auf meine Ruder abgesehen zu haben. Schon bei meiner ersten Weltumseglung hatte ich hier einschlägige Troubles erlebt. Damals waren nacheinander beide Ruder ausgefallen, und ich hatte mich mit einer provisorisch zusammengeschusterten Steuerung bis Madagaskar gehantelt.

Momentan zeigten sich beim verbliebenen Ruderblatt keine Anzeichen einer baldigen Verabschiedung, aber es lag mir sehr am Herzen, die Sache genauer zu untersuchen. Also auf zur nächsten Insel, auf einen sicheren Ankerplatz.

Zuerst zum lädierten Ruder. Ich montierte den Ruderkopf samt Pinne ab, hievte das Zeug ins Cockpit und besah mir den Schaden. Der Niro-Beschlag (Querschnitt 50x6 mm) hatte offensichtlich nicht unter einer plötzlichen Überlastung den Geist aufgegeben, leichte Anzeichen von dem für Niro so typischen Flugrost ließen eher auf eine allmähliche Materialermüdung schließen. Um so gespannter war ich auf den Zustand des anderen Ruders. Aber da schien alles in

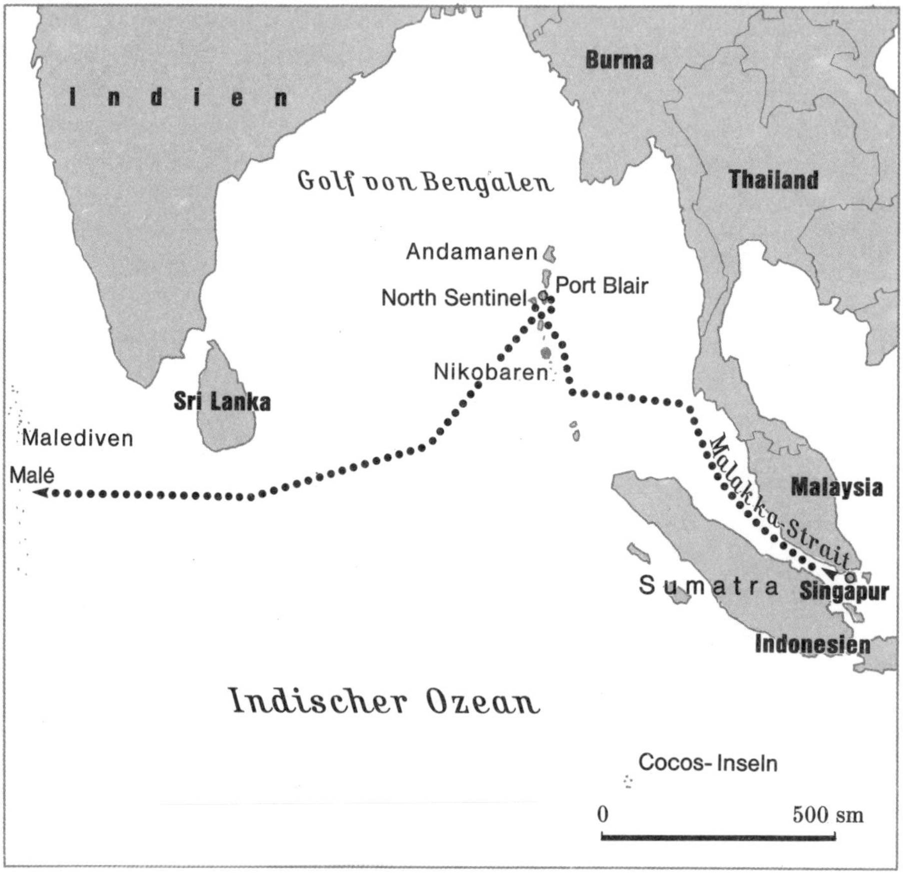

Ordnung zu sein. An eine Reparatur des ausgefallenen Ruders war derzeit nicht zu denken, dafür bedurfte es der Hilfe einer Werkstätte. Nachdem mit dem abmontierten Ruderkopf der eine Angelpunkt für die Verbindungsstange zwischen den Pinnen fehlte, an der die Selbststeueranlage angreift, bastelte ich eine provisorische Aufhängung, um normal steuern zu können. Die Manövriereigenschaften von TABOO III bereiteten mir wenige Sorgen – auch mit einem Ruder würde es tadellos gehen.

Länger als notwendig wollten wir an diesem notgedrungen eingeschobenen Ankerplatz nicht bleiben. Das Inselchen gehörte zu den indisch verwalteten Nikobaren, Yachten erhalten prinzipiell keine Besuchserlaubnis und dürfen in dieser Gegend ausschließlich Port Blair auf Süd-Andaman anlaufen. Ein lieber Kollege,

Otto Zimmermann auf seiner Yacht ASTRONOTUS, war vor Jahren auf den Nikobaren Hopp genommen worden, als er unbekümmert einklarieren wollte. Er landete gemeinsam mit seinem Begleiter, Helmut Fiedler, im Gefängnis von Nancowry, wurde dort elf Tage festgehalten und mit endlosen Verhören genervt. Otto meinte später, sein Schiff sei den Leuten einfach zu mies gewesen, sonst hätten sie es sicher konfisziert.

Unsere Eile hatte auch einen ganz speziellen Grund. Etwas oberhalb des Strandes, gut getarnt im dichten Wald, waren zwei olivfarbene Zelte zu erkennen. Zwar konnten wir keine Antenne entdecken, aber es war doch immerhin möglich, daß die Bewohner mit Port Blair Funkkontakt aufnehmen konnten. Für den Augenblick hatte ich keine Sorge – es war später Nachmittag, die Gegend ist mit Riffen gespickt, und in der Nacht war ein unerwünschter Besuch auszuschließen. Zeitig am nächsten Morgen waren wir aber wieder unterwegs.

TABOO III ließ sich wie erwartet auch mit einem Ruder tadellos auf Kurs halten. Nach dem Zwischenstopp war unser nächster programmgemäßer Halt bei North Sentinel, einem Inselchen, auf dem noch etwa 150 naturbelassene Eingeborene leben sollen. Das Besondere an diesen Negritos war ihr Verhalten Besuchern gegenüber. Nach Möglichkeit brachten sie diese um. Obwohl die Eingeborenen nur über primitive Bewaffnung wie Pfeil und Bogen verfügten, war es ihnen bisher tadellos gelungen, ihr kleines Reich vom Tourismus freizuhalten. Der indischen Verwaltung war das gleichgültig, sie ließ die Negritos und ihre Insel in Ruhe. Schon einmal in der Gegend, wollten wir die Negritos unbedingt sehen, wenn auch aus einem gewissen Sicherheitsabstand.

Es war Mittag, als wir North Sentinel erreichten. Wir segelten knapp am kranzförmigen Außenriff entlang. Eine halbe Meile über die Lagune hinweg schimmerte der weiße Sand herüber, üppige, scheinbar undurchdringliche Vegetation versperrte die weitere Sicht. Von Negritos oder sonstigen Lebewesen einstweilen keine Spur. Erst nachdem wir um eine Ecke gebogen waren und sozusagen ein neues Stück Strand vor uns hatten, wurde der Beweis geliefert, daß wir bei der richtigen Insel waren. Eine kleine, schwarze Gestalt mit Bogen und Pfeilen trollte sich den Strand entlang. Dann schien uns der Negrito bemerkt zu haben, erstarrte zu einer stocksteifen Silhouette. Zwei verschiedene Welten starrten einander für Minuten an. Wir waren dabei allerdings im Vorteil und betrachteten den Negrito siebenfach vergrößert. Schließlich gab er seine regungslose Stellung auf und setzte seinen Weg beschleunigt fort.

Etwa eine Meile später kamen wir zu einer kleinen Öffnung im Riff. Am Strand stand eine niedere Hütte. Zwei Gestalten waren kurz zu sehen, verschwanden

aber sofort, als wir uns unter Maschine an den Korallenköpfen vorbei ins seichte Wasser zwängten. Bald war aber der Weg durch weitere Korallen versperrt. Mein ursprünglicher Plan, mit dem Kat nahe ans Ufer zu fahren und die Steinzeitmenschen aus einer gesicherten Stellung zu besichtigen, war damit undurchführbar. Außerdem sprangen sie nicht wie gewünscht fröhlich am Strand herum, sondern waren schüchtern in Deckung gegangen. Natürlich hätte ich mit dem Beiboot an Land fahren können, aber da bestanden gute Chancen, aus dem Hinterhalt mit Pfeilen gespickt zu werden. So neugierig war ich auch wieder nicht.
Am nordwestlichen Ende der Insel fanden wir dann den Frachter PRIMROSE hoch am Riff sitzen. Der Schiffbruch konnte noch nicht lange her sein. Die panamesische Flagge flatterte noch unzerschlissen am Heck. Wie wohl die Negritos auf diesen Hausfriedensbruch reagiert hatten? Mich hätte das Wrack natürlich auch interessiert, aber es gab keinen halbwegs vernünftigen Ankerplatz in der Nähe. Also endgültig Kurs auf Male.
Seit dem Morgen hatte der Monsun ordentlich aufgefrischt. Windstärke fünf bis sechs, fast achterlich. Um das Ruder zu schonen, segelten wir nur unter Genua und Staysail. Das reichte immer noch für ein Ergebnis von 180 Meilen bis zum nächsten Mittag.
Einen Tag später die nächsten massiven Troubles. Der Kat lief ein wenig aus dem Ruder, und als ich nach hinten schaute, hatte sich die hintere, untere Kante des Ruderkopfes aufgespaltet und war gerade im Begriff, vollends auseinanderzuklaffen. Ich sprang zum Mast und warf die Fallen aller gesetzten Segel los, sprang zurück und zog das Ruder aus dem Kopf. Jetzt war die Situation bedenklich. Wir waren mitten im Golf von Bengalen, wo eine Woche zuvor laut BBC-News ein Taifun gewütet hatte; beide Ruder im Trockenen! Hier durften wir nicht lang herumbummeln. Gleichgültig wie, der Kat mußte wieder in Schwung kommen. Daß wir uns genau in der dem Monsum entgegen laufenden Strömung befanden, bekam ich bei der folgenden Reparatur zu spüren. Kopfüber hing ich wie eine Fledermaus stundenlang am Heck, gesichert mit einer Leine, ein Bein ums hochgezogene Ruder geschlungen. Die eklige, ruppige See brachte mich fast zur Verzweiflung. Obwohl mir Gerti die ärgsten Brecher ansagte, ging ich wiederholt auf Tauchstation und verkostete literweise den Indischen Ozean. Daß diese Art der Schaukelei gewisse Wirkungen aufs Innenohr hat, brauche ich ja nicht weiter zu erklären. Jedenfalls verbrachte ich mehr Zeit mit Festklammern und Luftschnappen als mit eigentlicher Arbeit.
Zwei 6mm-Niro-Bolzen am hinteren, unteren Ende des Ruderkopfes waren gebrochen. Einen Bolzen konnte ich mühsam herausbohren und durch einen neu-

en ersetzen. Eine Hälfte des anderen war aber beim besten Willen nicht herauszukriegen. Um die Backen zusammenzuhalten, brachte ich an dieser Stelle eine massive Schraubzwinge an und hoffte auf das Beste.
Sechs Stunden später waren wir wieder in Fahrt. Das Ruderblatt hatte ich zwecks Reduktion der Querkräfte um ein Drittel hochgezogen. So ließ sich der Kat noch immer halbwegs steuern, vorausgesetzt er machte mehr als vier Knoten. Die Selbststeueranlage wurde mit der neuen Situation freilich nicht mehr fertig. Glücklicherweise hatte ich bei der Bestellung der neuen Segel auch ein ca. zwei Quadratmeter großes Steuersegel geordert. Das wurde nun am luvseitigen Achterstag angeschlagen und mit einem Bambusrohr vom selben Stag ausgebaumt. Über eine Leine wurde jede Änderung des scheinbaren Windes auf das Ruder übertragen. Die Steuerarbeit war uns damit zwar abgenommen, aber angesichts des achterlichen Windes und der winzigen Ruderfläche hatte der Kat natürlich deutliche Tendenzen zum Aus-dem-Ruder-Laufen. Also saßen wir abwechselnd draußen und hielten ein Auge auf den Kurs.
Bei der Segelfläche war Zurückhaltung geboten. Ich beschränkte mich auf Fock und Staysail. Trotzdem wären wir ganz passabel vorangekommen, wäre da nicht die Gegenströmung gewesen — 136 Meilen auf dem Log bis zum nächsten Mittag, über Grund allerdings nur 100.
Zwei Tage später hatten wir die Strömung endlich hinter uns, die See beruhigte sich, der Wind drehte freundlicherweise auf raumschots. Wir holten auf. Nach weiteren drei Tagen herrschten ideale Bedingungen. Ich konnte mehr Segel setzen. TABOO III schaffte ihr bis jetzt bestes Etmal von 235 Seemeilen.
Am zeitigen Morgen des 29. Dezembers wuchs gerade voraus eine Insel aus dem Wasser. Von der Saling war eine Kette schimmernder Inseln zu erkennen. Das Nord-Male-Atoll lag vor uns. Eine Sonnenstandslinie gab Auskunft über die genaue Position. Wir waren nahe von Helingili. Ein Stunde später segelten wir durch die Einfahrt. Das blaue Wasser zeigte wie ein schlanker Finger zwischen den Korallen hindurch ins Atoll. In einer langsam verlöschenden Brise segelten wir über flaches Wasser zwischen smaragdgrünen Flecken nach Süden, Richtung Male. Dutzende, meist kreisförmige Riffe lagen verstreut im Meer. An einem saß der Rest einer stolzen Yacht. Zeuge eines verlorenen Traumes.

Tauchen und Easy going IN DEN MALEDIVEN

In Male war ein Treffen mit Freunden aus Europa vereinbart. Wir erreichten den Ort auf die Stunde genau und kurvten auf der Suche nach einem geeigneten Ankerplatz noch ein wenig in der Gegend herum, aber das Echolot konnte auch mit keiner geringeren Tiefe aufwarten als die Seekarte, nämlich 45—50 Meter. Kaum war der Anker auf Grund, waren unsere lieben Freunde auch schon mit einem kleinen Motorboot herausgekommen und aufs Boot gesprungen. Meine Freude über diesen prompten Besuch hielt sich in Grenzen — schließlich hatten wir noch nicht einklariert. Minuten später war der Zoll an Bord, und wir hatten die ersten Probleme, weil die natürlich dachten, wir alle wären angesegelt gekommen.

Die Einklarierungszeremonie war zur Zeit unseres Besuches auf den Malediven sowieso mit Streß verbunden. Die politische Lage war ein wenig unruhig. Der letzte Präsident hatte sich mit vier Millionen aus der Staatskasse nach Singapur abgesetzt, ein ehemaliger UNO-Abgeordneter war beim Versuch eines Staatsstreiches erwischt worden und saß nun im Gefängnis. Vor wenigen Wochen war mit Müh' und Not eine andere Attacke auf die Demokratie vereitelt worden, bei der von Colombo aus eine Truppe Söldner hätte übersetzen sollen, um die Regierung wegzublasen. Man lebte also in ständiger Angst vor einem politischen Coup, und praktisch jedermann war verdächtig.

Kaum waren wir wieder allein am Schiff, besuchte uns eine säuerliche Abordnung der Fremdenpolizei mit vier Henkersknechten der Staatspolizei im Gefolge. Die Malediver sind ja normalerweise von kleiner, zierlicher Statur, die Staatspolizisten scheinen allerdings als kräftige Spezialrasse gezogen zu werden. Nachdem uns die Herren der Immigration wegen unserer eiligen Freunde entsprechend gescholten hatten, überließen sie uns der Amtshandlung der Polizei. Der

Anführer sprach leidlich Englisch, studierte sämtliche Papiere und legte mir schließlich ein Formular vor, in dem es hauptsächlich um Waffen ging. Natürlich deklarierte ich meine Kriegswaffen nicht — ich hätte sie kaum mehr wieder gesehen. Daß sie gefunden werden könnten, war ja ziemlich ausgeschlossen. Pro forma deklarierte ich das Ding, das ich am ehesten entbehren konnte, eine Gaspistole. Kaum war dieser Waffenbesitz registriert worden und der Wisch unterschrieben, verteilten sich die vier Kerle im Schiff und begannen, alles auseinanderzunehmen. Jetzt gab mir die Situation doch ein wenig zu denken — erstens schien das eine Durchsuchung in ganz großem Stil zu werden, und zweitens fiel mir ein, daß wir seit einigen Wochen eine Handgranate vermißten, die beim letzten großen Schiffsputz verlegt worden war.

Die Handgranate war bestens verlegt (Gerti fand sie übrigens Monate später in einem kleinen Stauraum für den unauffälligen Transport hochprozentiger Geschenke), und das reguläre Waffenversteck fanden die Schnüffler sowieso nicht. Ich fühlte mich deutlich wohler, als wir wieder allein an Bord waren. Für die Gaspistole hatte man uns sogar eine Quittung gegeben! Am nächsten Morgen startete ich in die Stadt, um den Rest der Amtsgeschäfte zu erledigen. Auf den Malediven brauchte man drei verschiedene Bewilligungen, um Male verlassen und andere Atolle besuchen zu dürfen. Für die drei Bewilligungen waren ein gutes Dutzend Stempel notwendig, die in ebensovielen verschiedenen Amtsgebäuden zu erwerben waren.

Auf den Malediven ist ein korrekt geführter Papierkrieg wichtig. Wer nicht ordentlich einklariert (was zu meiner Zeit einzig und allein in Male möglich war) und die richtigen Permits hat, macht sich strafbar, verdächtig und ist beim kleinsten Zwischenfall der eigenwilligen Gerichtsbarkeit dieses Landes ausgeliefert. In früheren Jahrhunderten wurde ja jedes gestrandete Schiff automatisch Eigentum des jeweiligen Sultans. Heute gibt es zwar statt des Sultans die islamische Republik, in Hinsicht auf gestrandete Schiffe hat sich jedoch kaum etwas geändert.

So hatte die deutsche Yacht LUCKY vor ein paar Jahren das Pech, am Außenriff des Male-Atolls hängen zu bleiben. Der Schaden war zwar gering, das Schiff konnte leicht geborgen werden. Der Skipper jedoch wurde wegen illegaler Einreise verhaftet, im Gefängnis ein wenig weich gedünstet und dann vor die Alternative gestellt, auf längere Zeit im finsteren Loch zu bleiben oder ein Ticket nach Colombo zu akzeptieren (was gleichbedeutend mit dem Verlust der Yacht war). Der unglückliche LUCKY-Eigner entschied sich angesichts der minderen Lebensqualität im Inselgefängnis für das Ticket. Die Slup wurde in einer öffentlichen Auktion verkauft und lag bei unserem Besuch noch immer im Hafen von Male. Darüberhinaus genießen die Häuptlinge der einzelnen Inseln eine weitgehende Unabhängigkeit von der Zentralregierung. Vor allem, was die Behandlung unkorrekt eingereister Schiffe betrifft. Fehlt nur ein einziger Stempel, ist man der Willkür ausgeliefert. Das kann so weit gehen, daß die Besucher mit freundlichen Mienen an Land geleitet werden, dort dann in einem plötzlichen Stimmungsumschwung überfallen, gefesselt, in einen Käfig nach Male transportiert und dort eingesperrt werden. Schiff weg sowieso.

Es war bereits später Nachmittag, als ich den Papierkram erledigt hatte. So blieben wir noch eine weitere Nacht in Male — mit dem Anker auf 50 Meter und in einem Strom von drei Knoten, der Ankertrosse und Nerven schön gespannt hielt.

Nach der mühsamen Bergung des Ankers segelten wir am nächsten Morgen in das Süd-Male-Atoll und ankerten im Lee der Insel Embudu. Freudig überrascht registrierten wir, daß der bekannte Münchner Tauchlehrer Hans Hein zufällig hier seine Tauchbasis hatte. Er kam auch gleich gemeinsam mit seiner Freundin Ira zu uns heraus. Nach dem ersten Schwung der Begrüßung hatte er aber wenig Freude mit uns. Wir waren ziemlich matt nach der langen Reise.

In den nächsten Tagen gingen wir mit Hans tauchen. Er zeigte uns einige seiner schönsten Tauchplätze live, ein paar weitere auf der Karte.

Der Höhepunkt dieser Tauchgänge und überhaupt das interessanteste Spektakel, das ich je unter Wasser erlebt habe, war eine Haifütterung. Hans war es gelungen, an einer bestimmten Stelle des Außenriffs die Haie dazu zu bringen, aus der Hand zu fressen.

Er hatte die Zirkusnummer ursprünglich für einen Fernsehfilm einstudiert, jetzt diente sie ihm als Attraktion für Tauchtouristen, die aus sicherer Entfernung dem Spektakel beiwohnten.

Wir fuhren mit dem Tauchboot von Embudu zum Außenriff, ankerten über der bewußten Stelle und tauchten auf 15 bis 20 Meter Tiefe. Durch das Motorgeräusch angelockt, kurvten die Haie bereits auf einer etwas tieferen Ebene. Hans brachte einen Plastiksack voller Fische mit, die man in einem Hotel bereits von den Filets befreit hatte. Kaum war der Sack offen, kam auch schon der erste Hai angeschwommen. Angelockt vom Duft der überreifen Fische waren es bald ein Dutzend. Die Fütterungstechnik war einfach. Immer mit dem Rücken zur Strömung bleiben, weil die Haie mit dem Geruch in der Nase dagegen anschwammen und so von vorne kamen. Fisch am Schwanz weit weg vom Körper halten. Nachdem ich bei zwei Tauchgängen die Haie aus nächster Nähe fotografiert hatte, offerierte mir Hans einen Rollentausch; wenn er die Haie fütterte, konnte er ja nicht fotografieren, und so war er stets auf der Suche nach Freiwilligen, die an seiner statt die Fische vor die Haimäuler hielten. Die Fütterung funktionierte vorerst prächtig. Rund zwanzig Haie kurvten um uns herum und schnappten mir die Fische aus der Hand. In den vergangenen Jahren hatte ich ja immer wieder mit Haien zu tun, dieses Mal war die Situation aber einigermaßen ungewohnt. Bei früheren Begegnungen mit Haien hatte ich immer das Gefühl, die Sache im Griff zu haben. (Vielleicht hat sich das der jeweilige Hai auch gedacht, ohne allerdings meine Harpune in die Rechnung einzubeziehen). Dieses Mal war die Sache verkehrt rum. Der Hai war der aktive Teil, und ob er mir den Fischschwanz in der Hand ließ oder ein bißchen tiefer biß, schien ausschließlich von seiner Laune und Zielgenauigkeit abhängig. Eine besondere Würze bekam die Angelegenheit durch die Tatsache, daß man kaum wußte, welche Haie zum ständigen Ensemble gehörten und welche bei dieser Fütterung ihren ersten Auftritt hatten. Nur wenige der größeren Haie (es waren ein paar 3m-Brocken dabei) konnte man an Bißnarben oder ähnlichen Kennzeichen erkennen, beim Rest wußte ich beim besten Willen nicht, ob sie die Spielregeln kannten oder einfach nach allem schnappten, was sich bewegte.

Einer von diesen neuen war offensichtlich besonders intelligent und schnappte sich plötzlich den Sack, in dem der ganze Fischvorrat aufbewahrt war. Das war der Moment, wo Hans mit dem Fotografieren aufhörte. Der Hai fegte mit Plastikfetzen im Maul durch die Schar seiner Artgenossen und verteilte das ganze Fischzeug im Wasser. Der Geruch der Fische war jetzt plötzlich überall. Die Haie steigerten sich in eine bedenkliche Freßwut. Wir hielten die Luft an und versuchten, Löcher in der Korallenwand auszufüllen. Als sich der Wirbel ein wenig gelegt hatte, verzogen wir uns unauffällig.

Von allen Inseln, die wir auf den Malediven besuchten, wird mir vor allem Foteo als das Idealbild eines Tropenparadieses in Erinnerung bleiben. Foteo liegt am östlichen Ende des Felido-Atolls und ist kaum eine Meile lang. Man darf es sich ruhig so vorstellen, wie man die Trauminseln in Reiseprospekten präsentiert bekommt: flacher, perlweißer Sandstrand, dahinter saftig-grüne Palmen, davor quellklares Wasser in allen Schattierungen von Grün und Blau. Nur daß es hier keine Hotels oder sonstwas gibt. Die Insel ist unbewohnt. Selten kreuzen Einheimische in ihren Dhonis gegen den Nord-Ost-Monsun hier herauf, um Kokosnüsse zu ernten. Wir ankerten gut geschützt durch das Barriere-Riff ca. 200 Meter vor dem Strand und ließen es uns gut gehen. Die tägliche Routine sah so aus: Nach dem Frühstück segelten wir ca. drei Meilen bis zu einem engen Kanal im

Außenriff zum Tauchen. Der Kat wurde noch innerhalb des Atolls verankert. Mit dem Beiboot fuhren wir die paar Hundert Meter zum Steilabbruch des Außenriffs. Dort wurde das Dinghy verankert, und wir ließen uns in die prächtige Unterwasserwelt sinken. In ein paar Metern Tiefe hantelten wir uns gegen die Strömung an den Korallen entlang zur Kante des Korallenblocks und tauchten dort senkrecht ab. Schon in zehn Metern Tiefe war die Strömung weitaus geringer. Wir konnten uns dem Mikro-Kosmos des Korallenblockes widmen. In einer voluminösen Höhle tummelte sich eine Unmenge von Fischen. Es blitzte und glitzerte an allen Ecken. Schwärme von gelb-schwarz gestreiften Trompetenfischen standen vor den Korallen und wehten mit ihren schlanken Körpern in der Strömung wie Fahnen im Wind. Prächtige Barsche gingen gemächlich ihren Geschäften nach, mit einer Autorität, wie sie die Elefanten in der Savanne genießen. Ein wenig abseits des Riffs, im freien Wasser, sahen wir oft Schwärme größerer Raubfische wie Barrakudas, Thune oder Haie. Zwischen den Korallen wohnte ein Heer kleiner und kleinster Lebewesen. In jeder Ritze, in jedem winzigen Loch, fanden sich Korallenfische, Muscheln oder Schnecken. Allein dieses Stück Korallenwand hätte man wochenlang beobachten können, ohne daß es langweilig geworden wäre.
In einer Tiefe von knapp dreißig Metern gab es eine weitere Höhle. Damit nicht genug — wieder ein Stück tiefer fand ich ein System von vier miteinander verbundenen Höhlen, dem ich bis in eine Tiefe von 65 Metern folgte. Immer noch war kein Ende der senkrecht ins finstere Wasser führenden Riffwand auszumachen. In dem immer schwächer werdenden Licht, das schon alle Farben bis auf Blau verloren hatte, konnte man noch ein Stück des Abhangs hinunter sehen, bis er sich im Schwarz verlor.
Das Riff war aber nicht nur eine wahre Sehenswürdigkeit, sondern auch ein prächtiges Jagdrevier. Mit den vielen Fischen um uns herum, konnte ich natürlich wählerisch sein. Zackenbarsche sind allgegenwärtig und haben den Vorteil, daß sie ein stehendes Ziel bieten. Wenn ich es mir aussuchen kann, hole ich mir aber lieber eine Bernstein-Makrele. Diese Fische sind zwar recht flott unterwegs, bei einem erfolgreichen Harpunenschuß wird man aber mit einer hohen Fleischausbeute im Vergleich zur Körperlänge belohnt, der Geschmack der Makrelen ist deutlich feiner als jener der Barsche, und sie sind auch leichter zu filetieren.
Mit dem gesicherten Abendessen segelten wir nach unseren Tauchgängen wieder zurück zur Insel. Die Nachmittage vertrieben wir uns mit Landspaziergängen, trieben uns am Strand herum, erfrischten uns mit Trinkkokosnüssen wie in kit-

schigen Tropenfilmen und suchten im seichten Wasser nach Schnecken. Auch hier wimmelte es von Korallenfischchen, die im vollen Sonnenlicht ein wahres Farbenfeuerwerk versprühten.
Bei einer dieser Exkursionen machten wir eine sonderbare Entdeckung. Nicht weit vom Strand, auf einer Lichtung zwischen den Kokosbäumen, war ein Grabstein in den Boden gepflanzt. Er trug die Aufschrift „Mr. Dick". Das Grab war nach islamischem Brauch eingezäunt, teilweise überdacht und mit einer Menge weißer Fähnchen aufgeputzt. Mr. Dick war offensichtlich ein streng gläubiger Moslem gewesen, denn diese aufwendige Art der Bestattung wird meines Wissens nur Mekka-Pilgern zuteil. Das Grab sah recht gepflegt aus, was auf dieser selten besuchten Insel doch erstaunlich war. (Noch erstaunter waren wir, als wir einige Wochen später ein zweites Mal nach Foteo kamen, die Grabstelle aufsuchten und keine Spur mehr vom Grabstein fanden).
Es waren also ruhige Tage in einer angenehmen Gegend. Wir durchstreiften die Malediven und besuchten alle paar Wochen Male, um Vorräte zu ergänzen oder dieses oder jenes einzukaufen. Irgendwann reparierte ich auch die defekte Ruderanlage. Die maßgearbeiteten Niro-Bolzen hatte ich mir aus Wien schicken lassen, eine kleine Hinterhof-Werkstätte in Male war imstande, die Schweißarbeiten durchzuführen. Von den Versorgungsmöglichkeiten waren wir recht angetan. Die Information eines französischen Skippers, der uns erzählt hatte, in Male könnte man so gut wie nichts einkaufen, stellte sich als reiner Quatsch heraus. Gerti, mit ihrem Talent im Auffinden von günstigen Einkaufsmöglichkeiten, hatte bald in den Nebengassen die für uns wichtigen Geschäfte aufgestöbert. Mehl, Butter, Käse, Eier, Gemüse, gefrorene Hühner, gefrorenes Rind- und Schaffleisch — abgesehen von Schweinefleisch und alkoholischen Getränken war praktisch alles da.
Auch gutes Trinkwasser war verfügbar, wenn auch nach umständlicher Transportprozedur. Der Brunnen lag einen guten Kilometer vom Pier entfernt neben der Hauptmoschee, pikanterweise auch unmittelbar neben dem Friedhof. Etwas skeptisch untersuchte ich die Wasserqualität. Aber das Wasser war frisch und klar — Sand dürfte doch ein recht effektiver Filter sein. Mit dem Dinghy brachte ich sämtliche an Bord verfügbaren Behälter an Land und engagierte dort einen Mann samt Handkarren. Nachdem ich ihm seine erste, unverschämte Honorarforderung ausgeredet und einen vernünftigen Preis ausgemacht hatte, trollten wir uns zur Moschee, füllten die Behälter, karrten sie zum Dinghy, und ich beförderte die Ladung von 240 Litern Frischwasser aufs Boot. Das wiederholte sich noch zweimal, wobei mein Wasserkarrenfahrer mächtig stöhnte. Vor der

letzten Fahrt versuchte er noch, seine Gage in die Höhe zu treiben — wir hätten soundsoviele Dollars ausgemacht und nicht Rupien. Ich war bezüglich dieser Geschäftspraktiken schon einigermaßen geübt, ließ ihn reden, gab nur ein paar zustimmende Grunzlaute von mir. Als dann die letzte Wasserladung am Dhingy verstaut war, drückte ich ihm eine Handvoll zerknüllter Geldscheine in Höhe des ursprünglich ausgemachten Lohnes in die Hand und stieß ab. Bis er das Geld sortiert und gezählt hatte, war ich längst außer Griffweite.
Auch die Winde machen die Malediven zu einem ausgezeichneten Segelrevier (abgesehen natürlich von der Zeit des Süd-West Monsuns, wo man sich hier sowieso nur so kurz wie möglich aufhalten sollte). Warum trotzdem nur wenige von jenen Yachten, die Jahr für Jahr ihre weißen Schaumstreifen über den Indischen Ozean ziehen, auf den Malediven bleiben, hat seine Gründe in der schon erwähnten rechtlichen Unsicherheit. Wenn was passiert, hat man die Behörden eher gegen sich als auf seiner Seite.
In diesen Monaten auf den Malediven hatte ich auch mehrmals „zahlende Gäste" an Bord. Neben der Schreiberei und dem Schneckengeschäft ist das fallweise Verchartern meine dritte Einnahmsquelle. Spätestens seit meinem Schiffbruch vor Papua-Neuguinea ist mir ja klar, daß meine Art der „Freiheit" eine gewisse finanzielle Grundlage braucht. Getreu dem englischen Sprichwort: Don't put all your eggs in one basket, nutze ich verschiedene Verdienstmöglichkeiten. Funktioniert das eine nicht, bringt das andere Geld. Bis jetzt zumindest hat dieses System gut geklappt.
Schon beim Bau von TABOO III wurde auf fallweisen Charter Rücksicht genommen. Die Gäste haben ihre eigenen Kabinen und benützen ihre eigene Toilette und Dusche. Wenn sie wollen, können sie sich völlig von Gerti und mir separieren (umgekehrt können auch wir uns Ruhe vor allzu aktiven Mitreisenden verschaffen). Trotzdem betreibe ich das Chartergeschäft sehr zurückhaltend. Erstens rekrutieren sich die Gäste ausschließlich aus meinem Freundes- und Bekanntenkreis, weil ich mir die Mühe und Ungewißheit mit Fremden nicht antun will. Zweitens sind es ausschließlich Taucher, was den Charter auf wenige Fahrtgebiete beschränkt. Allein auf das Verchartern würde ich meinen Lebensstandard nicht aufbauen wollen.
Es existieren diesbezüglich ja recht naive Ideen. Da werden in jahrelanger Arbeit und unter Investition der letzten Groschen mächtige Yachten gebaut, und die künftigen Skipper sehen sich schon im Chartergeschäft das große Geld machen; meistens haben sie als Revier die Karibik im Auge. Weil sie mit diesen Plänen aber nicht die einzigen sind, gibt's einen ordentlichen Konkurrenzkampf — und

das auf einem Markt, der kleiner ist, als man sichs vorstellt. Neulinge, die von dem Geschäft nichts verstehen, haben da praktisch keine Chance. Dazu kommen noch diverse gesetzliche Bestimmungen, die in der Euphorie gern unbeachtet bleiben und dann die schönsten Ideen ruinieren. Doch zurück nach Male.
Bei unserem Besuch auf Embudu lernten wir Alfred, den Skipper der deutschen Charteryacht MONSUN, kennen. Er hatte hier sein Schiff liegen. An nur einem Anker; der zweite (aus Gußeisen) war irgendwo im Ari-Atoll zu Bruch gegangen. Jetzt ging er gemeinsam mit seiner Freundin auf Heimaturlaub. Die MONSUN ließ er in der Obhut eines Schweizer Tauchlehrers namens Robert. In zwei Wochen wollte Alfred wieder zurück sein. Mir war die Angelegenheit suspekt. Es war Ende April, der Nordost-Monsun war schon merklich schwächer geworden, es war schwüler und wärmer, kurz: die Wetterlage war nicht nach Heimaturlaub und einem einzigen Anker. Jeden Tag konnten die ersten südwestlichen Stürme die Malediven erreichen.
Es kam, wie es kommen mußte: Aus dem für zwei Wochen geplanten Heimaturlaub wurden sechs Wochen, und als Alfred wieder auf den Malediven war, lag sein Schiff am Hausriff von Embudu. Am 13. Mai 1983 war der schwerste Gewittersturm seit Menschengedenken über die Malediven gefegt. Die Ankerkette riß, Robert konnte den Motor nicht starten, und als er mit seinem Repertoire am Ende war, hechtete er über die Seite und schwamm in Sicherheit. Die MONSUN trieb auf's Riff und sank innerhalb einer Stunde.
Drei Wochen zuvor hatten wir die Malediven verlassen. Nicht ohne ein Andenken an die gewissenhaften Behörden mitzunehmen. Die Polizei ließ uns zwar in Ruhe — ich bekam sogar meine Gaspistole wieder —, aber die Gesundheitsbehörde hatte offensichtlich ein starkes Bedürfnis für einen Abschiedsauftritt. Man bestand auf einer Cholera-Impfung! Jetzt, unmittelbar vor der Abreise. Ob wir eine Krankheit auf die Malediven schleppten, war den Behörden offensichtlich Wurscht, wichtig war, daß wir keine mitnahmen! Nachdem ohne Cholera-Impfung kein Ausreisestempel zu kriegen war, fügten wir uns ins Unvermeidliche. In der schmuddeligen Ordination des Amtsarztes erwartete uns eine halbvolle Spritze. Gerti und ich wurden mit der gleichen Nadel geimpft. Danach war immer noch genug Impfstoff für die nächsten Kunden im Kolben. Dank unseres gesunden Lebenswandels sind wir ja Gott sei Dank recht widerstandsfähig, und so überstanden wir auch diese Behandlung ohne Folgen.

Kurs auf's Kap SÜDAFRIKA

Chagos, St. Brandon, Mauritius, Südafrika, so sollte — grob skizziert — unsere nächste Etappe aussehen. Den Indischen Ozean hinunter. Nicht zu eilig, mit längeren Stopps,wo es uns gefiel. Wenn man nicht weiß, wo Chagos oder St. Brandon liegen, so ist das kein besonderer Bildungsfehler. Die Chagos-Inseln liegen ziemlich zentral im Indischen Ozean, St. Brandon gut 1000 Meilen weiter im Süden, beide Inselgruppen sind also dort, wo auf groben Weltkarten nichts als blaues Wasser eingezeichnet ist.

Die Reise ließ sich bequem an. Es blies mit vier Beaufort aus Nordwest. Gerti nutzte die Ruhe und buk Brot und Kuchen. Am Nachmittag war reger Betrieb an der Schleppangel. Kurz hintereinander bissen drei Bonitos und ein winziger Sailfish. Der Sailfish war gerade recht fürs Abendessen, die Bonitos wurden filetiert und in Gläsern eingekocht. Gerti hatte praktisch durchgehend Küchenschicht.

Am Abend war's aus mit der Häuslichkeit. Ein Gewittersturm mit heftigen Böen zog auf, und das war gar nicht gemütlich, weil wir uns zwischen Atollen befanden. Die Lage war heikel, präzise Navigation angebracht, und brechen durfte sowieso nichts. Schon zwei Stunden nach Mitternacht war der Zauber wieder vorbei. Wir lagen vollkommen bekalmed am offenen Wasser, bis um vier Uhr Morgens wieder die Brise aus Nordwest ansprang. Nächster Tag, selbes Programm. Anfangs gutes Wetter, abends Gewittersturm. Diesmal verzog er sich erst mit der aufgehenden Sonne. Ich war froh, als wir den Ariyaddu-Kanal hinter uns hatten. Wir segelten östlich des Suvadiva-Atolls gegen Süden und hatten 60 Meilen später die Gewässer der Malediven verlassen.

Das Wetter stabilisierte sich. Jetzt hatten wir auch unter Tags Gewitterstürme. Bei Gelegenheit flogen drei Ösen aus dem Vorliek des Groß. Solche Schäden waren nicht neu; ich hatte alles Material und Werkzeug für die Reparatur an Bord. Zu den Gewitterstürmen gesellte sich nun auch die „equatorial counter current", der Gegenstrom des Äquators. Über Nacht versetzte er uns 50 Meilen nach Osten, wonach ich heftige Ambitionen entwickelte, diesen Strom so schnell wie möglich wieder zu verlassen. Gerade jetzt war Schluß mit dem Starkwind. Wir hatten eine Position knapp oberhalb der Zone des Süd-Ost-Passats erreicht und dementsprechend wechselnde Winde, unterbrochen von Flauten und anhaltenden Regengüssen. Trotz aller Mühe schaffte ich an diesem Tag nicht mehr als 82 gesegelte Meilen. Noch deprimierender war freilich die Tatsache, daß die Mittagsposition nur 20 Meilen von der vorherigen entfernt lag.

Fast eine Woche lang kämpften wir uns in diesem Schneckentempo nach Süden, bis wir eines Nachmittags endlich das Salomon-Atoll sichteten, das wir als ersten Ankerplatz eingeplant hatten. Da wir den seichten Paß vor Einbrechen der Dunkelheit nicht mehr erreichen konnten, drehten wir kurzerhand ab und segelten nach Westen, wo in einer Entfernung von 20 Meilen das Peros-Banhos-Atoll liegt.

Seit Mittag waren wir mit der Verarbeitung eines 50-Kilogramm-Thuns beschäftigt. Es hatte einen hochklassigen Kampf an der Schleppangel gegeben, der vor den Augen geeichter Sportfischer Gefallen gefunden hätte. Nur am Ende mußte ich ein wenig unwaidmännisch werden. In Ermangelung eines Gaffes schoß ich den Fisch mit der Harpune in den Kopf, um ihn auch sicher an Bord zu kriegen. Ein kleinerer Thun hätte es für unseren Haushalt natürlich auch getan, aber als Fischer muß man nehmen, was kommt.

Auch dieser Riese war restlos zu verwerten. Wir nahmen ein Stück für's Abendessen, ansonsten wurde sämtliches Fleisch eingekocht. Am Ende waren es 28 zum Teil recht große Gläser — Proviant für fischarme Gewässer. Das Gerippe wurde extra ausgekocht, das abgelöste Fleisch in kleine Portionen geteilt und als Katzenfutter eingefroren.

Irgendwann zwischen dem 20. und dem 25. Glas tauchte Peros Banhos im Mondlicht auf. Die Brise war leicht, wir machten nur geringe Fahrt. Im Lee der Insel drehten wir bei und hielten Wache bis zum Morgen. Das Atoll hatte mehrere tiefe Einfahrten. Wir wählten Ile Diamante und warfen Anker auf einem sandigen Fleck und sechs Meter Tiefe. Mit einer Schale Tee in der Hand, die Beine gemütlich hoch gelagert, saßen wir im Cockpit und genossen die Aussicht dieses freundlichen Morgens. Die Palmen von Ile Diamante neigten sich schräg über den weißen Strand zu uns heraus. Nach Westen und Süden erstreckten sich

Ketten kleiner Inseln, die wie Wassertropfen auf einer Glasplatte saßen und im Dunst an Kontur verloren.
Nach einem späten Frühstück unternahmen wir einen Landausflug. Die Insel war zwar von einem Korallenriff umgeben, aber per Beiboot leicht über eine tiefe Einfahrt zu erreichen. Bald zogen wir unsere Spuren in den jungfräulichen Sand. Ile Diamante und das gesamte Peros Banhos-Atoll waren unbewohnt, und dadurch gewinnt so ein Platz für mich ungeheuer an Attraktivität. Mit dieser Freude am Entdecken unbewohnter Inseln stehe ich ja gewiß nicht allein da. Wer von uns träumt nicht davon, von einem Tropeninselchen vorübergehend Besitz zu ergreifen, von einem Leben wie Robinson, von warmem Sand, Palmenschatten, frischen Kokosnüssen und einem Badetag zwischen leuchtenden Korallenfischen. Es gibt noch Abertausende solcher unbewohnter Perlen in unseren Ozeanen, denen ein Besuch nichts ausmacht — man muß nur über ein geeignetes Transportmittel verfügen.
Unsere Einsamkeit auf Ile Diamante war allerdings nicht gottgegeben, sondern politisch bedingt. Das Atoll war früher bewohnt gewesen und mit Kokosplantagen bewirtschaftet worden. Am 27. Mai 1973 verpachtete dann der britische Verwalter Diego Garcia das südlichste Atoll des Archipels an die USA, die hier einen Marinestützpunkt eröffneten und sämtliche Bewohner nach Mauritius verfrachteten.
Die Kokosplantagen von einst konnte man noch erkennen, wenn sie auch gewaltig verwildert waren. Wir schlürften den Saft einiger Trinknüsse, wanderten geruhsam den Strand entlang, kühlten uns im Wasser ab und dösten im Schatten der Palmen, als sich die durchwachte Nacht bemerkbar machte.
In den nächsten Tagen kompensierten wir den Streß aller eingespannten Landmenschen durch ausgedehntes Nichtstun. Als gröbste Aktivität setzten wir die Erkundung der Nachbarinsel, die bei Niedrigwasser durch einen kleinen Marsch über den Riffgürtel erreichbar war.
Eines Morgens vertrieb uns dann böiger Wind. Elf Meilen weiter fanden wir Schutz hinter Ile du Coin. Dort war ursprünglich die Verwaltung der Plantagen gewesen. Verfallende Häuschen und Lagerschuppen kämpften eine aussichtslose Schlacht gegen die alles überwuchernde Vegetation. Wir streunten zwischen den Gebäuden herum und fanden im Freien eine Duschanlage mit intakter Wassersammelvorrichtung. Der Tank war fast voll und die Brause funktionierte tadellos — Paradies mit einem Schuß Komfort.
In der Lagune verabreichte ich Gerti einen Kurs im Gerätetauchen, und einen Tag später sammelten wir gemeinsam in 25 m Tiefe Schnecken.

Abends gingen wir mit der Taschenlampe über's Riff. Im knietiefen Wasser scheuchten wir einen ausgewachsenen Hai auf und entdeckten jede Menge Langusten, die wir allerdings unbehelligt ließen. – Das überreichliche Langusten-Angebot in Thailand zeigte seine Nachwirkungen.

Aus dem Zwischenstopp auf dem Chagos Archipel wurden drei Wochen. Wir erkundeten mehr als zwanzig Inseln und verlegten uns je nach den Windverhältnissen. Irgendwann setzten wir auf's Salomon-Atoll über. Gerti steuerte TABOO III durch die Einfahrt, während ich ihr von der Saling aus die Korallenköpfe ansagte. Dort, wo auf der Karte Gebäude eingezeichnet waren, fanden wir überraschend eine Gruppe von Yachten vor Anker liegen, denen wir gleich am nächsten Morgen einen Besuch abstatteten. Wir trafen mit der Crew der australischen FLODASH alte Bekannte, die wir zuletzt in Tioman, vor der malaiischen Ostküste, gesehen hatten. Beim Rest handelte es sich um französische und tunesische Yachten, deren Crews offensichtlich eine Art Nacktkulturklub gebildet hatten, in den verfallenen Gebäuden lebten und eine Menge Lärm entwickelten. Nachdem überdies der Ankerplatz bei Hochwasser einem gewissen Schwell ausgesetzt war, verdrückten wir uns bald auf einen schöneren Platz.

Bei einem meiner Tauchgänge am Außenriff ergab sich eine Haifütterung á la Hans Hein. Ich hatte gerade eine Bernstein-Makrele geschossen, als praktisch aus dem Nichts ein Drei-Meter-Hai heranwischte und mir den Fisch von der Harpune schnappte. Im Nu waren weitere Haie zur Stelle und zeigten reges Interesse an der Situation. 25 Meter tief und mitten im freien Wasser kam ich mir recht hilflos vor. Selten zuvor hatte ich ein derart flaues Gefühl im Magen. Vorsichtig ließ ich mich zu dem schräg unter mir liegenden Riffhang gleiten und wartete dort auf eine Beruhigung der Lage. Sobald sich die Haie normalisiert und in der Umgebung verteilt hatten, schlich ich mich nach oben zum Beiboot und war froh, als ich beide Beine im Trockenen hatte. Harpunieren war in dieser Gegend vorerst gestrichen.

Bald hatten wir auch genug vom Salomon-Atoll. Die Ankerplätze rund um Peros Banhos waren hübscher gewesen. Es gab keine Steigerung mehr. Also ab zum nächsten Zielpunkt, nach St. Brandon. Dies ist ein kleines Riffgebilde, etwa tausend Meilen südwestlich vom Salomon-Atoll. Auf manchen Karten heißt es auch Cargados-Carajos. Das Riff hat die Form einer nach Westen offenen Sichel und mißt ganze 25 Meilen von Spitze zu Spitze. Auf dem Riff haben sich ein paar Inselchen und Sandbänke gebildet.

Eine Distanz von tausend Meilen, also von 1865 Kilometern, klingt viel für ein Fahrzeug, das unter guten Umständen eine Geschwindigkeit von 20 km/h läuft.

Gott sei Dank kann man die Seefahrt nicht mit dem Landverkehr vergleichen. Normalerweise braucht man ja kaum was zu tun. Ein Trip über den Atlantik zum Beispiel (das sind rund 2300 Meilen) kann bei stetem Passat die erholsamste Sache der Welt sein. Man stellt die Segel ein, holt sich den Liegestuhl an Deck und liest ein paar Bücher. Dazwischen macht man sich mit dem Sextanten wichtig oder — noch bequemer — drückt zweimal am Tag aufs Knöpfchen des Satelliten-Navigators. Wenn man dann noch die Nächte durchpennt, steigt man am andern Ende braungebrannt und erholt vom Schiff. Natürlich darf man diese Schilderung nicht für die einzigmögliche Variante ansehen, sie ist eher eine Wunschvorstellung. Selbstverständlich gibt es auch Atlantik-Überquerungen, die eine reine Schufterei sind. Es kommt natürlich sehr auf's Schiff und die Besatzung an, ob das Schiff viel rollt oder gar nicht und ob zumindest die Nacht hindurch regelmäßig Wachen geschoben werden. Bei einer zweiköpfigen Crew wirkt sich allein der ständig unterbrochene Schlaf sehr ermüdend aus. Aber wie gesagt: bei gutem Wetter sind tausend Meilen ein Katzensprung.
Bei unserer Fahrt vom Salomon-Atoll nach St. Brandon hatten wir gutes Wetter. Wie sich's für die Jahreszeit gehörte, blies der Süd-Ost-Passat kräftig und verhalf uns zu Etmalen von mehr als 200 Meilen. Als ich am Mittag des zweiten Tages gerade ein Etmal von 218 Meilen ausgerechnet hatte, bemerkte ich, daß wir plötzlich merklich höher am Wind liefen. Die Ursache war schnell gefunden. Es lag wieder an der Ruderanlage. Nachdem ich schon mit der Ruderanlage von TABOO I meine Probleme gehabt hatte, war nun das Ruder auf der Steuerbordseite glatt abgebrochen, und zwar dort, wo es aus dem Ruderkopf herausragte. Zwar stimmt es wohl, daß die Ruder von Katamaranen mehr beansprucht werden als die von Einrumpfbooten, aber diese Häufung von Defekten war mir unverständlich.
Bei nächster Gelegenheit verstärkte ich beide Ruderblätter, die nun offensichtlich das schwächste Glied der Ruderanlage waren. Für den Moment blieb freilich nicht mehr zu tun, als das Großsegel zu bergen, um das Schiff vom Segeltrimm so zu balancieren, daß es mit minimaler Belastung des verbliebenen Ruders auf unserem Raumschotkurs blieb. Außerdem zog ich das Ruder noch ein wenig hoch, um den Querkräften einen möglichst kurzen Hebelarm zu bieten. Nach und nach legte der Wind zu, bis wir schließlich sechs Windstärken und beachtliche Seen hatten. Am sechsten Reisetag war am Horizont der erste Zipfel von St. Brandon zu sehen. Natürlich war es gerade Nachmittag und zu spät, als daß wir noch vor Einbruch der Dunkelheit einen Ankerplatz erreichen hätten können. Wir verkleinerten also die Segelfläche und vertrödelten die Nacht mit

langsamer Fahrt. Auf einen Landfall in der Nacht konnte ich verzichten. Das Riff fällt steil ins Wasser ab, ist voll dem Wind und der Strömung ausgesetzt und hat am nördlichen Ende kein Leuchtfeuer (selbst wenn es eines gehabt kätte, wäre kein Verlaß drauf gewesen).

Am nächsten Morgen drückten wir uns um eine sandige Insel herum hinters Riff, an dem sich eine mörderische See brach. Wir ankerten vor Ile Raphael, die einen bewohnten Eindruck machte.

Tatsächlich hausten hier der Verwalter eines Fischereibetriebes und die Besatzung einer kleinen, staatlichen Wetterstation. Die Leute waren ungeheuer nett, kamen gleich zur Begrüßung mit einem Boot heraus und überhäuften uns mit Einladungen. Als wir dann an Land gingen, nahm uns gleich der Fischverwalter in Beschlag und führte uns in seine Kompetenzen ein. Am Ende wußte ich die Fangquoten jedes einzelnen Fischers der Umgebung und das Schicksal der größten, im letzten Jahrzehnt gefangenen Fische.

Kaum waren wir vom Oberfischer entlassen, übernahmen uns die Meteorologen und unterzogen uns einem Seminar in Wetterkunde. Wir ließen es ruhig mit uns geschehen. Die Leute waren ungeheuer glücklich über diesen unerwarteten Besuch, freuten sich über die neuen Gesichter auf ihrer Insel und waren, abgesehen von ihrem überzogenen Mitteilungsdrang, durchaus normal. Es dauerte auch nicht lange, bis sich der Redeschwall auf ein vernünftiges Maß reduziert hatte, und am Abend saßen wir gemütlich in der Wetterstation beisammen und aßen zur Feier des Tages das Feinste, was man auf der Insel bekommen kann: Schildkrötenfleisch.

Bevor wir zur nächsten Insel auf St. Brandon weiterhüpften, bedankten wir uns für diese Gastfreundschaft mit ausgewählten Geschenken. Der Fischverwalter, kein Verächter von Alkohol, freute sich über eine Flasche Rum; die Wetterfrösche, die keinen Schnaps anrührten, wurden mit ein paar Dosen scharfen Lammfleisches aus Malaysia beglückt. Die normale Diät auf der Insel war Fisch, Fisch und wieder Fisch. Schildkröten gab es nur alle heiligen Zeiten, und Lamm stand im Rang einer unüberbietbaren Delikatesse.

St. Brandon stellte sich als ganz gutes Revier fürs Schneckensuchen heraus. Aus der Literatur wußte ich, daß *Lambis violacea*, eine seltene Flügelschnecke, hier vorkommt. Prompt fanden wir auch einige Exemplare. In dem vergleichsweise kalten Wasser gab es auch *Conus scriptus*, eine rare Unterart der Textil-Kegelschnecke, und andere interessante Mollusken. Kurz: Als wir nach knapp einer Woche Richtung Mauritius absegelten, hatten wir unsere kleine Schnecken-Schatzkammer ganz schön aufgefüttert.

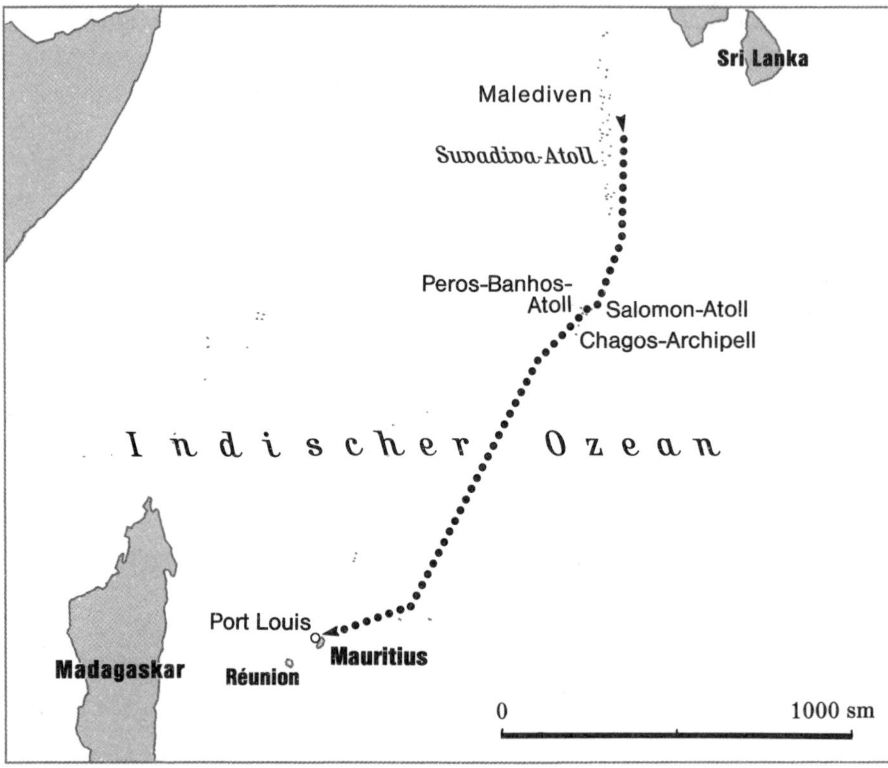

Ein Hoch über Mauritius hatte in den letzten Tagen den Passat kräftig angekurbelt, sodaß der Windmesser zeitweilig acht Beaufort anzeigte. Sobald die Windverhältnisse wieder halbwegs normal waren, liefen wir nach Port Louis aus. Dieses ist von St. Brandon rund 225 Meilen entfernt, eine Strecke, die wir uns bei den günstigen Windverhältnissen in 24 Stunden spielend zutrauten. Also liefen wir erst am Nachmittag aus.
Bei so viel Planung mußte natürlich was dazwischen kommen. Der kräftige Passat, der uns praktisch seit Wochen ohne Unterbrechung um die Ohren gepfiffen hatte, zeigte am halben Weg nach Mauritius Ermüdungserscheinungen und verfiel bis auf eine mäßige Brise. Es wurde wieder einmal später Nachmittag, als sich auf der Kimm Land abzeichnete. Nach den vielen flachen Atollen hoben sich die Berge von Mauritius gewaltig aus dem Meer empor. Wir genossen es, im Lee der Insel zu segeln, und ankerten kurz nach Einbruch der Dunkelheit drei Meilen nördlich von Port Louis.

Erst am nächsten Morgen tuckerten wir in den Hafen. Der freundliche Herr von der Grenzpolizei besah sich unsere Pässe und eröffnete die Amtshandlung mit einer außergewöhnlichen Frage: „Do you know archduke Rudolf of Austria?“ Da war ich einigermaßen sprachlos. Auch in der Folge drehte sich das Gespräch weniger um das Woher und Wohin und Wielang, sondern hauptsächlich um österreichische Geschichte. Bald war sonnenklar, das der mauritische Beamte von diesem Thema mehr Ahnung hatte als Gerti und ich zusammen.
Der Papierkram war rasch erledigt. Wir stürzten uns ins Treiben von Port Louis, kauften ein und segelten am nächsten Tag zwölf Meilen weiter zur Grand Bay im Norden der Insel, wo die meisten Yachten ankern.
Mauritius liegt direkt auf der Strecke jener Yachten, die den Indischen Ozean von Ost nach West oder von der Torres-Straße nach Südafrika überqueren. Vor dem kleinen Yachtclub in der geschützten Bucht lagen tatsächlich etwa zwanzig Yachten, alle auf weltweiter Tour. Die meisten kamen von Cocos-Keeling, der nächsten, nordwestlichen gelegenen Station auf der üblichen Durchzugsstraße. Viele Segler kannten einander von früheren gemeinsamen Stopps. Für uns waren es lauter neue Gesichter.
Unter anderem lernten wir die Tiroler Weltumsegler Ossi und Gerlinde Gasser kennen. Daß die beiden aus Tirol stammen, ist ja nichts Besonderes — es gibt mehr Österreicher auf großer Fahrt, als man glauben möchte. Bemerkenswert ist aber in jedem Fall Ossi. Er zählte bei unserem Treffen satte 70 Lenze und zeigte sich dabei als unglaubliches Energiebündel. Seine bedeutend jüngere Frau hatte ganz offensichtlich die fesselnde Aufgabe, ihren unternehmungslustigen Ossi auf ein gesundes Maß einzubremsen.
Das gesellschaftliche Klima in Grand Bay erwies sich als vortrefflich. Alle waren über weite Strecken gekommen, und so hatte eine gewisse Auslese stattgefunden. Möglich auch, daß der rauhe Trip über den Indischen Ozean eine läuternde Wirkung auf ungehobelte Yachtgenossen ausübt. Jedenfalls kam es während der Zeit unseres Aufenthalts zu keinerlei unangenehmen Zwischenfällen, wie sie an anderen Plätzen der Welt gang und gäbe sind.
Um nur ein paar Beispiele zu nennen: Da gibt es immer wieder Sportsfreunde, die ihr Schiff gerade so parken, daß es im Falle einer Wetteränderung zu Troubles kommen muß. Oder sie benehmen sich im Yachtclub wie die ersten Ozeanbezwinger, fallen jedermann auf die Nerven und ruinieren eventuell noch was von den Serviceeinrichtungen. Oder sie versauen den Liegeplatz. Es gibt da ein ganzes Sündenregister.
Grand Bay schien von dieser Spezies der ungeliebten Hochseesegler jedenfalls

verschont zu bleiben. Der Club war auch freundlich wie kaum ein anderer. Es gab keine Formalitäten, nicht einmal Gebühren. Jedermann durfte die Clubeinrichtungen kostenlos benützen, und das will was heißen, bei dem Durchzugsverkehr. Manche Yachten blieben monatelang hier, um den Sommer der südlichen Hemisphäre abzuwarten und bei guten Wetterbedingungen das Kap in Angriff zu nehmen.

Hier war also der geeignete Platz, die Ruderanlage in Schuß zu bringen. In Port Louis gab es gutes importiertes Holz, Polyester und Glasmatten. Mit Epoxyharz verleimte ich ein paar Schichten Holz, warf mich dann mit der Axt über den Rohling, um ihn auf Stromlinie zu bringen, und produzierte noch einen Haufen Hobelspäne, bis das Ruderblatt nach Kunsttischler-Arbeit roch. Dann wurde es mit dem verbliebenen Oberteil verschäftet, mit mehreren Lagen Glasmatten beschichtet, abgeschliffen, verkittet und bemalt. Wo das Ruderblatt in den Ruderkopf mündete, war ich besonders großzügig mit Glasmatten.

Wie sich herausgestellt hatte, war TABOO III mit nur einem Ruder fast genauso gut zu steuern wie mit zweien. Also baute ich das neue Ruderblatt 20 cm kürzer und verkürzte auch das verbliebene auf diese Länge. Damit hatten die Ruder den gleichen Tiefgang wie die Rümpfe und waren bei etwaigen Grundberührungen weniger gefährdet. Außerdem wurden sie nun bei rasanten Talfahrten weniger beansprucht, weil das Wasser nur mehr einen kurzen Hebel hatte.

Der Bau- und Umbau der Ruderblätter war eine Angelegenheit von acht Tagen. Am Ende hatte ich das gute Gefühl, etwas Nützliches getan zu haben.

In Grand Bay lernten wir auch die südafrikanische Familie Borel-Saladin auf ihrer Camper Nicholson 55 kennen. Louis Borel-Saladin, etwa in meinem Alter, seine Frau und beiden Söhne (16 und 14 Jahre alt) sind ein sehr schönes Beispiel dafür, wie schnell man sich einen Wunsch erfüllen kann, wenn man nur das nötige Format und die entsprechende Entschlußkraft hat. Louis war im Alter von neun Jahren von der Schweiz nach Südafrika gekommen, hatte später seinem Vater die Farm abgekauft und den Betrieb mit dem Anbau von Tabak und Wein hochgewirtschaftet. Bei allem kommerziellen Erfolg hatte er doch ein gestörtes Verhältnis zur Bürokratie. Schließlich wurde der Wunsch übermächtig, aus diesem allzugeregelten Leben zumindest für eine gewisse Zeitspanne auszubrechen. Eine Yacht schien ihm dafür die richtige Sache zu sein. Vom Segeln hatte er zwar keine Ahnung, aber das ließ sich ja lernen. Seine Söhne waren natürlich sofort dabei, Margret, seine Frau, ließ sich überreden. Kurz entschlossen kauften sie die Nicholson, Baujahr 1975, und gingen mit einem professionellen Skipper nebst Acht-Mann-Crew segeln. Als die Truppe bei der fünften Lektion plötzlich nicht

auftauchte, ließen sich die Borels dadurch nicht abhalten und unternahmen einen Alleinflug. Natürlich wurden sie anschließend von den Yachtleuten ordentlich gescholten: So etwas gehört sich nicht, und außerdem braucht ein so großes Boot eine Crew von mindestens acht Mann!
Es sollte noch unkonventioneller kommen. Während einer Einkaufstour für die Farm kaufte Louis gleich ein paar Kisten Lebensmittel mehr, verfrachtete sie auf die Yacht, und am letzten Schultag (es war Ende Mai) segelten die vier von Simonstadt Richtung Durban ab. Das sind immerhin knapp 800 Meilen. Louis verfügte noch aus seinen Sportfliegertagen über Navigationskenntnisse, sodaß es diesbezüglich keine Probleme gab. Es war eine recht rauhe Fahrt. Margaret erlebte die milderen Formen der Seekrankheit, aber sonst klappte alles wie am Schnürchen. Louis malte sich einigermaßen enthusiastisch den Kurs nach Reunion in die Karte und legte ab. Reunion ist die Nachbarinsel von Mauritius, also nicht weniger als 1600 Seemeilen von Durban entfernt.
Die 13-tägige Fahrt wurde kein Honiglecken: Stürme, wilde See, Regen — es wurde den Borels also alles geboten, was einem frischgefangenen Segler den Yachtsport schnell wieder vermiesen kann. Aber die drei Männer waren okay, nur Margaret krümmte sich unter Deck in heftigster Seekrankheit. Als sie dann von Reunion ihre Mutter in Südafrika anrief, brachte sie auf die Frage, wie es ihr geht, nur ein unartikuliertes Geheul hervor. Auf der Überfahrt nach Mauritius ging es dann schon besser.
Wir rieten Louis und seinem Anhang zu einem Abstecher in die Tropen. Bis jetzt kannten sie ja kaum mehr als die Küste Südafrikas, und die ist beileibe kein freundliches Segelrevier.
Wie mir Louis später in einem Brief erzählte, segelten sie nach unserem Zusammentreffen auf die Komoren und waren von dem Trip restlos begeistert.
Zurück in Südafrika belegte er dann einen Segelkurs, um sich auf die Segelprüfung vorzubereiten. Wenn er an seiner Küste auf und ab segeln will, braucht er unbedingt einen Führerschein.
Alles in allem verlief das Abenteuer der Borels also sehr erfreulich.
Eine andere Bekanntschaft, die wir in diesen Tagen auf Mauritius schlossen, setzte sich mit weniger erfreulichen Nachrichten fort. Sie betrafen Walter Lorberg und Erika Kampmann, ein deutsches Paar, das auf ihrer zwanzig Jahre alten Stahlslup WABRIMOPE unterwegs war. Die kleine Yacht war trotz ihres Alters tadellos in Schuß. Wir lernten Walter und Erika ebenfalls in Grand Bay kennen und trafen sie dann überraschend wieder in der Black River Bay, einem weiteren vorzüglichen Ankerplatz an der Westküste von Mauritius. Die beiden hatten

schon ausklariert und waren einige Stunden in Richtung Durban unterwegs gewesen, als sie zufällig bemerkten, daß im Papierkram der „Clearance"-Schein fehlte. Die Sache war ärgerlich. Walter und Erika halten was auf Ordnung, riefen über Funk den Zoll und holten sich die Erlaubnis, in die Black River Bay einzulaufen. Die WABRIMOPE ankerte in dieser Nacht neben uns. Walter fuhr am nächsten Morgen in die Stadt, besorgte sich den Clearance-Wisch und kehrte erst am Nachmittag zurück. Also noch eine Nacht in Black River Bay, erst mit zwei Tagen Verspätung ab Richtung Durban.

Das wäre alles unwichtig, hätte die Sache nicht ein Nachspiel gehabt. Ein paar Monate später erhielten wir von Walter folgenden Brief:

„*... Uns hat's erwischt! Während der ganzen Fahrt haben wir darüber gesprochen, daß uns die beiden Tage, die wir durch die blöde Customs-Clearing verloren haben, noch abgehen könnten. Als wir nur noch 80 sm von Durban entfernt waren, fing es auch prompt zu blasen an. Aus Südwest, und wir standen in Nordost! Es wehte mit 40-45 Knoten (Beaufort 9), immer gegen den Agulhasstrom. Zwanzig Stunden lagen wir beigedreht. Wir hatten alles schön zugemacht und lagen bequem in unseren Kojen, als wir so etwas wie einen riesigen Güterzug ankommen hörten. Der Anprall war so hart, daß ich von meiner Koje auf der Steuerbordseite an die Decke der Backbordseite geschleudert wurde, begleitet von sämtlichen Konserven, die unter meiner Koje gestaut waren. Die Dosen schlugen hübsche Dellen in die Decke, mit meinem Kopf demolierte ich die Lampe. Erika ging es ein wenig besser. Nachdem sie auf Backbord lag, konnte sie nicht so weit fliegen. Als wir noch da oben hingen, drehte sich unser Schiff ganz langsam und blieb dann eine Weile kopfüber liegen. Der Mast muß ungefähr 150° nach unten gezeigt haben. Dann richtete sich unsere gute Dicke allmählich wieder auf. Wir knallten auf den Boden und fanden uns in einem hübschen Gemisch aus öligem Bilgewasser, Petroleum, Wein, Milch und Glasscherben wieder. Ich arbeitete mich an Deck und besah mir den wesentlicheren Schaden. Der Mast hing krumm wie ein Flitzbogen zwischen den Wanten. Aus dem Cockpit war alles verschwunden. Wir konnten nur mehr mit kleinen Segeln vor dem Wind laufen und haben uns dann, als wir dicht vor der Richards Bay standen, von der dortigen Rescue einschleppen lassen. Merkwürdigerweise funktionierte die Antenne der Funkanlage noch. Dem Einklarierungsbeamten haben wir dann mit Stolz unseren Clearance-Schein überreicht. Aber dieser Kerl schiebt das Papier einfach beiseite und sagt: 'We don't care about this paper!'. Wir bleiben erst einmal hier und lecken unsere Wunden ...*"

Als wir wenige Wochen nach diesem letzten Zusammentreffen mit Walter und Erika selbst ausklarierten, wußten wir natürlich noch nichts von diesem Zwi-

schenfall. Trotzdem gab ich gut acht, daß wir alle Papiere ausgehändigt erhielten.
Es war schon Hurrikan-Saison im südlichen Indischen Ozean,also keine Zeit zu verlieren. Nach dem Amtskram in Port Louis ankerten wir für eine letzte Nacht in der Black River Bay und bemerkten dabei zufällig, daß der nächste Tag ein 13. sein würde. Also kein Tag zum Auslaufen. Am 14. November 1982 machten wir uns endgültig auf die Socken nach Südafrika. Die Route von Mauritius nach Südafrika liegt außerhalb der Passatzone. Dementsprechend muß man mit wechselnden Winden und eventuell Sturm rechnen. Genauso war es dann auch. Zuerst leichte Winde, dann Regen, dann Flaute, dann günstige Winde, und am fünften Tag begann das Barometer urplötzlich zu fallen.
Im Südwesten war gleich weißes Wasser, das rasch näher kam. Also vor den Wind und weg mit den Segeln. Es blies mit acht Windstärken, manchmal mit neun, fallweise zeigte der Windmesser auch Zehner-Böen. Wir lagen die Nacht über vor Topp und Takel (also ohne Segel). TABOO III stellte sich dabei wie die meisten Schiffe quer zum Wind, und die Bewegungen waren durchaus nicht unangenehm; die See hatte sich ja noch nicht voll aufgebaut. Als wir dann nachts in rauher See lagen, hatte dafür der Wind schon auf stete acht nachgelassen. Es wäre sogar möglich gewesen weiterzufahren. Wir hätten damit jedoch höchstens ein paar Stunden gewinnen können, aber ein Segel riskiert. Sinnlos also, gegenan zu bolzen.
Bei Tagesanbruch sah die Lage schon sehr viel besser aus. In einer frischen südlichen Brise setzten wir Segel und waren zwei Tage später vor der Küste Südafrikas. Wir hatten zwar nach Port Elizabeth ausklariert, aber das hieß noch längst nicht, daß wir auch dorthin mußten. Port Elizabeth war so gut oder schlecht wie jeder andere Hafen. (Ich lasse mir ja aus Prinzip keine Post zu irgendwelchen Häfen schicken, die wir nur als Transit anlaufen wollen. Der Hafen wird damit zum Pflichttermin, und wenn man Pech hat, wartet man wochenlang, während man schon lange weitersegeln könnte.)
Port Elizabeth war ziemlich genau dort, wo der Wind her kam. Durban war 35 Meilen im Nordwesten. Also gingen wir auf Raumschotkurs und waren drei Stunden später dort.
Gleich beim Einlaufen sahen wir, daß auch die WINDWARD wohlbehalten eingetroffen war. Ossi und Gerlinde ging es prächtig, lediglich ihr Bullterrier war ein wenig lädiert. Er hatte hier in Durban seinen ersten Landgang seit längerer Zeit und konnte sich jetzt vor lauter Muskelkater kaum bewegen.
Auch sonst war eine Menge los. Vierzig bis fünfzig Yachten lagen um uns her-

um. Mir war ein wenig wehmütig zumute: Als ich vor 15 Jahren hier vorbeigekommen war, waren vielleicht sechs oder acht andere ausländische Yachten im Hafen gelegen.
Die gewaltige Zunahme des Yachtings brachte aber auch Vorteile. Hatten wir damals noch herumgerätselt, welche wohl die beste Taktik für die Umrundung des Kaps wäre, so gab es jetzt ein eindeutiges Prinzip, das „stay inshore" hieß — also: nur nicht weg von der Küste.
Das ist auch wissenschaftlich fundiert. Viel gefährlicher als der Wind kann die See werden. Die starken südwestlichen Winde blasen gegen die Richtung des Agulhasstromes, dabei können sich abnormal hohe Wellen aufbauen. Dramatisch kann das außerhalb der 200-Meter-Tiefenlinie werden, wo der Strom am stärksten nach Süden setzt.
Die 200-Meter-Linie ist etwa in einer Entfernung von zehn Meilen vor der Küste, und genau dort segelt man nach letzten Erkenntnissen am besten Richtung Kap. Man nützt dabei noch den Schub des Stromes aus, ist im Notfall aber bald in seichterem Wasser, wo keine extremen Seen zu erwarten sind. Das Risiko, auf Legerwall zu geraten, ist recht gering. Es bläst höchstens in einem ganz schrägen Winkel auflandig.
Inzwischen steht auch fest, daß von Januar bis März die beste Zeit für eine Segelpartie an dieser exponierten Küste ist.
Solange wollten wir allerdings nicht warten. Am 4. Dezember liefen wir nach Kapstadt aus. Ich hatte dort bei meiner Reise mit TABOO eine gute Zeit gehabt und wollte die Stadt unbedingt Gerti zu Füßen legen. Im Endeffekt war Kapstadt dann so ziemlich der einzige wesentliche Hafen, den wir während unserer Zeit in südafrikanischen Gewässern nicht anliefen — soviel zum Thema Planung.
Die Küste Südafrikas ist keine Küste für unbeschwerte Kreuzfahrten. Die kleinen Unarten des regionalen Wetters verhindern meistens Kaffee und Kuchen im Cockpit und die anderen Annehmlichkeiten der Segelei. Üblicherweise gibt's Sturm aus Nordost, der aber ohne weiteres innerhalb weniger Minuten in Sturm aus Südwest umschlagen kann. Dazwischen erlebt man ermüdende Flauten. Vernünftiges Segelwetter wird fast nie geboten.
In einer Zwei-Tages-Etappe hüpften wir bei Wind zwischen null und sieben Beaufort nach East London und machten uns von dort auf zur Rundung des Kaps. Zur Abwechslung gab es Wind aus Ost, also ziemlich auflandig. Wir segelten vorerst in schrägem Winkel weg von der Küste, um ein wenig Sicherheitsabstand zu gewinnen. Die Vermutung lag nahe, daß bei dem hohen Barometer-

Eine von unzähligen Höhlen in den Tauchgründen der Malediven: Ensemble von Schwämmen, Korallen und Barsch. Nächste Seite: Haifütterung in der Manege Hans Heins. Das Problem ist die richtige Dosierung des Futters. Wer allzu großzügig füttert, riskiert die kollektive Freßwut

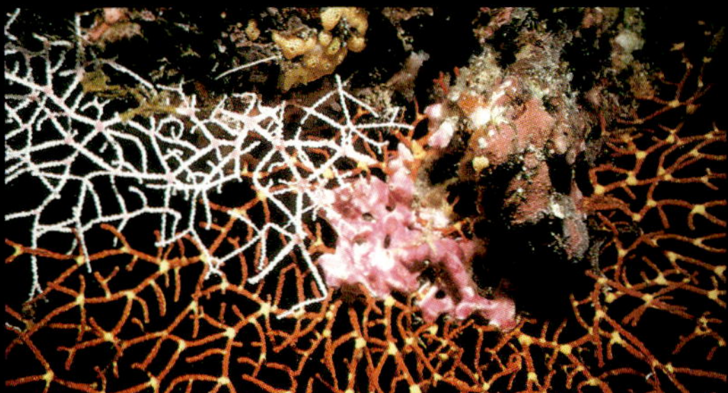

Abgesehen von ihrem schlechten Ruf: Die stromlinienförmigen Haie sind wohl die elegantesten Schwimmer im Riff

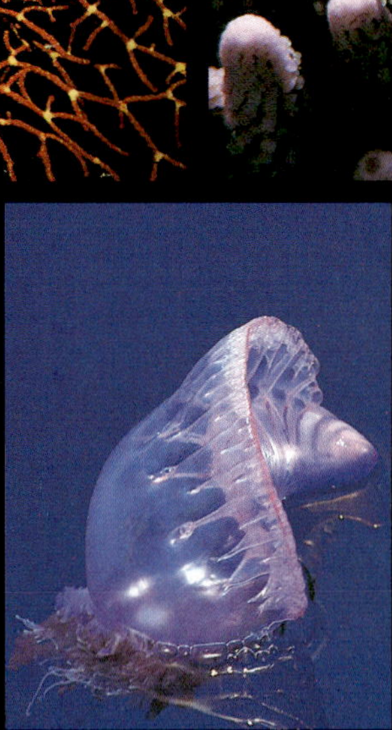

Selten gesehen, noch seltener fotografiert: Die Portugiesische Galeere, eine Qualle mit „Segel“ und giftigen Nesselarmen (aufgenommen vor Panama in der Karibik)

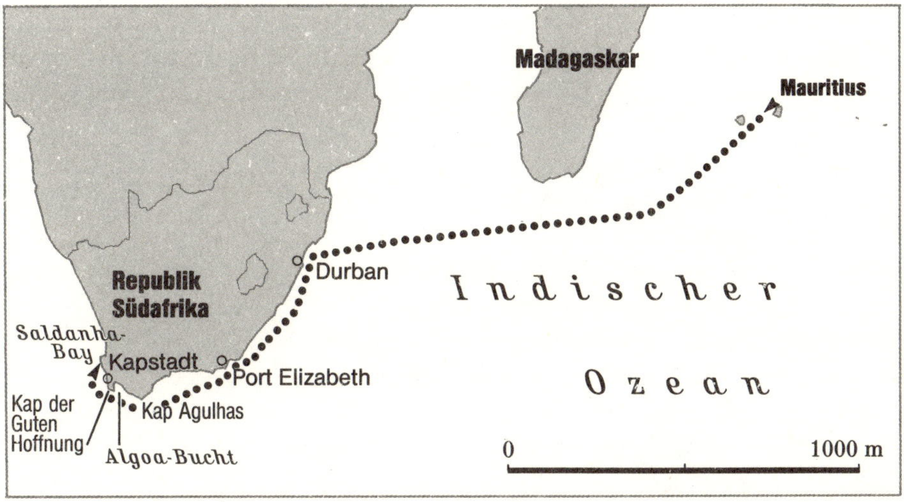

stand der Wind auf Südost drehen würde. Es kam natürlich ganz anders. Um Mitternacht lagen wir bekalmed vierzig Meilen vor der Küste, und das Barometer fiel rapide. Um vier Uhr morgens kamen dann die ersten Windstöße aus dem Südwesten – also genau auf die Nase und gegen den Agulhasstrom. Da saßen wir ja mitten drinnen, und das sollte man nach neuesten Erkenntnissen tunlichst vermeiden. Ich legte also einen Kurs, der uns am raschesten fort aus dieser ungemütlichen Gegend bringen konnte.
Wir ritten los. Mit dem zunehmenden Wind reduzierte ich nach und nach die Segelfläche. Die See war bald unglaublich ruppig, der Kat wurde völlig unvorhersehbar in die verschiedensten Richtungen versetzt, bohrte sich in Wellen fest, sauste dann wieder Steilhänge hinunter. Gerti trainierte Seekrankheit ignorieren. Unser Kurs führte direkt nach Port Elizabeth – keine dreißig Meilen entfernt, allerdings gegenan. Die Küste sichteten wir am Vormittag durch Taucherbrillen – ohne Augenschutz war es nicht mehr möglich, gegen Wind und fliegendes Wasser nach vorne zu sehen.
Um die Mittagszeit erreichten wir die Algoa-Bucht und ankerten 200 Meter vor dem Strand. Es war auch schon höchste Zeit. Bei den Ösen am Vorliek des Groß zeigten sich schon deutliche Auflösungserscheinungen. Jetzt waren wir vorerst einmal in Sicherheit, aber selbst bei dieser kurzen Entfernung zum Land wurden Gischtfetzen übers Deck getrieben. Endlich war auch Zeit, den Windmesser hoch zu halten. Es hatte neun Beaufort über Deck.

Ich verspürte vorerst wenig Lust, in den Hafen einzulaufen. Erstens kannte ich ihn nicht — irgendwelche Teile davon waren sicher auflandig —, und zweitens ist TABOO III bei derartigen Windverhältnissen unter Maschine nur schwer manövrierbar.
Am nächsten Morgen blies es zwar noch immer recht frisch, wir konnten uns aber in den Hafen tasten. Beim Yachtclub erwartete uns überraschenderweise eine Nachricht von Louis: Wir sollten auf keinen Fall nach Kapstadt gehen, dort wäre eine riesen Regatta, kein Platz für Besucher meines Formates. Statt dessen empfahl er Saldanha Bay, 60 Meilen weiter nördlich.
Ich rief ihn gleich an und bedankte mich für den Tip. Er schien erleichtert, hatte sich Sorgen um uns gemacht wegen des Tiefs! Ich fand das rührend.
Port Elizabeth ist zwar einer der windigsten Flecken unserer Welt, aber trotzdem eine liebe Stadt. Man ist verleitet zu bleiben und auf guten Wind zu warten. Aber das ist wegen des raschen Wetterwechsels ziemlich sinnlos. Also liefen wir bei nächster Gelegenheit aus. Dieses Mal kamen wir bis Mossel Bay und ankerten wiederum in einem steifen Süd-West-Wind außerhalb des Hafens. Zwei Tage später waren wir wieder unterwegs Richtung Kap. Kaum waren wir ein paar Meilen von der Küste weg, meldete der Wetterbericht Sturm für unsere Region. Der blaue Himmel und die mäßige Brise paßten zwar überhaupt nicht zu dieser Nachricht, im Sinne guter Seemannschaft drehten wir aber um. Keine Spur von Sturm den Rest des Tages. Am nächsten Morgen das gleiche Theater mit Sturmmeldung und gutem Wetter. Ab da verzichtete ich auf weitere lokale Wetternachrichten und setzte die Abfahrt mit 16 Uhr fest.
Gegen leichte südwestliche Winde arbeiteten wir uns zum Kap Agulhas, dem südlichsten Punkt Afrikas, und rundeten es bei Flaute und Nebel. Einen Tag später kämpften wir uns mit leichten Winden aus Nordosten ums Kap der Guten Hoffnung (laut „shipping forecast" hätte es Starkwind aus Südwest sein sollen). Das Kap hatte also Null Dramatik zu bieten. Gerti war zurecht enttäuscht.
Am nächsten Tag erreichten wir Saldanha Bay. Die Bucht selber ist riesig und nicht zu verfehlen. Ich wollte jedoch bis in die schlauchförmige Einfahrt zur Langebaan Lagune, von der auf meiner Seekarte pikanterweise das letzte Zipfel fehlte. Den Ankerplatz fanden wir dann rascher, als uns lieb war. Mit dem ersten freien Wind seit längerer Zeit ging es mit zehn Knoten flott dahin. Plötzlich wuchsen links und rechts Sandbänke aus dem Wasser. Es blieb nur noch Zeit für einen radikalen Aufschießer mit gleichzeitigem Ankerwerfen. Glücklicherweise waren wir an diesem frühen Morgen allein auf weiter Flur — vor den Augen von Zuschauern wäre mir die Aktion peinlich gewesen.

In Saldanha Bay besuchte uns Louis. Großzügig, wie er ist, brachte er einen ewig langen Ami-Schlitten mit, den wir während unseres Aufenthaltes in Südafrika benutzen sollten. Margaret verkündet stolz: "Now I like sailing". Über Seekrankheit konnte sie nur noch lachen.
Unser Besuch in Kapstadt erfolgte also wenig standesgemäß per Automobil. Er war auch sonst nicht besonders. Zwei Tage später erklärten wir trotz der Liebe von Louis und Margret unser Südafrika-Programm für abgeschlossen. Es war höchste Zeit für wärmere Gegenden. Außerdem stand der Karneval von Rio vor der Tür.

Der lange Schlag in aller Kürze
ÜBER DEN SÜDATLANTIK

Die Fahrt nach Südamerika verlief ohne bemerkenswerte Vorkommnisse. Wir nahmen die Direkte nach Rio und verzichteten auf Zwischenstopps auf den Inseln des Südatlantiks. Anfangs ging es mit ein paar Etmalen jenseits der 200-Meilen-Marke ganz flott dahin, dann vergaß der Passat auf seine hochgelobte Zuverlässigkeit, und wir schafften tagelang nur lächerliche Etappen zwischen 70 und 80 Meilen. Zeit für Hausarbeiten. Dazwischen erledigte ich einen Haufen Bücher.

Daß ich bei meinem Lebensstil manchmal viel Zeit habe, führt vereinzelt dazu, daß ich als feiner Kerl mißverstanden werde, der auf seiner Yacht den Bauch in die Sonne streckt und dem lieben Gott die Zeit stiehlt. Sicher hängt das auch mit der Größe von TABOO III zusammen und der Ordnung, die auf dem Schiff herrscht. Niemand würde auf die Idee kommen, den Besitzer einer unzulänglich ausgerüsteten Nußschale schief anzuschauen, wenn der damit um die Welt gefahren ist. Es ist ja klar, daß der Mann um sein tägliches Auskommen zu kämpfen hat, und das fällt in die Kategorie „Pioniergeist".

Irgendwie scheint es als besondere Leistung angesehen zu werden, wenn jemand ohne Geld auskommen kann. Ich finde, man braucht viel mehr Talent, wenn man einerseits nichts Konventionelles arbeitet und trotzdem Geld hat. Der finanzielle Aufwand läßt sich beim Segeln wohl auf ein Minimum reduzieren, aber angenehm ist das nicht.

Manche Zeitgenossen betreiben dieses Leben ohne Geld offensichtlich aus einer gewissen Überzeugung heraus oder als persönlichen Stil (siehe Tangvald). Keine Ahnung, ob sie dadurch ihre „Freiheit" intensiver erleben oder einfach nur zu ungeschickt zum Geldverdienen sind. Jedenfalls habe ich von dieser Spezies keinen erlebt, der ganz normal gewesen wäre.

Im Laufe der Zeit ändert sich ja das, was man als Freiheit empfindet. In den Jahren auf TABOO war es mir ziemlich Wurscht, ob ich über genug Kapital für Zündkerzen verfügte. Alles war neu und aufregend, und das einzig Wichtige war die Bewegung und das Herumschnüffeln in fremden Ecken. Heute ist die Aufregung einer gewissen Routine gewichen, das heißt weniger Euphorie, bewußteres Leben, mehr und anders sehen.
Aber ich lebe noch immer ohne Netz. Wenn TABOO III zu Bruch geht, schlägt wieder die Stunde Null. Der heutige Lebensstandard ist in keiner Weise abgesichert. Die Tiefkühltruhe kein luxuriöses Accessoire, sondern eine Notwendigkeit für das Chartergeschäft; elektronischer Schnickschnack fehlt auf TABOO III, weil er mir ganz einfach das Geld nicht wert ist und weil man auch ohne von A nach B findet. Und die luxuriöse Größe von TABOO III? Auf den Philippinen machte es wenig Unterschied, ob der Kat ein paar Meter länger wurde. Vielleicht zweitausend Dollar mehr für's Material. Warum also nicht das optimale Schiff bauen?
Mein heutiger Komfort ist längst keine Bedingung. Sollte es irgendwann einmal keine frische Butter mehr aus dem Tiefkühler geben, so werde ich auch ohne auskommen. Wenn in nächster Zukunft das letzte Öl verbrannt und damit mein angenehmer Schiffsdiesel unnütz sein wird, geht die Maschine über Bord und das Leben weiter.
Mit viel Zeit ging es also über den Südatlantik. Ein steter Wechsel von Tag- und Nachtroutine. Nachtroutine, das heißt ein paar Stunden Gerti im Cockpit, dann wieder ich — je nachdem, wie wir in Form sind. Nur ein Prinzip gibt's auf TABOO III: keine Viertelstunde ohne Wache.
Das ist nicht ganz so üblich, wie es logisch ist. Viele Yachties verzichten nach ein paar Tagen auf See gern aufs Wacheschieben, weil es erstens anstrengend ist und man zweitens sowieso kaum Schiffe sieht. Natürlich sieht man keine Dampfer, wenn man schläft! Trotz des schütteren Verkehres bleibt jedoch die Gefahr einer Kollision bestehen. Auf den Ausguck eines Frachtschiffes ist kein Verlaß, also muß man selbst die Augen offen halten. Im Schlaf von einem Dampfer über den Haufen gefahren zu werden, ist so ziemlich der blödeste Tod, der einem Segler widerfahren kann.
Nach 27 Tagen Brasilien. Der Wind blies uns nach Cabo Frio. Nächster Tag Rio. Ankunft natürlich nachts. Ein grandioses Schauspiel. Links der beleuchtete Zukkerhut, rechts eine mächtige Festung. Vor uns die Lichter der Millionenstadt. Zwischen den tiefhängenden Wolken hin und wieder das Blitzen der beleuchteten Christusstatue.

Karneval und Ihla Grande
IN BRASILIEN

Nach den Monaten im puritanischen Südafrika und 27 Tagen auf See: Rio. Eine pulsierende Stadt. Der Platz zwischen den Hügeln ist ihr viel zu eng. Rund um die Uhr High-Life. Menschen, Menschen, Menschen. Und was für welche! Negroide Typen mit blauen oder grünen Augen. Dunkelhäutige Männer mit glatten, blonden Haaren. Mischlingsmädchen mit kaffeebrauner Haut und hochdosiertem Sex-Appeal. Jeder und jede einzelne souverän und mit federndem Schritt.

Nach der langen, ruhigen Zeit war das ein Schlag vor die Brust, einfach zu schnell, zu laut, zu viel. Erst lange nach Mitternacht wurde es still auf unserem Ankerplatz unter dem Zuckerhut. Wir nahmen uns ein Vorbild an Mimmi, verkrochen uns vorerst in der Kajüte und tasteten uns dann nach und nach ins Freie.

Nach ein paar Tagen hatten wir den Rhythmus im Griff und gingen auf ausgedehnte Stadtsafaris. „Herzlich" kann man Rio nicht nennen. Alles flitzt links und rechts an dir vorbei. Im Hafen wird von Fremden (wer ist hier fremd?) keine Notiz genommen.

Vor allem im Yachtclub hatte man eine ausgeprägt coole Art im Umgang mit Gästen. Später stellte sich heraus, daß das nicht immer so war. Erst seit dem letzten Kapstadt-Rio-Rennen. Ein paar besoffene französische Segler hatten damals den Commodore in den Swimmingpool befördert. Eine weitere Autorität des Clubs wollten sie samt Sessel ebenfalls im Pool versenken. Als der ältere Herr allzu scharf protestierte, ließen sie ihn einfach fallen, wobei er sich unglücklicherweise das Becken brach. Seitdem gibt's im Iate Clube de Rio de Janeiro keine freundlichen Nasenlöcher mehr.

Außerdem sieht sich der Club sowieso nicht als Mentor der Blauwasser-Segelei.

Es handelt sich eher um einen Treff für die Gentlemen der Stadt, die sich hier auch gern ein privates Zimmer für private Angelegenheiten halten. Mit Klimaanlage, versteht sich, damit sie bei nachmittägigen Entspannungsübungen mit irgendeinem jungen Ding nicht ins Schwitzen kommen. Quasi als Eintrittskarte hält man sich flotte Partyboote, die die Woche über von Dienstboten poliert und am Wochenende — wenn's Wetter paßt — ein bißchen bewegt werden.

Rio war in fieberhafter Karneval-Vorbereitung. Wir besorgten uns Karten für die Tribüne. Der Preis war zwar doppelt so hoch wie der für die Einheimischen, aber dank des günstigen Dollar-Wechselkurses noch immer erträglich. Auf dem Schwarzmarkt wurde für den Dollar bis zu 40% mehr geboten als in den Banken. Brasilien wurde damit zum billigsten aller mir bekannten Länder.

Um es vorwegzunehmen: Zaghafte Naturen sollten sich den Karneval von Rio lieber nicht live ansehen. Auf den blitzschnell zusammengebastelten Tribünen sitzt man zehn bis zwölf Meter über dem Asphalt. Die Tribünen machen zwar einen stabilen Eindruck, aber man weiß ja, daß sie gelegentlich einstürzen. Weshalb, erklärt sich, wenn sie voll sind. Ich meine nicht ausverkauft, sondern voll. Nachdem nämlich das offiziell zahlende Publikum seine Plätze bezogen hat, wird von den Ordnern gegen entsprechendes Schmiergeld noch jede Menge Volk nachgeschoben. Am Ende sitzt und steht man Hintern an Hintern und ist froh, wenn man ausreichend Platz zum Atmen hat. Natürlich gibt's auch keinen freien Fluchtweg mehr.

Dann kommt der Samba, bei dem ein echter Brasilianer unweigerlich ins Swingen gerät. Wenn hunderttausend Menschen im gleichen Rhythmus schaukeln und stampfen, ist das für die Statik einer Tribüne ein echter Test.

Zwischen den einzelnen Durchgängen des Karnevalumzuges — es handelt sich ja um einen Wettbewerb von 13 Sambaschulen — erfrischt man sich mit alkoholischen Getränken, was die Stimmung weiter aufbessert. Man läßt sich zur Zeit des Karneval völlig gehen, was sich unter anderem auch in einem signifikanten Geburtszahlenanstieg neun Monate später niederschlägt. Außerdem ist es durchaus üblich, daß in diesen Tagen die gesamten Ersparnisse eines Jahres durchgebracht werden.

Die Stimmung war also sehenswert. Eine Zeitlang natürlich auch der Umzug, aber nach ein paar Stunden nützen selbst die ausgefallensten buntesten, gewagtesten Kostüme nichts mehr — man ist übersättigt vom ewigen gleichen Samba-Gehopse. Um 2 Uhr früh hatten wir genug. Das Theater sollte zwar noch bis zum Morgen gehen, ich fühlte mich aber schon jetzt wie bei einem Dia-Vortrag, der sechs Stunden gedauert hat: Die besten Bilder nützen nichts mehr, alles wird zusammenhanglos und fad.

Wir kämpften uns über die Menschenmenge auf der Treppe ins Freie, was natürlich nicht ohne Reibereien abging. War ja auch unverständlich, daß wir Gringos schon weg wollten, wo der Spaß noch nicht einmal richtig begonnen hatte.

Während die Tribünenshow ein kommerzielles und durchorganisiertes Unternehmen ist, fanden wir die „freien Umzüge“ viel spontaner und aufregender. Dort fehlte es auch nicht an Transvestiten, Schwulen und echt unzüchtigen Kostümen, von denen einige richtiges Aufsehen erregten — und das soll in dieser Stadt was heißen.

Nachdem wir uns also auf die Seite der improvisierten Umzüge geschlagen hatten und dabei bis zum Morgen geblieben waren, war unser Bedarf an Samba, Straß und Pfauenfedern für's erste gedeckt.

Von Rio an sich hatten wir auch bald genug. Die vorgelagerten Inseln waren touristisch und in bezug aufs Tauchen eine Enttäuschung. Das Wasser war überall trüb, und der Grund ist felsig, weil die kalte Meeresströmung ein Korallenwachstum verhindert. Fische gab es herzlich wenig, ein paar Langusten waren die einzige Ausbeute unserer Tauchgänge. Den letzten Ausschlag für eine baldige Abreise gab ein unangenehmer Auftritt mit der Polizei. Eine Barkasse kam im Hafen von Rio längsseits, der Anführer schmetterte mir ein „policia federal“ entgegen und hielt mir einen portugiesischen Wisch unter die Nase. Portugiesich ist nicht meine Stärke, aber es war leicht herauszufinden, daß der Besuch eine Schiffsdurchsuchung im Auge hatte. Die Durchsuchung beschränkte sich allerdings auf die Hauptkajüte und schien mir sehr oberflächlich. Nach einer Viertelstunde dampfte die Truppe wieder ab. Wenig später bemerkten wir, daß Gertis Uhr, zwei Ringe und ein paar andere Kleinigkeiten fehlten. Wir waren wütend wie kaum zuvor: Von kleinen Ganoven bestohlen zu werden, mag ja noch angehen, aber von der Polizei?

Es ist fast müßig, zu erklären, daß die Einschaltung des österreichischen Konsuls und eine Anzeige bei der obersten Polizeibehörde Gertis Wertgegenstände nicht mehr ans Tageslicht förderten. Die Herren Polizisten waren sogar richtig bamstig und kümmerten sich fast mehr darum, weshalb wir außerhalb des Yachtclubs geankert hatten. Das war nämlich der Grund für die Schiffsdurchsuchung gewesen! Die ganze Situation war einfach lächerlich. Bei nächster Gelegenheit verlegten wir uns in die Bahia de Ilha Grande, eine weitläufige Bucht mit einer Menge Inseln, rund achtzig Meilen westlich von Rio.

Hier hatten wir schon einen fixen Programmpunkt. Auf der Ilha Grande selbst

sollte laut Gerlinde von der WINDWARD ein bemerkenswerter Österreicher namens Peter Thürridl leben. Ziemlich abgeschieden auf einem weitläufigen Besitz, sollte er seine Tage in exclusiver Gesellschaft eines Wollaffen und einer Amateurfunkanlage verbringen. Wegen seiner Funkerei kannte ihn die halbe Yachting-Szene. Grund genug für einen Besuch.
Peter Thürridl war nicht zu verfehlen. Sein Haus stand auf einem Hügel über einer Bucht namens Aroeira und war von weitem zu sehen. Kaum hatten wir geankert, stand er auch schon herunten am Wasser: ein stattlicher Herr, vielleicht Anfang sechzig. „Schöne Grüße von Otto und Gerlinde!" Großes Hallo. Hinauf ins Haus, Drinks, erzählen.
Peter gefiel uns auf Anhieb. In jungen Jahren hatte er bei verschiedenen Fluggesellschaften gearbeitet, sich irgendwann einen amerikanischen Paß zugelegt. Vor 20 Jahren hatte er auf Ilha Grande, die vielleicht fünf Meilen im Durchmesser mißt, Grund erworben und sich hierher zurückgezogen. Als fanatischer Amateurfunker ist er vielen Yachtsleuten bekannt. Rufnummer P41ZAK. Unter anderem macht er beim Round the World Race die Rio Radio Control.
Zur Zeit unseres Besuches war Peter affenlos. Sein letzter wooly monkey war vor zwei Jahren gestorben. Peter litt ganz offensichtlich noch immer unter dem Verlust — das Gespräch dieses ersten Abends drehte sich hauptsächlich um Wollaffen. Es war gar nicht so leicht, einen neuen zu beschaffen. Die Wollaffen leben nur im Norden Brasiliens und stehen unter Naturschutz.
Peter hatte sich auf „seiner" Insel ganz hübsch eingerichtet. Neben seinem großen Haus gab es die sogenannte „honeymoon-suite", ein Gartenhäuschen, das immer dann in Betrieb gesetzt wurde, wenn Peter weibliche Besucher hatte. Jetzt würden die Abstände zwischen diesen Besuchen leider immer größer, klagte Peter. Seinen ausgedehnten Besitz inspizierte er mit Hilfe eines klapprigen Jeeps. Straßen im herkömmlichen Sinn gab es auf der Insel nicht. Durch das sumpfige Gelände hatte Peter einen Knüppeldamm gelegt.
Wenn Yachten vorbeikamen — manchmal hatte Peter gleich mehrere zu Besuch, manchmal monatelang keine —, wurde prinzipiell im Haus gegessen. Unter seiner Aufsicht hatten dann die weiblichen Crewmitglieder Küchendienst, der sich strikt nach der Hausordnung richtete. Jedes Küchenwerkzeug mußte exakt auf seinen Platz zurück. Zwiebel wurden nur auf einem bestimmten Quadranten des Schneidebrettes geschnitten. Die Unterwerfung unter Peters Hausordnung lohnte sich allerdings. Er wußte ungeheuer viel zu erzählen, war ein wunderbarer Gastgeber und mixte vor allem konkurrenzlose Sundowners in seinem riesigen Shaker.

Das liebste Gesprächsthema auf Ihla Grande waren mit Abstand die Wollaffen. Bald hatte ich eine kolossale Bildung, was diese Tierchen betrifft. Vor allem, was deren Zerstörungstalent anbelangt. Peters letzter Affe hatte es beispielsweise geschafft, in weniger als zehn Minuten die gesamte Elektronik einer argentinischen Yacht außer Gefecht zu setzen. Peter saß gerade unter Deck bei seinem argentinischen Besucher und hörte sich eine Geschichte an, wie dieser das elektronisches Zeug listenreich am Zoll vorbeigebracht hatte. Plötzlich hörte man auf Deck einen schweren Gegenstand aufschlagen und gleich darauf ins Wasser platschen. Nach der ersten Sekunde der Verwunderung waren Peter und seine Argentinier an Deck und mußten zusehen, wie der Affe am Masttopp sämtliche Instrumente systematisch ausrupfte und über Bord beförderte. Einzig die Antenne blieb stehen, wenn auch verbogen.
Ein anderes Mal fuhr Peter mit seinem Affen zu einem Boot hinaus, dessen Crew gerade zu einem Tauchgang aufbrechen wollte. Peter wurde eingeladen mitzukommen. Nachdem er über die Unarten seines Affen Bescheid wußte, wollte er ihn zuvor noch an Land bringen. Aber nein, das sei nicht notwendig – man hatte es eilig. Als man eine Stunde später wieder aufs Boot zurückkam, waren sämtliche Seekarten zerstört. Das Grün und Gelb hatte den Affen wohl an Bananen erinnert. Gänzlich gefressen hatte er zwar keine Karte, gekostet hatte er alle.
In den nächsten Monaten benutzten wir Peters Adresse als Anlaufstation für unsere Post und kamen regelmäßig vorbei. Dazwischen machten wir die nähere und fernere Umgebung unsicher. Das Segeln in Brasilien ist zwar etwas umständlich, weil man in jedem Hafen ein- und ausklarieren muß, aber die überzogene Bürokratie ist verständlich. Früher war es üblich gewesen, daß die Teilnehmer am Kapstadt-Rio-Rennen ihre Yachten nachher einfach in Brasilien liegen ließen, vercharterten oder gar verkauften. Jetzt wollte der Zoll jederzeit Bescheid wissen, wem welches Schiff gehört.
So wurde es Winter auf der südlichen Halbkugel. Es war zwar nicht kalt, aber wir litten unter dem häufigen Durchzug von Tiefdruckgebieten, die die Küste Südamerikas hochkamen und für ausgiebigen Regen sorgten. Außerdem zeigte der Wind einige unangenehme Unarten. Es war nichts Ungewöhnliches, wenn er schlagartig von Nordost auf Südwest umschlug und die Stärke zwischen zwei und acht Beaufort wechselte.
Bei einem unserer Besuche auf Ilha Grande gab es spektakuläre Neuigkeiten. Sträflinge waren aus dem auf der anderen Seite der Insel befindlichen Gefängnis ausgebrochen. Peter lief nur noch mit Pistole herum und riet mir ebenfalls zu

Bewaffnung. Ausbrüche waren schon öfters vorgekommen. Die Sträflinge versuchten üblicherweise, ein Schiff für die Überfahrt aufs Festland zu kapern. Yachten waren ihnen natürlich das angenehmste Beförderungsmittel.

Irgendwann in diesen Tagen trafen wir am Strand zwei Frauen mit schweren Rucksäcken. Sie waren mit einem kleinen Boot gekommen, hatten ursprünglich auf der anderen Seite der Insel landen wollen, was aber wegen der Windverhältnisse nicht möglich gewesen war. Außer den schweren Rucksäcken war noch die weiße Kleidung der Frauen auffällig. Sie wären zu einem bestimmten Strand unterwegs, um dort „macumba" zu machen, erzählten sie, deshalb auch die weiße Wäsche. Macumba ist die brasilianische Variante des „Voodoo", wo man allen möglichen Leuten Böses an den Hals wünscht.

Die Begegnung spielte sich knapp vor Einbruch der Dunkelheit ab. Mit Müh und Not konnte Peter die beiden Gestalten von einem Nachtmarsch quer über die unwirtliche Insel abhalten. Sie trollten sich wieder aufs Boot und dampften mit unbestimmtem Ziel davon.

Am nächsten Morgen landete auf Peters Strand eine mit Schnellfeuergewehren, Maschinenpistolen und Schrotflinten bewaffnete Polizeibrigade. Man war auf Sträflingsjagd. Peter erzählte von den Macumba-Weibern und weckte damit gewisse Assoziationen bei der Beamtenschaft. Kurz danach waren die Frauen eingefangen und stellten sich als Angehörige der entsprungenen Sträflinge heraus. Die Rucksäcke waren bis oben hin voll mit Waffen und Sprengstoff.

Auf Ilha Grande war es auch wieder an der Zeit, das Unterwasserschiff von TABOO III in Schuß zu bringen. Für das Trockenfallen wählten wir eine kleine Bucht namens Saco de Ceu. Wie sich bald herausstellte, war das keine glückliche Wahl. Die Bucht stellte sich als Brutstätte von Millionen Sandfliegen heraus. Kaum saßen wir fest auf dem Sand, fielen sie über uns her. Sandfliegen gibt es ja in vielen Gebieten der Erde. Oft sind sie harmlos, andere wiederum — wie etwa die „no-no's" auf den Marquesas — können sehr lästig werden. Die Sandfliegen auf der Ilha Grande waren aber einsame Spitze. Ihre Stiche verursachten einen heftigen Juckreiz, der uns wochenlang begleitete. Man merkte sie erst, nachdem sie ihr Geschäft erledigt hatten und ein kleiner Blutstropfen an die Hautoberfläche quoll. Das Jucken begann erst später. Offensichtlich waren die Biester mit einem Lokalanästhetikum ausgerüstet. Außerdem irrten sie sich in der Person. Reguläre Stechfliegen halten sich üblicherweise an Gerti, diese hier attackierten hauptsächlich mich!

Bei unserem nächsten Besuch bei Peter war dieser in bester Stimmung. Über Funk war ihm die frohe Kunde zugekommen, daß eine Flasche eines seltenen

südafrikanischen Obstschnapses zu ihm unterwegs war. Der edle Tropfen sollte ausgerechnet mit der WINDWARD geliefert werden! Nun kannte ich den guten alten Ossi ein wenig. Er war alles andere als ein Verächter hochprozentiger Essenzen. Die Chancen, daß Peter jemals in den Genuß seiner Flasche kommen könnte, standen für mich gleich Null. Peter wollte das gar nicht glauben — er stünde doch seit den Galapagos mit der WINDWARD in Funkkontakt, Post hätte er auch für sie da. Also absolut zuverlässig!
Die nächste interessante Funknachricht von der WINDWARD war, daß sie im Eilzugstempo in die Karibik mußten, um dort Ossis Sohn zu treffen. Sie würden Recife anlaufen, und Peter möge ihnen die Post dorthin vorausschicken. Schnaps würde ebenfalls per Post kommen. Nächste Meldung; Die Post hätte leider den Transport der Flasche verweigert, danach längere Funkstille. Peter schnaubte. Die postalischen Probleme waren natürlich ein aufgelegter Blödsinn. Peter hatte nicht erst eine Flasche auf diesem Weg geliefert erhalten. Ab da legte er keinen weiteren Wert mehr auf Funkkontakt mit der WINDWARD. (Tröstliche Nachricht: Sie quatschen schon wieder miteinander).
Bei Peters ausgedehnter Funkerei kam eines Tages auch für mich etwas Nützliches heraus. Peter bastelte eine Verbindung mit Bobby Schenk, Deutschlands Navigator Nummer 1. Bobby hatte gemeinsam mit seiner Frau vor kurzem das Kap Hoorn gerundet und war damals gerade mitten im Atlantik. Es war ein nostalgie-überfrachtetes Gespräch. Wir plauderten über gemeinsame Ankerplätze in der Südsee und gemeinsame Mahlzeiten — über Steaks auf Bobbys THALASSA und Erbsensuppe auf TABOO.
Bei solchen herzergreifenden Gesprächen über halbe Ozeane hinweg zeigt sich natürlich schon ein gewisser Wert von Funkanlagen. Sie sind ein herrliches Spielzeug für jemanden, der gern telefoniert. Gott sei Dank leide ich aber nicht unter einem permanenten Kommunikationsdrang, sodaß mich die Tatsache, daß es auf TABOO III keine Funkanlage gibt, wenig berührt.
Die Verbesserung der Sicherheit durch den Besitz einer Funkanlage wiegt für mich die Nachteile nicht auf. Ich paß ganz gern selbst auf mich auf, das „Hilfe, Hilfe“-Schreien über Äther liegt nicht auf meiner Linie und ist in vielen Fällen auch zwecklos. Die Nachteile: hohe Anschaffungskosten, Termine (man muß dann ja auch zur vereinbarten Zeit am Rohr hängen, sonst ist der Partner sauer), und nicht zuletzt ist man eingebunden in ein Netz von Dauerrednern — mitten im Pazifik ein sinnloses Palaver über Windstärken, frische Milch oder die Krankheiten irgendeines Bordköters über Funk ins Schiff geliefert zu kriegen, ist für mich eine schlimme Vision. Dann schon lieber keine Notruftaste.

Im Zuge unseres Funkgespräches fragte mich Bobby, ob ich Genaueres über einen Vorfall im Chinesischen Meer wüßte, bei dem ein Katamaran versenkt worden sein sollte. Zufällig war mir die Geschichte in den wesentlichen Details bekannt. Sie ist dermaßen haarsträubend, daß sie nicht unerwähnt bleiben darf.
Ein gewisser Peter Marx — Deutscher, Ex-Frachtschiffskapitän, verheiratet mit einer Chinesin — hatte in Singapur den 52-Fuß-Katamaran SIDDHARTA gebaut und unternahm damit Charterfahrten. Ich lernte die beiden auf der Insel Tioman kennen. Seine letzte Fahrt sollte auf die Spratly Islands gehen, eine dubiose Region, um die sich Vietnamesen und Filipinos streiten. Die Fahrt endete mit ein paar Toten und dem Verlust der SIDDHARTA. Die Nachricht war damals brandheiß und ging später in verschiedensten Varianten durch die Presse. Das Unglück passierte etwa so*:
SIDDHARTA war verchartert an eine Gruppe Amateurfunker, die Amateurfunkstationen in Teilen der Welt errichten wollten, wo vorher noch nie jemand war. Das scheint einer der Träume eines Amateurfunkers zu sein. Es waren sechs Leute an Bord, die Singapur am dritten April 1983 verließen und Kurs auf die Spratly-Inseln nahmen. Der Hafenmeister und andere hatten wiederholt darauf hingewiesen, daß diese Inseln von der philippinischen und vietnamesischen Regierung beansprucht werden. Man hatte ihnen sogar erzählt, daß die Vietnamesen wahrscheinlich militärisches Gerät auf einigen Inseln stationiert hätten. Sie sollten daher lieber nicht dorthin segeln.
Der Katamaran war mit Ausrüstung, darunter Generatoren und Benzin, beladen. Das Benzin war in Kanistern an Deck gestaut. Es waren 120 Liter, die großen Anteil an der sich anbahnenden Katastrophe hatten. Am 10. April kamen sie nicht weit von der Insel Spratly entfernt in Amboyna Cay an. Als sie auf drei Meilen herangekommen waren, empfing sie Maschinengewehrfeuer. Die erste Salve schlug fehl ... Das Maschinengewehr wurde unterstützt durch eine Kanone, und innerhalb von Minuten stand das ganze Schiff in Flammen. Das Benzin war explodiert. Einer der Crew, Diethelm Müller, wurde sofort getroffen und starb an Ort und Stelle. Gero Band wurde von Kugeln getroffen, überlebte aber den ersten Angriff.
Der Katamaran war aus Harz gebaut, welches Feuer fing und giftige Gase entwickelte. Die Feuerlöscher waren von Flammen eingeschlossen und daher nutzlos. Außerdem stellten die Vietnamesen das Feuer nicht ein, obwohl das Schiff offensichtlich sank und total in Flammen stand. Das einzige Rettungsmittel war

* Nach einem Bericht der Zeitschrift „Multihulls“

ein kleines Beiboot. Der Skipper Peter Marx verließ als letzter das Schiff. Sie schafften es, unter Beschuß davonzukommen, und trieben zehn Tage lang auf offener See. Es gab weder Wasser, Essen, noch irgend etwas anderes an Bord des Dinghys. Ein Paddel, das war alles. Gero Band starb am neunten Tag und wurde der See übergeben. Die japanischen Ärzte, die die Überlebenden untersuchten, sprachen von einem Wunder, zumal Gero Band schon schwer verwundet gewesen war. Es gab keinen Schutz gegen die Elemente und wie schon erwähnt keinerlei Hilfsmittel. Der japanische Frachter Linden fischte die Überlebenden im buchstäblich letzten Moment aus dem Ozean. Eine Suchaktion, die gleich nach der Katastrophe eingeleitet worden war, war wegen Erfolglosigkeit eingestellt worden.

Man stelle sich das vor: Ein Segelboot fährt auf eine vermeintlich unbesetzte Insel zu und wird sofort mit schwerem Kriegsgerät beschossen — beschossen, bis das Schiff brennend im Wasser versunken ist!

Doch zurück auf die Ilha Grande.

Obwohl Peter Thürridl selbst kein Boot besitzt, wird er von den Blauwasserseglern als Kollege ganz besonderer Art geschätzt. Freilich hat er nicht mit allen Besuchern Freude. In einem Brief vom September 84 beklagt er den Verfall der Sitten (ich gebe die Passage originalgetreu wieder. Peter hält sich zwar nicht sehr an grammatische Regeln, schreibt dafür aber einen unvergleichlich farbigen Stil):

1983 hat mir gelangt. Nette und kultivierte Leute werden immer seltener. Die Aussteigermentalität der „live-aboards" neigt immer mehr zum Tachinieren und „freeloaden", von Manieren ganz zu schweigen.

Letztens sind während der Nacht drei französische Yachten in meine Bucht eingelaufen. Weil sie alle mit diesen hochziehbaren centerboards ausgerüstet waren (das sind Schwerter, wodurch sich in hochgeholtem Zustand der Tiefgang auf ein Minimum verringert), *wurde der gemeinsame Anker dicht unter Land gelegt. Als ich am nächsten Morgen zur Arbeit in die Werkstatt ging, lagen die Hecks der drei aneinander befestigten Boote ca. sechs Meter weg vom Strand. Nach einiger Zeit erschien eine Dame mit üppigem Hinterteil nackert, kletterte die Heckleiter herunter und konzentrierte sich mit viel Andacht auf ihren Verdauungsvorgang. In kurzer Zeit gesellten sich die zwei anderen Damen der zwei anderen Schiffe zu ihr, und mir blickten also aus sechs Meter Entfernung drei weiße, leicht bepickelte Schinken ins Gesicht. Während des lässigen Abprotzungsprozesses unterhielten sich die Damen unverfangen, bis ich fragte, ob sie Papier brauchten (sie hatten mich bis dahin noch nicht bemerkt). Unter Absingen unanständiger Lieder wuschen sie sich dann ihre Auspuffröhren ab und zogen sich in das Innere der Boote zurück.*

Dann mußte ich die Herren zwei Tage lang darauf aufmerksam machen, daß sie lokkere Fallen hatten, die die ganze Nacht an den Mast klapperten. Sie lehnten diese Beschuldigung einfach ab. Am Ende mußte ich sie mit der 12-gauge-shotgun zum Verlassen meiner Bucht auffordern.

Du siehst also, die Yachting-Scene ändert sich leider zum Schlechten. Unrasierte langhaarige Herren, die ewig nicht gebadet haben, mit weiblichen Kreaturen in ewig grauen T-Shirts, und aus dem Bikini hängen ihnen Zöpfchen. Also habe ich den Hafen zugemacht und schaue mir meine Gäste genau an, bevor ich sie ins Haus lasse.

In einem anderen Brief schilderte er mir zwei putzige Tiergeschichten, die zwar mit dem Segeln überhaupt nichts zu tun haben, aber den Peter Thürridl plastischer machen.

Fall 1: Die Elefantengeschichte (wieder Original-Ton Ilha Grande):

Zoo-Direktor und Veterinär des Zoos von Rio waren meine Freunde und haben ihren Urlaub hier verbracht, kannten also mein Himmelreich und meine Einstellung zu Tieren.

Zoo in Bombay schenkt Zoo in Rio zwei Elefanten. Rio bedankt sich, bittet aber nicht zu verschiffen, bis Dokumente in Ordnung sind. Da Indien für die Brasilianer ein Maul- und Klauenseuchenland ist, zieht sich die Beschaffung der Dokumente in die Länge. Bombay verlor die Geduld und verlud die zwei Dickhäuter auf einen holländischen Frachter nach Rio. Die Frachtbriefkopien verzögerten sich auch in der Post (Murphy's Law!) und kamen nur einige Tage vor dem Schiff hier an. Jetzt begannen die Probleme. Für Huftiere aus Indien sind sechs Monate Quarantäne vorgeschrieben, aber nachdem vor einiger Zeit die große Quarantänestation auf der Insel Fernando Noronho desaktiviert worden war, gab es überhaupt keine Möglichkeit dafür. Da erinnerte sich der Zoodirektor meiner Wenigkeit und machte mit meinem Einverständnis den Vorschlag, meine Fazenda — auf isolierter Insel gelegen — zum Quarantänegebiet zu ernennen und die beiden Dickhäuter ein halbes Jahr bei mir zu lassen, wobei er Pfleger und Futter gestellt hätte. Ich sah mich bereits wie ein Maharadja auf Elefant zur Post reiten und träumte von Riesengewinnen, meine Bananen dem Zoo als Elefantenfutter zu verkaufen.*

Im Beamtenkrieg blieb jedoch der arme Zoodirektor unterlegen, und dieser Vorschlag wurde abgelehnt. Inzwischen lief der holländische Dampfer mit seinen zwei Elefanten an Bord wieder aus, und der Kapitän bekam Alpträume, wie der fliegende Holländer den Rest seines Berufslebens mit zwei Elefanten an Bord durch die Welt zu segeln.

* Murphy's Law: Sobald etwas schief geht ist damit zu rechnen, daß alles, was die Situation verschlimmern könnte, unverzüglich passiert.

Sein nächster Stopp war Montevideo/Uruguay, und dort hat er einfach die Elefanten ausgeladen, dem dortigen Zoo vermacht und ist dann nachts ganz schnell ausgelaufen. Der Zoo von Montevideo, der natürlich keine Zores mit dem großen Nachbarland haben wollte, erklärte sich sofort bereit, die Elefanten nach Rio auszuliefern, sobald die Einfuhrgenehmigung vorliegt – die meines Wissens nie ausgestellt wurde ... Und wenn sie nicht gestorben sind, dann sind die beiden Dickhäuter heute noch im Zoo von Montevideo.

Was sich mit meinen bescheidenen Mitteln leider nicht eruieren läßt. Die zweite Tiergeschichte Peter Thürridl handelt von seinem Lieblingstier:

Das mit meinem neuen Wollaffen hat Ende September 83 endlich geklappt. Nachdem mir alle meine stinkendreichen Freunde was versprochen haben, aber keiner sein Wort gehalten hat, sprach ich in Angra dos Reis auf der Straße einen entfernten Bekannten an, der, wie sich herausstellte, ein Kleinflugzeug besitzt. Der ist mit mir dann an einem Samstag sieben Stunden lang nach Salvador geflogen. Der Marine-Feldwebel, der mir über Funk die Äffin angetragen hatte, war glücklicherweise gerade im Nachtdienst, und um 5 Uhr morgens habe ich dann die Äffin abgeholt, die unter erbarmungswürdigen Umständen in einem dreckigen Käfig eingesperrt war.

Wieder sieben Stunden zurück. Und jetzt ist sie happy und rund und sehr, sehr lieb. Ich gedenke, sie im November freizulassen. Fortlaufgefahr besteht nicht, jedoch habe ich Angst um meine ca. 4000 US Dollars teuren Solarpanels hinterm Haus. Die Zerstörungswut von Wollaffen ist sehr beachtlich. Aber das Risiko muß ich halt nehmen. Zur Zeit hat sie eine lange Drahtseilbahn von ihrem Haus vor dem Küchenfenster bis zum nächsten Aroeirabaum, den sie schon bös abgeholzt hat.

Ich kann es aber nicht mehr sehen, daß sie immer auf dem gleichen Baum spielt, da bekommt sie ja eine Macke.

Neulich riß die Leine, mit der sie an der Drahtseilbahn hängt. Als ich kam, hielt sie das gerissene Ende in der Hand und weinte; es fehlte ihr die Nabelschnur. Von fortlaufen also keine Spur.

Übrigens heißt sie Xuxa (ganz weich ausgesprochen as in Sooosha). Zuerst rief ich sie Vanusa, dann Noosha, war aber beides den Brasilianern schwer zu erklären. Mit Xuxa habe ich keine Probleme, denn das ist der Name von Peles neuester, blonder, langbeiniger Freundin, die fröhlich und leichtbekleidet im Fernsehen tanzt.

Soweit Peter Thürridl. Wenn es sich irgendwie einrichten läßt, werde ich auf Ilha Grande vorbeischauen, um die Wolläffin näher kennenzulernen.

1983 blieben wir fast ein halbes Jahr in seiner Umgebung. Vermutlich war sogar Peters Herzlichkeit der Hauptgrund, warum wir solange in brasilianischen Gewässern blieben. Vom Tauchen her ist die Gegend ja wenig spektakulär, und Se-

Frisch-Fisch: Wann immer es sinnvoll ist, haben wir zwei Schleppangeln draußen. An besonders glücklichen Tagen beißt dann mehr Fisch an, als wir essen können. Dann ist großes Einkochen an Bord, weil *jeder* Fisch (und wenn er 50 kg wiegen sollte) bis aufs Gerippe verwertet wird

gelreviere kenne ich auch bessere. Wir ließen uns halt treiben, brachten es auf insgesamt 64 Ankerplätze und lebten kommod und billig.

Aber auch die liebste Freundschaft ist kein Grund, für alle Ewigkeit stationär zu bleiben. Im September zog es uns dann unaufhaltsam Richtung Karibik. Ein letzter Abend mit vielen, vielen Sundowners bei Peter, am nächsten Morgen ab nach San Salvador (das liegt gut 700 Meilen die Küste hoch).

Die Einfahrt in die berühmte Bucht von San Salvador alias Bahia ist imposant: gewaltige alte Festungen, umgeben von modernen Wohn- und Geschäftsvierteln. An den Hängen der umliegenden Hügel kleben ärmlichste Behausungen. Wie überall in Brasilien: wenig Reichtum und sehr viel Armut – so was wie Mittelstand existiert kaum.

Viele Yachten gehen bei ihrem Weg über den Südatlantik gleich nach San Salvador. Man kann dabei die gesamte Strecke vor dem Passat laufen und spart eine Menge Zeit. Auf einem Monohull kann der dreieinhalb Tausend Meilen lange Vorwind-Schlag allerdings ganz schön nervend sein. Wir ankerten in Salvador neben der südafrikanischen Slup SHADOWFAX. Skipper Micky hatte auf der Überfahrt eine komplette Kiste Whisky weggeputzt. Die einzige Methode, wie man mit der ewigen Rollerei fertig werden könne, meinte er.

Auf einer der nächsten Inseln sollte es einen „weltberühmten“ Wasserfall geben. Es bedurfte einer hochpräzisen Navigation, um das Naturwunder zu finden. Beim ersten Anlauf segelten wir glatt daran vorbei. Wegen der herrschenden Trockenheit hatte sich der Wasserfall auf ein trauriges Fällchen reduziert, von dem man in unseren Bergen nicht einmal Notiz nehmen würde. Nichtsdestotrotz: neben dem Wasserfall gab es einen kleinen Sandstrand, auf dem wir die gute TABOO III trocken legten, um dem Unterwasserschiff ein neues Antifouling zu spendieren. Außerdem montierte ich an jedem Rumpf ein kleines Skeg – seit ich die Ruder verkürzt hatte, gab es zwar keine Ermüdungserscheinungen mehr, dafür zeigte der Kat aber eine Luvgierigkeit, die der Selbststeueranlage nicht behagte.

Von Salvador hüpften wir nach Recife, wo die brasilianische Küste ihre große Linkskurve ansetzt.

Recife war unser letzter Stopp auf dem brasilianischen Festland. Hier trafen wir Christian Yann und seine Freundin Ahier Bordier auf der Slup CORRENTINA. Sie erholten sich gerade von einem ungewöhnlichen Schicksalsschlag, denn sie waren mitten im Hafen von Recife überfallen worden, und das gleich zweimal hintereinander! Beim ersten Überfall lag die CORRENTINA noch an der Mole, sodaß die Gangster einfach trockenen Fußes übersteigen konnten.

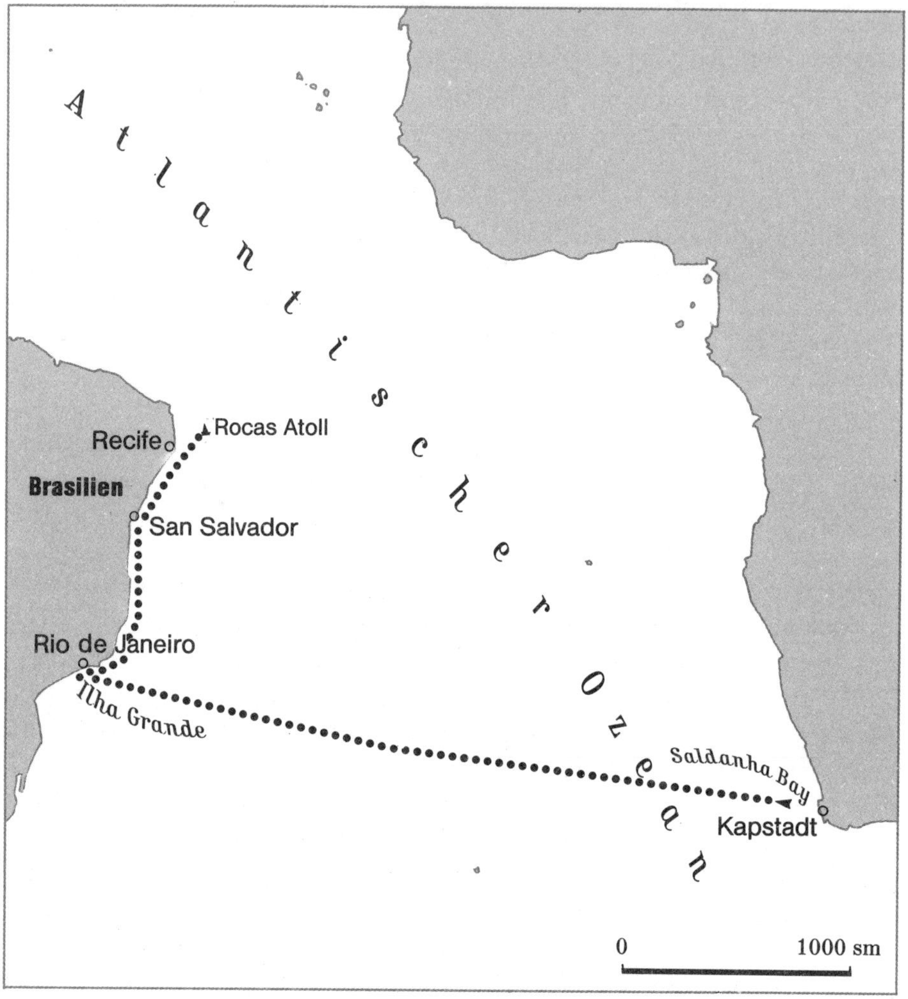

Vier Männer, mit Pistolen und Messern bewaffnet, forderten Geld und Wertsachen. Christian, noch nicht von der mit solchen Begegnungen verbundenen Lebensgefahr überzeugt, schlug einen mächtigen Krach, der die Räuber auch tatsächlich vertrieb.
Weiters tätigte er „Sicherheitsmaßnahmen". Zuerst schaffte er sich ein Mittel zur Abwehr von nächtlichen Besuchern an — als überzeugter Pazifist wählte er ein Nebelhorn. Dann verlegte er die CORRENTINA hinaus in den Fluß, sodaß er nicht mehr so leicht erreichbar war.

Schon ein paar Tage später mußte er schmerzlich erfahren, daß man sich so vor Räubern nicht schützen kann. Nachts kamen vier Ganoven in einem Kanu angepaddelt, enterten das Schiff und standen plötzlich mit der üblichen Pistolen/Messer-Bewaffnung in der Kabine. Christian griff zum Nebelhorn. Bevor sich die Gangster davon vertreiben ließen, gab es allerdings noch eine gröbere Schlägerei, bei der Christian einen Messerstich in die Brust erhielt und Ahier einige Schnitte an den Händen und im Gesicht abkriegte.

Der schwer verwundete Christian lag hilflos im Schiff. Ahier ruderte zum Yachtclub, wo sich die Nachtwächter entweder auf ein Schläfchen zurückgezogen hatten oder tot stellten. Jedenfalls mußte Ahier das Fenster eines Büros aufbrechen, um an ein Telefon zu kommen und die Polizei verständigen zu können. Als die endlich ankam, hatte Ahier mit Hilfe einer anderen Yachtbesatzung Christian bereits an Land geschafft. Der verlor ungeheure Mengen Blut und war nur notdürftig in ein Leintuch eingewickelt. Im Polizeiauto ging's dann ab ins Spital. Der Polizist am Rücksitz hielt den halbbewußtlosen, hin- und her torkelnden Christian schön auf Distanz – die frische Uniform sollte schließlich keine Blutflecken abbekommen.

Im Spital schaute die Situation schon recht schlecht aus. Man setzte den in den letzten Zügen liegenden Christian auf eine Bank und ließ ihn dort warten – wie beim Zahnarzt. Durch einen glücklichen Zufall kam ein mit Christian bekannter Arzt vorbei, der sich die Sache anschaute und entsetzt die Notoperation einleitete. Eine solide Näharbeit der Chirurgen und ein paar Liter frisches Blut brachten Christian wieder auf den Damm. Weil bei dem Messerstich ein paar wesentliche Nerven draufgingen, kann er seither eine Hand nicht mehr voll bewegen.

Christians erste Anschaffung nach dem Spitalsaufenthalt war eine Pistole. Die Grenzen des Pazifismus sind ihm nun ja bekannt.

An diese Episode muß unbedingt angefügt werden, daß zum Zeitpunkt unseres Besuches derartige Überfälle in Brasilien unüblich waren. Gestohlen wurde natürlich auf Teufel-komm-raus, und man konnte nichts unbeaufsichtigt lassen. In Rio wurden zum Beispiel laufend Dinghys gestohlen und im Süden wieder verkauft. Ich habe noch nie so viele übermalte Schlauchboote gesehen wie etwa in Porto Bracui. Aber bewaffnete Überfälle waren mir sonst keine bekannt geworden. Möglich, daß die doppelte Heimsuchung von Christian sowas wie eine Trendwende darstellte.

250 Meilen vor Recife liegt das Rocas-Atoll. Gerade die richtige Distanz für einen Leistungstest von TABOO III. Abfahrt zu Mittag, Ankunft zu Mittag. So

war es dann auch. Eine schöne Brise mit fünf Beaufort, und TABOO III zischte raumschots hinaus in den Atlantik. Bei der Navigation war Aufmerksamkeit geboten. Die Insel hat nur etwas mehr als eine Meile im Durchmesser, ist sehr niedrig und außerdem von unregelmäßigen Strömungen umspült. Ich konstruierte mir jede Stunde eine Standlinie, um bezüglich der Strömungen jedes Risiko auszuschalten. Pünktlich um elf Uhr zeichneten sich dann an der vorgesehenen Stelle der schmale Strich des Leuchtturms und wenig später ein paar Palmen ab. Wir umrundeten das Riff und ankerten auf Korallengrund.

Entweder liegt das Rocas-Atoll besonders unglücklich im Weg, oder es hat eine schicksalshafte Anziehungskraft wie das Bermuda-Dreieck. Jedenfalls war es mit Wrackteilen übersät. Gleich vor uns lagen die Reste eines Ferrozementbootes, das unter besonders heftigem Wetter gestrandet sein mußte. Der Rumpf war in mehrere Teile zerbrochen, Motorblock, Batterien und Kiel lagen etwas abseits verstreut, der hölzerne Aufbau war hundert Meter weiter im Sand eingebettet. Gerti fand gleich daneben eine Centime-Münze, und auch die Beschläge ließen auf französische Herkunft dieser Schiffsleiche schließen.

Beim Herumschnorcheln fand ich dann die Zeugen verzweifelter Rettungsversuche. Mehrere Stockanker, gebrochene Ketten, durchgeschabte Seile garnierten das Riff. Da ich keine Verwendung für das sperrige, rostige Zeug hatte, ließ ich es als Unterwasserattraktion liegen.

Die beiden Leuchttürme auf Rocas machen das Atoll nicht sicherer. Der eine, gleich am Strand, ist nur noch eine Ruine und dient ein paar Tausend Seevögeln als Unterkunft, der neue Leuchtturm, eine Metallkonstruktion weiter landeinwärts, war bei unserem Besuch ebenfalls außer Funktion. – Leere Gasflaschen ...

Rocas wird in Brasilien als das einzige Atoll des Südatlantiks gehandelt. Ich bezweifle allerdings, daß man es mit gutem Recht als Atoll bezeichnen kann. Das wesentliche Merkmal eines Atolls ist schließlich die Lagune, die meist zwanzig bis vierzig Meter tief ist. In außergewöhnlichen Fällen kann sie noch bedeutend tiefer sein. Mir fällt da als Beispiel Suvadiva in den Malediven ein, wo die Lagune sogar eine maximale Tiefe von 86 Metern hat. Auf Rocas trocknet die „Lagune“ bei Niedrigwasser bis auf eine Rinne von knapp zwanzig Meter Breite und ein paar Meter Tiefe komplett aus.

Atoll oder nicht, die Insel war fischreich. Kurz vor unserer Ankunft hatte uns schon ein Barracuda an der Schleppangel begrüßt. Am Riff selbst waren dann auch meine speziellen Freunde, die Bernstein-Makrelen, zur Stelle. Außerdem gab es jede Menge Höhlen, aus denen Langustenfühler zum Zugreifen animierten.

Wir ließen es uns drei Tage gut gehen und machten uns dann auf den 2000-Meilen-Schlag in die Karibik.
Beim Stichwort Karibik hatte Gerti gleich klingende Namen wie Barbados, Grenada und Antigua im Ohr, genau jene Plätze, die mich überhaupt nicht mehr interessierten. Bei meiner ersten Reise hatte ich die Windward Islands zur Genüge kennengelernt: überfüllte Häfen, Korruption, Präpotenz, teuer. Bei aller Demokratie am Schiff mußte ich ihr die Gegend ausreden. Man kann sie ja recht toll finden, wenn man zum Beispiel aus Idaho kommt; für uns würden sich bessere Plätze finden. Also Venezuela, Mexiko, Jamaika (allein wegen der Neugierde).

Reggae, Rauschgift und ein namenloses Riff JAMAIKA

Fünf Tage später waren wir tausend Meilen weiter. Der Süd-Ost-Passat hatte uns flott die Küste hochgeblasen. Die Skegs bewährten sich, die Selbststeueranlage funktionierte wieder einwandfrei — abgesehen von einem kleinen Zwischenfall, der glücklicherweise unter Ausschluß der Öffentlichkeit stattfand. Vor dem Wind verwende ich als Ersatz für Spi oder Blister (dazu hat's finanziell noch nicht gereicht) ein altes Fallschirmsegment, das ich irgendwann in einem Trödlerladen um 25 Dollar erstanden habe. Dieser Spi-Ersatz kann sich unter ungünstigen Umständen um das Vorstag wickeln. Das tat es in der fünften Nacht dieser Fahrt auch. Es wickelte sich nicht nur einmal ums Vorstag, sondern die ganze Konstruktion aus Fallschirm, Schnürln und Bambusrohr schraubte sich — flopp, flopp, flopp — in immer festeren Windungen um Vorstag und Genuafall. Es war illusorisch, die Sache in der Nacht wieder klar bekommen zu wollen. Am Morgen kurbelte mich Gerti dann im Bootsmannsstuhl hoch, und ich versuchte, das Fallschirmsegment von oben wieder aufzuwickeln. Ich schaukelte wie verrückt herum, mit dem einzigen Erfolg, daß ich mich selbst um ein Haar ums Vorstag vertörnt hätte. Am Ende mußte Gerti im Kreis motoren, während ich bei günstig einfallendem Wind Schicht um Schicht des Segels loslöste. Das muß ganz gut ausgesehen haben: Ein 18-Meter-Kat, der am frühen Morgen zig-Meilen vor der Küste Französisch-Guayanas seine Kreise zieht.
Aber sonst war's ein Bilderbuchtörn. Hin und wieder hatte ein Fisch Sehnsucht nach der Bratpfanne, es gab frisches Vollkornbrot. Gerti hatte ein besonderes Bedürfnis, mich zu verwöhnen. Es gab jede Menge Zeit für die Koje und den Korbstuhl im Cockpit. In weniger als elf Tagen schafften wir mehr als zweitausend Meilen. Am zehnten Tag rundeten wir Galera Point am oberen Ende von Trinidad und waren damit in der Karibik. Als erstes Ziel hatten wir uns die Te-

stigos-Inseln vorgenommen (sie gehören politisch zu Venezuela). Venezuela – das war mir viel lieber als beispielsweise Barbados.
Bei aller Ordnung, die in mein Leben eingekehrt ist, fühle ich mich doch nicht als Zugvogel, der den Winter an einem bestimmten Platz im Süden und den Sommer an einem anderen Platz im Norden verbringt. Dieses Pendeln zwischen bekannten Plätzen, nur um stets im angenehmen Klima zu sein, wäre mir zu langweilig. Nach eineinhalb Weltumseglungen bin ich immer noch neugierig auf neue Plätze, neue Menschen, neue Tauchgründe, neue Eindrücke und Erfahrungen.
Nach der tropisch überquellenden Vegetation Brasiliens wirkten die kargen, kaktusüberwucherten Inseln direkt spannend. Auf einem der Hügel stand ein rundes Gebäude, davor eine große Flagge: der Sitz der Guardia, wo ich mit unseren Papieren vorstellig wurde. Natürlich hatte ich kein Visum, aber das war für den Beamten „no problema". Hier wurde man ohnehin nur in einem Logbuch registriert, einklarieren gab's nur auf der Isla Margerita. Dort begaben wir uns dann pflichtbewußt bei nächster Gelegenheit hin. Der Herr von der Immigration war nicht zur Hand. Man vertröstete mich auf manana. „Morgen" war er auch nicht da, am nächsten Tag hatte ich einen Termin bei den Perlaustern. Ich hatte mir in den Kopf gesetzt, für Gerti eine Perle zu besorgen und konnte mich erst dann um die Behörden kümmern, als ich eine perfekte gefunden hatte. Als dann endlich ein Treffen zustande kam, war der Beamte einigermaßen konsterniert wegen der fehlenden Visa. Ich hätte jetzt gern eine passende Ausrede gewußt, denn die Wahrheit konnte ich ja kaum erzählen: in Rio hatte ich ein besseres Programm gehabt, als mich um die Visa zu kümmern, in Salvador und Recife war kein venezuelanisches Konsulat zur Hand gewesen. Da ich aber ohnehin gleichzeitig mit dem Einklarieren auch ausklarieren wollte, machte man schließlich keine gröberen Schwierigkeiten. Wir erhielten die Aufenthaltsgenehmigung, nur die Pässe wurden nicht abgestempelt.
Wegen der konkurrenzlos billigen Treibstoffpreise ist man in Venezuela geradezu moralisch gezwungen, alle Tanks bis obenhin zu füllen. Benzin war praktisch überall zu haben, mit dem Diesel dagegen gab es Schwierigkeiten. Auf den Inseln schien alles mit Benzin zu fahren. Also segelten wir über Nacht nach Cumana am Festland und machten mittags im kleinen Fischereihafen fest. Nach drei Fahrten mit dem Dinghy hatte ich 570 Liter Diesel an Bord geschafft. Das kostete 12 Dollar.
Über Nacht ankerten wir draußen in der Bucht. Als ich am nächsten Morgen noch Wasser bunkern wollte, traf ich Dick und Sharon von der amerikanischen

Yacht LE GAMIN; wir hatten uns schon an einem früheren Ankerplatz kennengelernt und kamen nun ins Plaudern. Dick erzählte, daß sie um ein Haar im Gefängnis gelandet wären, weil ihre Pässe nicht korrekt abgestempelt waren. Im Gegensatz zu uns waren sie aber höchstformell eingereist — sie hatten Visa und waren ordnungsgemäß einklariert. Innerhalb der letzten beiden Tage waren ihre Papiere dreimal kontrolliert worden. Das klang alles nicht so gut. Das Wasser war jetzt gar nicht mehr so wichtig. Ich machte mich eilig auf den Rückweg zu TABOO III. An der Mole der halbfertigen Marina stand ein uniformierter Beamter und winkte ganz aufgeregt. Im Lichte der letzten Informationen zog ich es vor, ihn zu ignorieren. Meine schlaue Gerti hatte die Szene durch das Fernglas beobachtet, sah mich anflitzen und startete schon den Motor. Es war Zeit, den billigen Diesel unter Höchstgeschwindigkeit zu verbrennen.
Wasser besorgten wir uns ein paar Meilen weiter auf der gegenüberliegenden Halbinsel. Wir hatten da beim Vorbeifahren eine Pipeline gesehen, die sich tatsächlich als Wasserleitung entpuppte. Beim kleinen Fischerdorf holte ich mir 500 Liter, bezahlte mit einer Flasche Schnaps und sah zu, daß TABOO III baldmöglichst den Einflußbereich der venezuelanischen Behörden hinter sich ließ. Ich hatte wenig Lust, wegen eines bißchen fehlender Stempelschwärze Zores zu bekommen.

Unsere nächste bemerkenswerte Station waren die Roques-Inseln, ein etwa zehn Meilen langes Gebilde aus Riffen, Sandbänken und kleinen Inseln. Die Ankunftszeit wäre — und das scheint sich auf diffizilen Segelgründen zwangsläufig zu ergeben — wieder mitten in der Nacht gewesen. Wir drehten bei und warteten bis zum ersten Tageslicht. Dann schlängelten wir uns durch die Einfahrt am südwestlichen Ende und ankerten zwischen zwei parallel verlaufenden Riffen auf glattem Wasser.
Etwas weiter saß am Außenriff die Leiche eines Fischerbootes. Ein beispielhaft ausgeweidetes Wrack: abgesehen von der kompletten Einrichtung waren auch Bullaugen, Verkabelungen und sogar Türklinken abmontiert worden. Jetzt hatten Pelikane von den Aufbauten Besitz ergriffen und begruben den Rest des Fischerbootes unter einer Decke ihres wertvollen Düngers.
Das Tauchen hier war eine platonische Angelegenheit. Fische gab es zwar im Überfluß, wir lebten aber trotzdem lieber von unseren Bordvorräten. Es gab gewisse Anzeichen, daß die Fische dieser Inselgruppe Gift in ihren Körpern hätten. Es hat dieses Phänomen der vergifteten Fische zur Abwechslung nichts mit Umweltbelastung zu tun, es ist eine ganz „natürliche“ Angelegenheit. Es handelt sich dabei um das Gift Ciguatera, das über giftige Algen in die Körper kleiner,

pflanzenfressender Fische und über die weitere Nahrungskette in das Fleisch eßbarer Fische gelangt. Je älter und größer der Raubfisch, desto höher die Giftkonzentration. Insgesamt wurden über dreihundert Arten eventuell giftverseuchter Fische festgestellt, darunter alle üblichen Speisefische wie Barsche, Makrelen, Bonitos, Barracudas und so weiter. Mit einem Wort: in einem gefährdeten Gebiet darf man praktisch keinen Fisch anrühren, wenn man auf ein ungestörtes Wohlbefinden Wert legt.
Ciguatera kann überall in den Tropen auftreten. Bekannt geworden sind vor allem Unglücksfälle in den Tuamotus-Atollen. Aber die Situation kann sich über die Jahre ändern. Verseuchte Reviere können wieder sauber werden und umgekehrt.
Man muß sich auf den Rat der Einheimischen verlassen. Vergiftete Fische unterscheiden sich von unvergifteten weder in Geruch noch Geschmack. Auch wenn nur ein leiser Verdacht auf Ciguatera-Belastung eines bestimmten Gebietes besteht, sollte man sich lieber in totaler Fischabstinenz üben. Die Folgen einer solchen Vergiftung können nämlich dramatisch sein. In extremen Fällen treten Muskellähmungen auf, die oft zum Tod führen (7% aller bekannt gewordenen Erkrankungen). Die Bandbreite der Unannehmlichkeiten reicht von Schwellungen und Gefühllosigkeit im Mund- und Rachenbereich über Durchfall, Erbrechen, Muskelschwäche, Gelenksschmerzen, Haar-, Nägel- und Zahnausfall, Schlaflosigkeit bis zum vergleichsweise harmlosen Juckreiz. Ein Serum gegen derartige Vergiftungen wird bisher noch nicht angeboten.
In meinem Bekanntenkreis ist zwar noch kein Todesfall durch giftige Fische vorgekommen, aber ich kenne ein paar Segler, die nach einer derart unbekömmlichen Fischmahlzeit wochenlang so entkräftet waren, daß sie nicht aufrecht gehen, geschweige denn einen Anker hochziehen konnten. Also lieber kein Fisch in verdächtigen Gebieten!
Glücklicherweise kommt Ciguatera nur in riffgebundenen Fischen vor. Was man also auf offener See fängt, ist sauber. Auf unbewohnten Atollen bevorzuge ich kleine, also jüngere Fische, die im Falle eines Falles nur eine niedrige Giftkonzentration aufweisen können. Rogen und Leber, wo sich das meiste Gift sammelt, sind sowieso tabu.
Trotzdem ließ sich die Tiefkühl- und Konservenkost auch auf den Roques-Inseln durch Frischfleisch aufbessern. Wir wichen einfach auf die großen Flügelschnecken (conch chowder) oder auf Langusten aus, die ja wirklich keinen Zugang zum Ciguatera haben und in zufriedenstellender Zahl zugegen waren.
Die letzte Station unseres Inselhüpfens in venezuelanischen Gewässern waren

die Avis-Inseln. Erstaunlicherweise gab es auch hier eine „Guardia". Obwohl wir in einem Sicherheitsabstand von gut zwei Meilen ankerten, ließ es sich der Beamte nicht nehmen, mit seinem Motorflitzer zu uns herauszukommen. Er war der letzte, der in unseren Pässen ergebnislos nach Visa suchte. Es ging ihm aber sowieso mehr um einen kleinen Nachmittags-Tratsch, was uns auch lieber war.

Was das Kulinarische betrifft, so waren die Avis-Inseln eine ausgezeichnete Schneckengegend. Überall an den Stränden lagen Berge von Flügelschneckenschalen, alle mit dem charakteristischen Loch am Ende, das man in die Schale schlägt, um den Muskel schnell herausholen zu können. Das Schneckenfleisch wird auf dem kürzesten Weg nach Curaçao gebracht, wo es einen deutlich besseren Preis bringt als in Venezuela. Nach Curaçao wollten wir auch, allerdings ohne Schneckenfleisch.

Curaçao ist eine holländisch verwaltete Insel am Westende der kleinen Antillen. Der Bekanntheitsgrad ihres Namens ist vermutlich nicht auf diese geographische Besonderheit zurückzuführen, sondern auf den gleichnamigen Schnaps. Wir erreichten den südlich des Handelshafen gelegenen „Spanish Harbour" zur Abwechslung in den Morgenstunden und ankerten in der Nähe des Curaçao-Yacht-Clubs. Was für ein Unterschied zu Südamerika! Alles war ordentlich und sauber wie in einer Sommerfrische in Holland. Die Insel hatte Geld, das konnte man fast riechen. Sehen konnte man es an den Preisschildern der wohlsortierten Supermärkte.

Unser Ankerplatz war landschaftlich nicht ohne Reiz, allerdings von der Stadt und allem anderen meilenweit entfernt. Das allein wäre ja noch nicht tragisch gewesen. Es gingen uns nur die öffentlichen Verkehrsmittel ab. In dieser vornehmen Gegend verfügte man offensichtlich über ein Auto — oder über mehrere ... Arme Leute hatten hier nichts verloren. Wir trabten also Richtung Stadt, und erst auf halbem Weg fanden wir die Station einer Buslinie. Die Sache war beschwerlich. Eine Stadttour reichte uns, drei Tage später waren wir auf dem Sprung nach Jamaika.

Daß wir nach Jamaika gingen, war pure Neugier. Wir hatten über die Insel viel gehört und gelesen. Ein paar dieser Berichte klangen ganz verlockend, die meisten waren ziemliche Räubergeschichten. Wie sich aber immer wieder gezeigt hat, ist auf solche Informationen wenig Verlaß. Viele Besucher sind oft nur kurz an einem Platz und schildern halt ihre ersten Eindrücke. Bekommen sie am Flughafen nicht gleich ihr Gepäck, so ist die ganze Gegend mies, haben sie ein liebes Mädel kennengelernt, ist der Platz gleich sensationell.

Nur eines konnte man gern glauben: Die Hauptstadt Kingston war kein guter Platz zum Ankommen. Wie ich bei einem späteren Besuch feststellen konnte, ist das absolut richtig. Kingston ist beileibe keine Sehenswürdigkeit. Der größte Teil der Stadt besteht aus Slums, die Gegend ist staubig und reizlos, Touristen werden auf offener Straße ausgeraubt.
Wir hielten zwar auf das Ostende der Insel zu, segelten dann aber die Küste Richtung Westen entlang, wo die Insel von tropischen Regenwäldern überzogen ist, wo sich Wasserfälle über Steilküsten ins Meer ergießen, wo es unberührte Strände und halbwegs unverdorbene Eingeborene gibt. Wir ankerten schließlich in Montego Bay, ziemlich genau vis-a-vis von Kingston, also an der Nordwestspitze Jamaikas.
Wie sich herausstellen sollte, ist das eine sehr gemäßigte Gegend. Trotzdem waren manche Verhaltensweisen der Eingeborenen gewöhnungsbedürftig. Man wurde auf den Straßen angeblödelt und angebettelt, weiße Frauen standen offensichtlich im Rang von sexuellem Freiwild. Mir wurde das anfangs gar nicht so bewußt, aber Gerti klärte mich bald auf. Die schwarzen Gentlemen Jamaikas kommen auf der Straße einfach längsseits und fragen weibliche Touristinnen, ob sie nicht Lust aufs Bumsen hätten. Wie wir bald erfuhren, hat das seinen guten Grund. Jahr für Jahr kommen eine Menge notleidender amerikanischer Frauen nach Jamaika, um sich hier einen ausdauernden Neger aufzureißen und zwei oder drei Wochen über die Stränge zu schlagen. Dagegen ist ja grundsätzlich nichts einzuwenden. Unangenehm ist nur die Tatsache, daß die Herren nicht differenzieren können und praktisch jedes weiße Mädchen als Sexualobjekt betrachten, von dem sie außerdem noch eine Zeitlang ausgehalten werden wollen. Mauritius ist diesbezüglich ein positives Gegenbeispiel. Auch auf diese Insel kommen lustige Witwen und liebesbedürftige Jungfrauen, um mit hübschen, braunen Burschen anzubandeln. Aber das geht viel diskreter über die Bühne, und keinem dieser Burschen würde es einfallen, eine Besucherin rüde anzuquatschen.
Und dann war in Jamaika natürlich noch *ganja* allgegenwärtig. Ganja, das Gras, also Marihuana, wird einem hier bei allen passenden und unpassenden Gelegenheiten angeboten. Gerti wurde es am Markt fast aufgedrängt.
Jamaika ist gemeinsam mit Kolumbien der Hauptlieferant für die US-Dealer. Das Zeug wird von einem Großteil der Bevölkerung konsumiert, es existiert ein kaum verdeckter Groß- und Detailhandel. Jedes Jahr werden eine Reihe von Motorbooten und Segelyachten mit einer Ladung *ganja* erwischt und konfisziert. Merkwürdigerweise werden die Schiffe immer erst dann durchsucht, wenn

der Stoff ausbezahlt ist und die (fast durchwegs amerikanischen) Schiffe am Auslaufen sind. Die Behörden haben bei ihren Durchsuchungen eine verdächtige Treffsicherheit. Es gilt als offenes Geheimnis, daß die Dealer mit den Behörden zusammenarbeiten. Dem naiven Möchte-gern-Schmuggler wird das Geschäft schmackhaft gemacht. Kaum hat er das Zeug an Bord, kommt die Polizei, konfisziert Schiff und Marihuana, kassiert eine hohe Geldstrafe und liefert vermutlich das Rauschgift wieder an den Dealer ab, der sich einen nächsten Idioten sucht. So haben fast alle Beteiligten ihren Profit.

Die professionellen Schmuggler denken freilich in anderen Dimensionen und wickeln den Transport per Flugzeug ab. Über die ganze Insel verstreut sind exclusiv für den Rauschgiftschmuggel Flugpisten angelegt. Sie sind so kurz, daß nur kleine Sportflugzeuge darauf landen können. Natürlich geht bei diesem Geschäft nicht immer alles glatt. So sahen wir zwischen Montego-Bay und Negril eine abgestürzte einmotorige Piper auf dem Riff sitzen, nur halb unter Wasser und vom Swell hin und her gewiegt. Die Sache war zu interessant, um daran vorbeizusegeln.

Die Bruchlandung war ein eindeutiger Totalschaden. Der Motorblock mit dem eingewuzelten Propeller lag ein Stück weg vom Rumpf, das Flugzeug selbst war ziemlich eingedellt. Abgesehen vom Pilotensitz bestand die Einrichtung des Fliegers aus purem Stauraum.

Als wir die Unfallsstelle inspizierten, erregten wir die Aufmerksamkeit einiger Einheimischer, die mit einem kleinen Motorboot herauskamen und uns gleich mehr erzählten. Auf dem Riff wären schon mehrere Ganja-Flugzeuge zu Bruch gegangen, hörten wir mit einigem Erstaunen, meistens wäre die Ursache Überladung gewesen. Gleich an der Landkante lag nämlich eine dieser kurzen Pisten. Im Fall der Piper war aber nicht zu viel geladen gewesen. Die Piste führte ein paar Meter über ein fremdes Grundstück, erzählten unsere Besucher, die sich mittlerweile auch freundlich als Marihuana-Großhändler vorgestellt hatten, und der Nachbar mochte die Starts nun nicht mehr leiden (vermutlich fühlte er sich zu gering beteiligt). In der Nacht hatte er hinterhältigerweise ein paar Betonbrocken auf der Piste deponiert ... Irgendwie bewunderte ich den Nachbarn. Er leistete ganze Arbeit.

En passant wurde uns nach diesen Ausführungen ein gröberer Posten Rauschgift angeboten, der ja nach diesem Zwischenfall nicht mehr per Flugzeug transportiert werden konnte. Mit dem Polizeichef von Montego Bay bestünde bestes Einvernehmen, kein Problem also in dieser Richtung. Ich lehnte dankend ab. So

gut konnte der Profit gar nicht sein, daß ich mich als Rauschgiftschmuggler einspannen ließ.
Wer Jamaika besucht, darf auf den Ohren nicht empfindlich sein. Nicht allein wegen der lautstarken Bevölkerung, in erster Linie wegen des aus allen Lautsprechern tönenden Reggae. Reggae war Bestandteil des täglichen Lebens auf Jamaika. Man kann sich dieser in den Slums von Kingston geborenen Musik einfach nicht entziehen. Nicht einmal auf abgelegenen Ankerplätzen. Aus irgendeinem Loch tönt immer Reggae, und sei es nur aus dem Recorder eines Fischerbootes. In voller Lautstärke, versteht sich.
Die in Europa verbreitete Form des Reggae ist übrigens die mildere Variante. Auf Jamaika hat Reggae oft nichts mehr mit Musik oder Singen zu tun, es ist eher ein hysterisches, abgehacktes Reden, das in seinem Rhythmus an ein Maschinengewehr mit Ladehemmungen erinnert.
Viele Reggae-Songs befassen sich naturgemäß mit Ganja. In einem wird empfohlen, die Zuckerrohrfelder niederzubrennen, wenn die Polizei weiterhin die Ganja-Felder vernichten sollte.
Das schien mir maßlos überzogen. Die Polizeiaktionen sind ja mehr als harmlos und werden das Ganja-Angebot kaum merklich drosseln können. Erstens befinden sich die Marihuana-Felder in den unübersichtlichen Gebirgsregionen, wo sie kaum auszuforschen sind. Und wenn, können dort nicht einmal Hubschrauber landen. Die Behörden werfen Pestizide ab, um die Ernte zu vernichten. Breitenwirkung hat das keine.
Marihuana und Reggae — dazu gehören noch die Rastafarians. Die wesentlichen Eigenschaften und Ideen der Rastafarians (kurz Rastas) sind schnell beschrieben: Haare in lange Zöpfchen geflochten, Vegetarier; zur Zeit der Besetzung durch England waren sie gewissermaßen Freiheitskämpfer, seit der Unabhängigkeit von Jamaika sind sie ganz generell gegen Weiße. Sie kämpfen für die Freigabe des Marihuana und haben sich den äthiopischen Kaiser Haile Selassie als Oberhaupt ihres Kultes gewählt. (Dem soll das gar nicht so recht gewesen sein).
Die politische und religiöse Motivation der meisten Rastas hält sich in Grenzen. Sie laufen zottelig durch die Stadt, biedern sich bei Touristen an und lassen sich gern auf Drinks oder ein Essen einladen, wobei sie auch nichts gegen Fleisch einzuwenden haben. Andere wieder betätigten sich am Strand als Zuhälter.
Wir lernten nur einen einzigen Rastafari kennen, der einen halbwegs sendungsbewußten Eindruck machte. Der lebte in den Bergen, hatte einen kleinen, buntbemalten Tempel an einem Flüßchen und gewährte dort Audienzen. Im angeschlossenen Kräuterladen konnte man gegen eine geringe Spende Natur-Medizi-

nen ausfassen. Dieser Oberrasta hatte es auch schon zu einem beachtlichen Wohlstand gebracht. Er hatte ein Auto und drei Frauen, die ihn hinten und vorne bedienten.
Nur eines ist allen Rastas gemeinsam: Sie rauchen Ganja und versuchen natürlich auch, es den Touristen anzudrehen.
Nachdem wir uns einen schnellen Überblick über das städtische Leben auf Jamaika verschafft hatten, mieden wir die besiedelten Gegenden und trieben uns auf unbewohnten Küstenabschnitten herum. Nach den fischreichen Revieren der letzten Monate war die Unterwasserwelt hier eine herbe Enttäuschung. Es gab praktisch keinen nennenswerten Fischbestand. Lediglich ein paar durchsichtige Schwärme spannenlanger Fischchen fristeten ein einsames Dasein, und selbst diesen wurde mit einer Unzahl von Reusen nach dem Leben getrachtet. Entlang der Küste gab es streckenweise derartige Reusen-Konzentrationen, daß man beim Segeln permanent den kleinen Makierungsbojen und den daranhängenden Netzen ausweichen mußte.
Auf unserer Suche nach besseren Tauchgründen verschlug es uns sogar auf die Pedro-Bank; sie liegt rund siebzig Meilen südlich von Jamaika. Darauf befinden sich im Abstand von wenigen Meilen drei kleine Inseln. Im Lee der ersten ankerten mehrere große Fischerboote, ein paar andere kurvten vor der Bucht herum. Von einem wurden Fischabfälle abgeladen, um die sich zwei beachtliche Haie balgten. Es herrschte ordentlicher Betrieb, und der Platz war nicht ganz nach unserem Geschmack. Das eine Fischerboot begrüßte uns mit einem herausfordernden: „What‘s going on, man“, von einem anderen schallte „Fuck the woman“ herüber. Das war schon ein bißchen zu persönlich. Nachdem wir noch nicht geankert hatten, zogen wir einfach eine elegante Schleife in Richtung der nächsten Insel. Auch die war von Fischerbooten okkupiert, sodaß wir gar nicht näher ‘ran segelten. Erst auf der letzten konnten wir friedlich ankern. Später kamen ein paar Fischer und winkten freundlich mit einem Büschel Langusten. Sie waren ganz offensichtlich unbewaffnet und in biederer Absicht unterwegs. Also ließ ich sie herankommen, und ein paar Minuten später waren sie um eine Flasche Zuckerrohrschnaps reicher, während wir ein frisches Abendessen gesichert hatten.
Unter Wasser war die Gegend auch hier nicht berühmt. Abgesehen von ein paar Haien, gab es keine Attraktionen. Im Grunde hätten wir schon jetzt von Jamaika genug gehabt. Aber für ein paar Wochen später hatten sich Freunde angesagt, die wir in Montego-Bay aufnehmen sollten.
Wenn Schiffe verloren gehen, dann meistens aus Unachtsamkeit oder Blödheit

ihrer Skipper. Es kommt ja selten eine unberechenbare Naturgewalt daher und versenkt eine Yacht auf hoher See. Die meisten Schiffsleichen ruhen nicht romantisch auf dem Boden eines tiefblauen Ozeans, sondern kleben ganz profan am Riff.

Üblicherweise ist daran nicht das Riff schuld. Entweder ist es brav in der Karte verzeichnet, oder die Karte hat weiße Flecken mit entsprechenden Hinweisen. Das heißt dann Navigation auf Sicht, wenn man sich nicht auf den Schutzengel verlassen will.

Seit dem Verlust von TABOO ist mir nachhaltig bewußt, wie sich unglückliche Umstände zum Desaster hochschaukeln können, und im Laufe der Jahre kriegt man auch eine gute Nase für ungute Situationen; man kriegt ein gutes Verhältnis zum Wetter und lernt eine gewisse Zurückhaltung bei verbauten Einfahrten.

Trotzdem wäre TABOO III im Dezember 1983 um ein Haar verloren gegangen. Nicht als Resultat unberechenbarer Zwischenfälle, sondern als schlichte Konsequenz von Fehleinschätzungen — der Ärger darüber hat sich bis heute gehalten. Natürlich herrschten ungewöhnliche Umstände.

Wir hatten vier europäische Freunde in Montego-Bay aufgenommen und wollten auf die Cayman-Islands zum Tauchen. Der Winter in der Karibik ist durch frische Passatwinde geprägt, dazwischen gibt‘s immer wieder die sogenannten „Norther“, Stürme aus dem Norden, die von oberhalb der Karibik durchziehenden Depressionen ausgelöst werden. Eine derart ungute Wetterlage hielt uns nach Eintreffen unserer Gäste auf Jamaika fest. Es blies zwar nicht sonderlich viel, aber immerhin genug, daß wir zwei Tage auf unserem Ankerplatz festgenagelt waren. Alle trugen‘s vorerst mit Geduld. Unsere Gäste mieteten ein Auto und kurvten auf der Insel herum. Als sich am dritten Tag die Sonne zeigte, waren alle ganz geil aufs Absegeln. Gerti und ich eigentlich auch — wir hatten mehr als genug von Jamaika. Es waren noch Einkäufe zu erledigen und das Mietauto zurückzugeben, was sich unerwartet in die Länge zog. Kurz: es war später Nachmittag, als wir Montego-Bay verließen. (Das war übrigens Fehler Nummer 1 — eine weitere Nacht am Ankerplatz hätte niemandem geschadet. Daß unseren Gästen noch ein Urlaubstag verloren gegangen wäre, hätte man eben unter Kismet abbuchen müssen.)

Unser Ziel war Mosquito Cove. Draußen erwarteten uns leichte Winde und beachtlicher Schwell. Langsam segelten wir der sinkenden Sonne nach. Die Sonne ging unter und Mosquito Cove war nocht immer nicht in Sicht. Wir waren schon früher in der Bucht gewesen und kannten die idyllische Einfahrt einigermaßen. Die vorgelagerten Riffe zwangen zu einem gewissen Abstand von der

Küste, was es erschwerte, Einzelheiten zu erkennen. Endlich — das letzte Tageslicht war schon fast hinüber — glaubte ich die Einfahrt vor mir zu haben. Enttäuschung beim Näherkommen — die Ecke sah der Einfahrt nur ein wenig ähnlich, Mosquito Cove mußte noch weiter entfernt sein. Bei der nächsten Landspitze war ich aber ganz sicher. Unter Maschine liefen wir in die Bucht ein. (Das war Fehler Nummer 2: Ich hätte bei diesen miesen Lichtverhältnissen einfach auf die ruhige Nacht und das gediegene Dinner verzichten müssen, im Zweifelsfalle vor der Küste ankern!)

Ich besetzte also den Bug und die in Mosquito Cove kritische rechte Seite mit Norbert und Gerti als Ausgucks und setzte einen Mann ans Echolot, der laufend die Tiefe durchgab.

Wir waren noch nicht weit in der Bucht, als es rumpelte. Mein Reflex schaltete die Hydraulik auf Retourgang, da hatte uns der Schwell aber schon mit einem festen Kracher voll auf die Korallen gesetzt. Handscheinwerfer her und in die Umgebung geleuchtet. Rundherum Korallenköpfe. Kein Ausweg in Sicht. Schwell-hoch-Krach. In meinem Schädel war plötzlich sehr viel Blut. Dinghy mit Außenborder ins Wasser, Anker samt Trosse vom Trampolin ins Dhingy und schräg zurück ins tiefere Wasser. Inzwischen wieder ein paar Wellen. Welle-Krach, Welle-Krach, TABOO III schob sich immer weiter aufs Riff. Anker ins Wasser-„Winschen!!!". Alles warf sich in die Winschkurbel, der Kat rührte sich keinen Zentimeter. Zurück auf's Schiff. Den Dinghy-Festmacher in eine helfende Hand gedrückt und selbst mit angefaßt: Die Ankertrosse spannte sich wie eine Klaviersaite. Null-Effekt. Offensichtlich hatte eine Strömung das Schiff seitwärts auf den Korallenblock versetzt. Wir konnten nicht mehr auf demselben Weg zurück.

Inzwischen schlugen schon die Ruder auf die Korallen. Gerti brüllte wie am Spieß, wohl wissend, daß die Ruder so ziemlich das Heikelste an TABOO III sind. Ich flitzte zurück, zog sie hoch und kurbelte auch gleich den Propeller aus der Gefahrenzone, der sich schon in die Korallen gebissen und den Motor abgewürgt hatte. Im selben Moment der nächste Alarm. Das Dinghy hatte sich selbständig gemacht. Hechtsprung ins Wasser, Kraulsprint. Diesmal band ich es selbst fest.

Wir waren am besten Weg, das Schiff zu verlieren. Nach jeder Welle dieses schmerzliche, ohrenbetäubende Krachen; das Rigg pendelte furchterregend über unseren Köpfen, die Wellen stiegen zeitweise von hinten ins Cockpit und würfelten uns durcheinander. Beschissene Situation. Idiotische Idee, mitten in der Nacht in diese Bucht zu fahren. Eine tölpelhafte Nachlässigkeit, zu selbstsicher, zu nachgiebig, zu sehr nach den anderen gerichtet und das eigene Hirn auf Sparflamme geschaltet. Während ich am Schiff herumsauste und sogar so etwas wie körperliche Frische empfand, breiteten sich innerlich eine gewisse Panik und abgrundtiefer Schmerz aus. Auf diese Art das Schiff zu verlieren, war einfach unverzeihlich.

Hoch-Krach, Hoch-Krach, es war zum Verrücktwerden. Früher oder später mußten die Tothölzer nachgeben und die Rümpfe draufgehen.

Daß wir nicht schon lange abgesoffen waren, verdankten wir dem dreieckigen Querschnitt der Rümpfe. Wir knallten immer wieder mit den Kielen auf, und die verletzbaren Seitenwände blieben vorerst unversehrt.

Ich brachte zwei weitere Anker seitlich aus, um den Kat irgendwie auf der Stelle zu halten. Immer wieder dieses nervtötende Hochheben und Aufknallen. Vielleicht schon eine halbe Stunde. Aber noch immer kein Wasser im Schiff.

Das Wetter meinte es auch nicht gut mit uns. Der auflandige Wind wurde nach und nach stärker, immer häufiger klatschten Brecher ins Cockpit, das Schiff knirschte trotz der Anker über die Korallen. Nach einem Dutzend Versuchen, den Kat vom Riff zu winschen, kehrte fatalistische Ruhe ein. Ich wußte beim besten Willen nicht mehr, was ich noch versuchen sollte. Ohne Hilfe von oben war ich am Ende meines Repertoires.

Unsere Gäste bereiteten sich unschlüssig auf das Verlassen des Schiffes vor. Für Gerti und mich war das freilich noch lange kein Thema. Immer wieder leuchtete ich in die Umgebung, um eine Lichtung in diesem Wald aus Korallenblöcken zu entdecken. Aber da war nur hellgrünes Wasser, durch das man auf den Kalk sehen konnte.

Dann drehte plötzlich der Wind. Er drehte um 180 Grad, blies ablandig, glättete die Wellen und drehte und schob TABOO III ein wenig aus der alten Position. Jetzt war im Scheinwerferlicht auch eine enge Schneise in den Korallen zu erkennen, dahinter tieferes Wasser. Mitten drin ein Block, der fast bis an die Oberfläche reichte; aber da mußten wir eben mit Brachialgewalt drüber. Die neue Chance mobilisierte alle Kräfte. Wir schnappten uns die passende Trosse – Anker hatten wir ja mittlerweile schon in allen erdenklichen Richtungen – und spannten sie über die Genuawinsch, bis das Material rauchte. Mit jeder kleinen Welle rutschten wir ein Stückchen in Richtung Dunkelgrün. Ein letztes Mal noch dieses Bröseln, Brechen, Krachen, dann schwammen wir wieder. In einem kleinen Loch nur, aber immerhin: Wir hatten Wasser unter den Kielen. Ich brachte einen weiteren Anker in die Richtung des tieferen Wassers aus, dann wischten wir uns mit Schwung über den im Wege liegenden Block. TABOO

III nahm ihn zwischen die Rümpfe, rumste und polterte drüber und war dann endlich in Sicherheit. Motor an und ein gehöriges Stück weg vom Riff. Ankern für die Nacht. Im Riff lagen drei Anker samt Trossen, zwei hatten wir noch. Keine Spur von Freude. Und wenn, so hätte sie nicht lange gedauert. Kaum schaute der erste unter Deck, wurde die längst überfällige Meldung nachgereicht: Wasser im Schiff. Und nicht wenig. In der Pantry stand das Wasser dreißig Zentimeter über dem Fußboden. Vom Sinken konnte zwar noch keine Rede sein, aber beachtlich war der Wassereinbruch allemal. Ich verteilte Eimer, teilte einen Schöpfdienst ein, schnappte Unterwasserscheinwerfer und Taucherbrille, tauchte die Rümpfe entlang und besah mir den Schaden. Es gab mehrere Scharten und Hacker am Kiel und zwei handtellergroße Einbuchtungen mit Dellen und Rissen an den Seiten des Backbordrumpfes, durch die offensichtlich das Wasser ins Boot drang. Alles in allem sah der Kat nach dieser rauhen Behandlung aber immer noch recht manierlich aus. Das auf Stringern und Spanten verspannte und x-fach verleimte Sperrholz mit seinem Überzug aus Versatexgewebe bewies eine erstaunliche Resistenz gegen Korallen. Mein erstes Schiff wäre bei einer derartigen Kollision vermutlich innerhalb von fünf Minuten zu Bruch gegangen.
Zurück aufs Deck. Die Schöpftruppe kämpfte ganz engagiert, goß Eimer um Eimer ins Cockpit und konnte den Wasserstand einigermaßen in Schach halten. Ich schnitt mir eilig zwei passende Platten aus Sperrholz zurecht, patzte Dichtungsmasse auf die Ränder, schnappte mir eine Handvoll Kupfernägel und ging wieder ins Wasser. Norbert, der versierteste Taucher der Truppe, ging mit hinunter und leuchtete, während ich die wunden Stellen vernagelte.
Bald zeigte sich ein Erfolg der Behandlung. Der Wasserstand im Schiff sank rapide, nach zwei weiteren Stunden Schöpferei war der Wasserspiegel wieder unter dem Fußboden. Es drang zwar noch immer Wasser ins Schiff, aber das konnte von einem Mann bewältigt werden. Ich teilte Wachen ein, dann quetschten wir uns in die Kojen. Es war weit nach Mitternacht. Der Wind hatte längst wieder gedreht. Dort, wo TABOO III am Riff gesessen hatte, grummelten die Brecher. Von Schlaf konnte keine Rede sein — zu viele Gedanken im Hirn, Wut im Bauch und Schmerz im Herz.
Beim ersten Tageslicht konnten wir uns die sonderbare Bucht näher anschauen. Mosquito Cove war es nicht, das sah man auf den ersten Blick.
Der auflandige Wind war im Zulegen. Ich verzichtete vorerst auf die Bergung der Anker, und wir verfrachteten uns vorsichtshalber in eine andere Gegend. Die Schaukelei auf unserem freien Ankerplatz schlug sich auf die Nerven unserer Gäste, und überhaupt war die Tendenz eher Richtung Montego Bay, abheu-

ern und auf ein weniger anstrengendes Urlaubsprogramm umbuchen. Montego Bay konnte ich aber beim besten Willen nicht aufs unmittelbare Programm setzen. Die letzten undichten Stellen mußten umgehend verkleistert werden, dazu brauchte ich einen Ankerplatz mit klarem Wasser; Montego Bay war eine graue, undurchsichtige Suppe.

Zwei Stunden später ankerten wir in Bloody Bay. Sonnenschein, weißer Strand, festes Frühstück — die Stimmung war gleich wieder besser. Während unsere Gäste ihren Urlaub in Angriff nahmen und tauchen gingen, schnorchelte ich an den Rümpfen entlang und vernagelte die letzten undichten Kratzer.

Aber es gab noch mehr zu tun. Der einlaminierte Dieseltank hatte auch ein kleines Leck abbekommen, wodurch von unten Wasser eingedrungen war, das den Treibstoff durch einen undichten Inspektionsdeckel aus dem Tank gedrückt hatte. Die Gästekabine war vorerst wegen des Gestanks unbewohnbar. Teppiche, Konservendosen, Werkzeug und andere Kleinigkeiten hatten eine Diesel-Marinade abbekommen und mußten gründlich gereinigt werden.

Über beide Schreibmaschinen war Salzwasser gekommen.

Gerti und ich schrubbten alles in Süßwasser und breiteten es an Deck zum Trocknen aus. Der Kat erinnerte dann ein wenig an einen Zigeunerwagen, aber am Abend war das Bordleben fast wieder normal.

Bei der Unterwasser-Inspektion hatte sich gezeigt, daß TABOO III strukturell keine Schäden davongetragen hatte. Bedingt durch den V-förmigen Rumpfquerschnitt, waren wir hauptsächlich mit den beiden Kielen aufgeknallt. Diese sind aus drei Lagen von Brettern laminiert und mit fünf Lagen Versatex-Gewebe beschichtet. Sie bilden ein 14 cm starkes Rückgrat, das von der Bugspitze bis zum Heck reicht.

Eine fixe Ruderanlage wäre bei einer derart harten Grundkollision unweigerlich draufgegangen. Nachdem ich die Ruder aber bei der ersten kleinen Berührung hochgezogen hatte, zeigten sie — abgesehen von ein paar unbedeutenden Kratzern — keine Schäden. Gleiches galt für den Propeller. Er hat einen Durchmesser von 55 cm und ist sehr solide. Er kann sich ruhig einmal in die Korallen beißen, ohne Schaden zu nehmen, würde aber bei einem harten Aufsetzen die Aufhängung durch das Brückendeck stoßen. Durch das Hochwinschen war er natürlich aus dem Gefahrenbereich.

Verblüffend war auch die Widerstandsfähigkeit der Skegs. Sie waren mit dem Rumpf lediglich verschraubt und mit Epoxy angekittet. Bei einer derart rohen Behandlung hätten sie theoretisch abbrechen müssen. Sie waren zwar um 60 Grad verbogen, aber immer noch fest mit den Rümpfen verbunden.

Was den Motor betrifft, so bestand ja keine Gefahr einer Beschädigung. Die Maschine sitzt auf dem Zwischendeck, die Batterien sind auf gleicher Höhe. Kein Problem also in dieser Richtung.

Mit dem Trip auf die Caymans wurde es nun freilich nichts mehr. Die Segeleigenschaften waren wegen der verbogenen Skegs nicht ganz in Ordnung, und außerdem verursachte mir der Gedanke an den vernagelten Rumpf einiges Unbehagen. Da wir schon nach Cayman-Islands ausklariert hatten, meldete ich mich bei der nächsten Polizei. Die folgenden Tage verbrachten wir dann an der Nordküste Jamaikas.

Der erste Tagesausflug führte uns natürlich in die falsche Mosquito Cove, schon allein wegen der verlorenen Anker. Wir schnorchelten an der Unglücksstelle herum und fanden ein wahres Trümmerfeld. Korallenbrocken in der Größe von Tischplatten waren abgeschlagen und lagen hochkant am Grund. Nie hätte ich gedacht, daß der Kat eine derartige Verwüstung anrichten könnte. Von den Ankern war allerdings keine Spur. Am Strand standen drei Eingeborene, die mit sichtlichem Interesse unsere Sucherei beobachteten. Ich fuhr an Land und fragte, ob sie vielleicht Anker gefunden hätten. Zuerst stellten sie sich ein bißchen begriffstützig, aber bald war heraus, daß sie die Anker geborgen hatten und gegen eine gewisse Belohnung herausrücken würden. Die Anker sollten sich in einem Haus, etwa eine Meile entfernt befinden. Ich trapste hinter meinen Führern über Stock und Stein, quer durch einen kleinen Urwald und fand dann die Anker wohl verwahrt in einem Schuppen eingeschlossen.

Wir schleppten das Zeug wieder zum Strand und fuhren dann alle gemeinsam zum Kat hinaus. Mit den Ankern an Bord hatte ich natürlich eine ganz gute Verhandlungsposition, was die Ablöse betraf. Bei den überhöhten Forderungen der tüchtigen Ankersammler war sie auch dringend nötig. Sie hätten einen Käufer in Negril, der ihnen 200 US Dollar per Stück bezahlen würde. Macht also 600. Das war eine gewisse Unverschämtheit.

Das folgende Palaver dauerte eine Stunde. Es war ein verlockender Gedanke, die habgierigen und bockigen Kerle einfach über Bord zu schmeißen. Mit Gertis Hilfe, die auf den Philippinen ein sensationelles Talent im Handeln entwickelt hatte, gelang es schließlich, den Preis auf ein erträgliches Maß zu drücken: 200 Dollar, drei Taucherbrillen, ein Tauchermesser und ein ausgedienter Feldstecher.

Unsere Generösität muß sich herumgesprochen haben. Wenig später kamen zwei ärmliche Fischer angepaddelt und offerierten mir die verlorenen Anker-

trassen. Überraschenderweise überließen sie die Höhe der Bezahlung mir und zogen kurz darauf glücklich mit einem Packen ausgedienter Wäsche ab.
Die Besuche schienen nicht abreißen zu wollen. Kurz darauf ließ sich ein Polizist zum Kat bringen und startete eine Art Verhör. Erst nach und nach kam er drauf, daß er keinem Ganja-Deal auf der Spur war.
Die Zollbehörden in Montego-Bay hatten später auch keine Freude mit uns. Unser Verhalten war ja auch zu verdächtig. Sie durchsuchten den Kat von vorn bis hinten, konnten uns aber kein Vergehen nachweisen.
Nachdem unsere Gäste wieder abgeflogen waren, konnten wir uns um die fachgerechte Reparatur der Schäden kümmern. Der Kat mußte unbedingt ins Trokkene. Unsere übliche Technik des Trockenfalles an einem ruhigen Strand funktionierte hier leider nicht. In der Karibik ist der Tidenhub nicht mehr als ein Fuß. Die große Slipanlage in Kingston war die nächstliegende Idee. Die Hebeanlage war aber „out of work", es existierte eine seitenlange Warteliste. Termin ungewiß. Per Zufall erfuhr ich über eine passende Slip-Anlage in Savanna la Mar, etwa 50 Meilen hinter dem Westende der Insel. Dort schaute es schon besser aus. Wartezeit drei Wochen.
In der Zwischenzeit würde auch ein Paket mit Epoxyharz aus Wien eingetroffen sein. Dachte ich zumindest. Ich war schon eine bekannte Figur auf der Post, als sich das Postfräulein endlich erbarmte und mich hinter die Kulissen des Amtes führte. In der Lagerhalle türmten sich hunderte Postsäcke, davor saßen zwei ältliche Mädchen und sortierten die Pakete. Im Moment — es war Ende Januar — schufteten sie gerade an der Weihnachtspost. Die war etwa Ende November abgeschickt worden. Eine schnelle Hochrechnung ergab, daß es völlig sinnlos war, auf das Epoxy aus Wien zu warten. Ich ratterte nach Kingston, organisierte ein Visum für die USA, buchte bei Jamaica Airways um 180 Dollar nach Miami und retour und stand am übernächsten Tag in einem riesigen Marine-Zubehör-Supermarkt. Weil ich schon mitten im Bastlerparadies war, wühlte ich auch gleich eine Menge Schalter und Druckknöpfe, die ja sowieso immer kaputt gingen, in den Einkaufskorb.
Danach unverzügliche Abfahrt aus Montego-Bay. Wir kämpften uns gegen sechs Windstärken und Gegenstrom um West Point herum, wobei sich die amerikanische Seekarte Nr. 26120 als größter Gegner herausstellte. Wie viele andere US-Seekarten liefert auch diese keine Tiefenangaben innerhalb der 5-Faden-Linie. Das wäre ja nicht weiter schlimm, wenn nur die Riffe eingezeichnet wären. So schien es anfangs auch. Die Zufahrt nach Savannha la Mar war zwar alles in allem ein anonymes Hellblau, aber südwestlich der Stadt waren Untiefen mar-

kiert. So ähnlich war's auch bei der Zufahrt nach Negril gewesen. Auch dort viel leeres Hellblau, aber das einzige Riff der Gegend war brav eingezeichnet. Daß es sich dabei nicht um kartographische Konsequenz handelte, stellte sich bei unserer Fahrt nach Savannha la Mar schnell heraus. Plötzlich tauchte dort, wo laut Karte freies Wasser sein sollte, ein breites Riff auf, das sich in der glatten See erst eine halbe Minute vor einem möglichen Crash zu erkennen gab. Wenige Minuten später wieder ein Riff und wieder ein Riff, bis wir einen Slalom zwischen Korallenköpfen segelten. Irgendwie dürfte es der künstlerischen Freiheit der amerikanischen Kartenmaler überlassen sein, welches Riff eingezeichnet wird und welches nicht. Blöder kann man's nicht machen — entweder alle Riffe, oder keines!

Der Ärger mit der Seekarte war nur der Auftakt zu einem Haufen Zores. Der Ankergrund in Savannha la Mar war schlecht, der Wind pfiff uns permanent um die Ohren. Fallböen von beachtlicher Heftigkeit ließen TABOO III an den Ankertrossen ruckeln. Zuckerrohr-Lastkähne torkelten durch die Bucht. Es war nicht die richtige Gegend zum ruhigen Ausspannen. Aus Sicherheitsgründen mußte man permanent an Bord sein.

Nach meiner Rückkehr aus Miami hatte mir ein aufsässiger Grenzbeamter nur eine 14-Tage-Aufenthaltserlaubnis in den Paß gestempelt, obwohl ich als Segler Anrecht auf sechsmonatigen Aufenthalt hatte. Also mußte jemand nach Montega-Bay um einen neuen Stempel. Ich gab Gerti einen sauberen Brief mit, in dem ich die Situation mit dem miesen Ankerplatz und der Havarie und unseren ganzen Sorgen schilderte und um Verlängerung meiner Aufenthalts-Genehmigung ersuchte. Wie es in diesem Land nicht anders zu erwarten war, interessierte den Beamten — ein kleines, fettes, präpotentes Schweinchen, das sich vor Gerti offensichtlich produzieren wollte — mein Brief und unsere Situation überhaupt nicht. Ich verzichtete auf weitere Eingaben und auf die hochoffizielle Erlaubnis, weiterhin an den wunderbaren Küsten Jamaikas auf- und abzusegeln.

Wir hatten genug, ließen uns von der Warteliste der Slip-Anlage streichen und bereiteten die Überfahrt auf die Cayman-Islands vor. Als erstes wollten wir uns nach Negril verlegen, einem Ankerplatz, wo nicht permanente Lebensgefahr bestand. Wie in Brasilien, muß auch in Jamaika von Hafen zu Hafen ausklariert werden. Der passende Beamte war nicht zur Hand, die restlichen Gestalten im Zollgebäude sahen sich außerstande, meine Papiere zu erledigen. Als sich auch am nächsten Tag keine geschulte Hand fürs Abstempeln unserer Formulare fand, wurde mir das Spiel zu langweilig. Ich informierte die Bande, daß ich jetzt aus Sicherheitsgründen nach Negril segeln würde, und zwar ohne Zollbehand-

lung. Sofort setzte eine gröbere Schreierei ein, wobei ungefähr jedes zweite Wort Police war. Wir trennten uns in schlechtem Einvernehmen.
Am nächsten Morgen lagen wir friedlich in Negril. Ich fuhr mit dem Bus nach Savannha la Mar und erregte durch meine Rückkehr ein gewisses Aufsehen. Man hätte nicht gedacht, daß ich den Zoll so ernst nehme. Glücklicherweise war der Oberstempelmeister zur Stelle. Er hatte in den Bergen ein Begräbnis mitgefeiert und litt noch sichtlich unter den Folgen des Leichenschmauses. Zu viert ging es dann im Dienstwagen hinüber nach Negril, wo sich die Zolltruppe eine Stunde lang im Schiff herumtrieb. Daß absolut kein Ganja zu finden war, konnten sie fast nicht verwinden. Es war vielleicht noch verdächtiger, als wäre irgendwo ein kleines Ziegelchen für den Privatgebrauch versteckt gewesen.
Einen Tag und zweihundert Seemeilen später waren wir in Georgetown/Grand Cayman. Das ist britischer Boden, und die Luft schmeckte gleich sehr viel reiner. Auch hier gab es eine große Marihuana-Durchsuchung, aber das kann man den Leuten nicht übel nehmen. Schließlich wird das Zeug auf den unmöglichsten Wegen tonnenweise ins Land geschafft. Die hiesige Slipanlage war für TABOO III natürlich zu klein. Ich verschob die große Reparatur auf einen späteren Zeitpunkt.
Um die Skegs wieder in Ordnung zu bringen, setzten wir den Kat bei nächster Gelegenheit so weit wie möglich verkehrt rum auf den Strand und bogen die Stahlplatten mit Hebel und Flaschenzug gerade. Danach wurden noch die letzten Risse und Schrammen mit Unterwasser-Epoxy verkleistert. Dann erinnerten uns nur noch die Holzpflaster an das Riff auf Jamaika.

Kreuzfahrten in der Karibik
CAYMAN-ISLANDS, HONDURAS UND MEXIKO

Die Cayman-Islands sind eine der letzten britischen Kronkolonien. Daß sich hier wenig in Richtung Unabhängigkeit und Auf-eigenen-Füßen-Stehen tut, wird wohl an dem gesicherten Wohlstand liegen, der den Caymanern vor allem durch den Touristenboom der letzten zehn Jahre zugefallen ist. Vielleicht liegt es auch am großen Nachbarn Kuba. Der könnte es als Aufforderung zum Zugreifen verstehen, sollte sich das 18.000-Seelen-Völkchen seiner angestammten Schutzmacht entledigen.

Die Cayman-Islands haben zwar eine bemerkenswerte Tradition als Piratenbasis – berüchtigte Räuber wie Henry Morgan haben von hier aus operiert –, heute sind die Inseln im Vergleich zu anderen Karibikstaaten aber ein Musterbeispiel für Ordnung und kultivierte Lebensweise.

Aufgeheizt von den Troubles in Jamaika, fühlten wir uns hier wie in der kühlen Schweiz. Man wird auf der Straße nicht angeblödelt. Sonntags gehen die Leute zur Kirche, und im Radio gibt's fromme Musik. Sorgen ums Beiboot oder anderes bewegliches Eigentum sind überflüssig, die Beamten können das Wort „Korruption“ vermutlich nicht einmal richtig buchstabieren. Im Vergleich zu anderen Karibik-Staaten sind die Cayman-Islands nur ein bißchen teuer. Aber das ist okay. Ordnung hat halt ihren Preis.

Natürlich hat sie bei besonderen Vorkommnissen auch ihre Grenzen. Als während unseres Aufenthaltes am Ostende von Grand Cayman eine Yacht aufs Riff fuhr, fielen die Leute wie die Heuschrecken über die Schiffsleiche her und waren einander beim Abmontieren im Weg. Es war das an einem Sonntag, und in den Kirchen der Umgebung blieben die Plätze der Männer leer.

Zum Komfort eines geordneten öffentlichen Lebens kommt auf den Cayman-Islands noch, daß hier einige der besten Tauchplätze der Karibik liegen. Vielfach

ist das Wasser ja trübe. Im Korallengestein der Cayman-Islands versickert aber jeder Regen, selbst sorglos deponierter Müll wird von einer günstigen Meeresströmung zügig nach Mexiko abgeführt.
Nach den Monaten auf Jamaika empfanden wir den Aufenthalt auf den Cayman- Islands wie Urlaub. Wir hüpften recht unbeschwert von einem exzellenten Tauchgrund zum nächsten und ernährten uns hauptsächlich von Fisch und kapitalen Langusten.
Ob das langweilig wird? Dem, der Fisch gerne ißt, bestimmt nicht. Es gibt feine geschmackliche Unterschiede zwischen Barschen, Makrelen oder Barrakudas, auch die Zubereitungsart läßt sich beliebig variieren. Ab und zu kann man ja auf eine Languste zurückgreifen. Das leichte Leben an sich wird mir sicher nicht langweilig. Gewiß gibt es genug Zivilisationsgeschädigte, die es keine vierzehn Tage aushalten würden, ohne irgendwas „Nützliches" zu tun. Solche hatte ich auch schon am Schiff. Die sind selbst dann unglücklich, wenn sie gerade einen dicken Fisch weggeputzt haben und danach den Bauch in die Sonne strecken könnten; sie tigern nervös übers Schiff und schauen andauernd mit dem Fernglas in die Gegend, obwohl es nichts zu sehen gibt; fummeln mit Seekarten und Zirkel herum, obwohl sogar schon Mimmi über unsere Position Bescheid weiß; natürlich wollen diese gehetzten Geister auch beim kleinsten Windloch den Motor einschalten, um eine oder zwei Stunden früher in der Stadt, im Hafen, am Ankerplatz oder sonstwo zu sein. Also, unter dieser Krankheit leiden wir nicht. Nur darf man nicht glauben, das ganze Seglerleben wäre eine Abfolge aus Spaß und Easy going. Man macht sich keinen Begriff, wie oft zum Beispiel eine so simple Einrichtung wie das Pumpklo Troubles machen kann. Dann steckt der beneidenswerte Segler halt einen halben Nachmittag bis über beide Ellbogen im Dreck. Installateur holen ist nicht. Oder eine schwierige Beamtenschaft macht einem das Leben sauer. Oder man steht tage- und nächtelang in Regen und Sturm im Cockpit und hat alle Hände voll zu tun, um am Leben zu bleiben, kotzt sich dabei eventuell noch aus, weil im letzten Winkel des Schiffsbauches irgendwas zu reparieren ist. Das sind die Momente, wo man genug schuftet und sich die Pausen redlich verdient. Man lebt halt in jeder Beziehung extremer. Mehr Risiko bedeutet eben mehr Annehmlichkeiten im Alltag.
Die Cayman-Islands waren der richtige Platz, um Gerti und TABOO III kurzfristig allein zu lassen und eine längst überfällige Visite in Österreich nachzuholen. Wir suchten also einen optimalen Ankerplatz, auf dem die nächsten paar Wochen nichts passieren konnte. Ideal wäre Governors-Habour gewesen, eine vollkommen geschlossene Bucht innerhalb des North-Sound, die nur durch ein win-

ziges Nadelöhr zu erreichen ist. Der Platz ist hundertprozentzig sicher. Zu unserer Zeit war die Bucht aber vollkommen verlassen. Keine Menschenseele weit und breit, als Ausgleich dafür ein Heer blutrünstiger Moskitos. So isoliert wollte ich Gerti auch nicht zurücklassen, hier konnte ihr nur langweilig werden.
Als Alternative gab es auf der anderen Seite des Sound eine winzige Marina, die von Sportfischer- und Ausflugsbooten frequentiert wurde. Die Marina ist nach allen Seiten geschützt, abgesehen von Winden aus Süden, die aber kein Problem sein sollten. Die Kaltfronten brachten nur Winde von Nordwest bis Nordost mit sich. Zumindest nach der Statistik.
Ich brachte drei Anker aus, wühlte sie in den Grund und flog ruhig nach Europa. Drei Wochen später war ich wieder zurück. Gerti holte mich am Flughafen ab und strahlte übers ganze Gesicht. Fein, daß ich wieder da war. Mit dem linken Bein hinkte sie ein wenig, und an einem Oberarm hatte ein breiter Bluterguß gerade vom Blau ins Grün gewechselt.
Kurz nach meiner Abreise waren ein paar Schlechtwetterfronten durchgezogen, eine davon originellerweise aus dem Süden. Gerti hatte alles tadellos gemanagt, aber was sie dabei erlebt hatte, war nicht gerade erholsam gewesen. Und das sind ihre Notizen aus diesen Tagen:

27. 3. Pflugscharanker geschliert. Habe ihn eingegraben und verwurschtelte Seile entwirrt. Radio sagt Wind um 14 kn voraus. Der Himmel ist grau, Windmesser zeigt zwischen 20 und 25 kn. Überlege, ob ich TABOO III zu einem besseren Ankerplatz bringen soll. In dem Moment frischt der Wind weiter auf und dreht vollends auf Süd. Boot beginnt zu schlieren, werfe den vorbereiteten 35 Pfund CQR-Anker. Während ich eine Leine herrichte, um sie zu einer Muring auszubringen, kommt ein kleines Motorboot und will mir die Arbeit abnehmen. Fährt dabei über eine Ankertrasse und zerschneidet sie. Damit ist die Hilfsbereitschaft zu Ende. Treibe bei 35 kn Wind rapide Richtung Mole. Rundherum bricht das Wasser, und ich weiß nicht, was zuerst tun. Sause um die Fender, werfe sie Cecil am Steg zu (Cecil war der Manager der kleinen Marina). *In dem Moment scharrt schon die Bordwand an der Mole. Cecil wirft die Fender zurück aufs Boot und haut kommentarlos ab. Ein paar Männer springen von der Mole herüber an Bord und wollen mir helfen. Wollen die Maschine anwerfen und zuerst mit ihren Messern alle Leinen durchschneiden. Keiner befolgt meine Anweisungen. Jeder will auf seine Art Ordnung schaffen. Habe alle Hände voll zu tun, um die fünf Neger von ihren blödsinnigen Ideen abzubringen. Hänge noch an zwei Ankern und kann die Maschine nicht einsetzen, weil ich nicht weiß, wo die Ankertrassen sind. Inzwischen reißen die Neger die Deckschapps auf und verteilen alle Festmacher an Deck, ohne damit aber irgendwas Planvolles im Sinn zu*

haben. Wellen brechen seitlich übers Boot. Bin nur noch zwei Meter von der seichten Uferkante entfernt. Versuche mit dem Dinghy eine Leine zur nächsten Muring auszubringen. Leine ist zu kurz. Rase zurück, stecke eine zweite Leine dran und mache sie an der Muring fest. Inzwischen haben die Neger die Maschine eingeschaltet, mit dem Erfolg, daß sich prompt eine Ankertrasse um den Prop gewickelt hat. Stelle Maschine ab und habe fast keine Kraft mehr, die Bande zu verfluchen. Als nächstes zur Hauptwinsch am Mast und Muringleine dichtgeholt. Das Boot bewegt sich keinen Zentimeter, dafür aber die Muring. Klettere ins Vorschiff, hole den Bruce-Anker und bringe ihn mit dem Beiboot aus. Der Anker hält. Langsam kann ich daran denken, das Chaos zu ordnen. Die fünf sinnlosen Neger glauben, daß sie unheimlich gut waren, springen ohne weiteres über Bord und schwimmen die paar Meter zur Mole.
Tauche mit Maske und Schnorchel zum Prop, kann aber nichts sehen, weil das Wasser völlig braun ist. Kann das Seil um den Prop nicht bewegen. Das Boot wird ein paarmal hin- und hergerissen. Einmal erwischt mich ein Propellerflügel in den Rippen, kriege keine Luft und beeile mich, zurück ins Boot zu kommen. Nachdem ich wieder halbwegs bei Kräften bin und ein paar Schürfwunden zugepickt habe, bereite ich mich vor, den Propeller nochmals in Angriff zu nehmen. Das Boot ist zwar einigermaßen sicher verspannt, aber liegen bleiben kann es da nicht.
Wie ich ins Wasser spingen will, tauchen zwei Neger am Ufer auf, und einer schreit heraus: „Do you need help?" Das schon, aber nur, wenn ihr das macht, was ich euch sage! Okay, sagen die zwei, und schwimmen in voller Bekleidung heraus. Erkläre die Situation mit dem Propeller. Der eine will gleich mit dem Messer hinunter, um die Ankertrasse loszuschneiden. Ich schreie wie am Spieß, daß er nicht auch noch diesen Anker abschneiden kann, da taucht er ohne Messer. Unter Husten, Keuchen und Fluchen kriegt er die Trasse frei.
Starte die Maschine. Gleich darauf haben wir die Anker geborgen und fahren mit Vollgas gegen einen Wind von noch immer 30 kn aus der Bucht und ins Lee der Mangroven. Der Ankergrund ist zwar nur Seegras, aber die Anker scheinen zu halten.
Die beiden Neger erzählen vom Ausflugsschiff RHAPSODY, das aufs Riff gedrückt worden ist und festsitzt. Ein 30.000-Tonnen-Dampfer! Ein paar Meilen entfernt kann man die Schornsteine sehen.
Nachdem sich der Wind ein wenig normalisiert hat, drücke ich den beiden je eine Flasche Jamaika-Rum in die Hand und bringe sie an Land. Mir tut alles weh. Verziehe mich in die Koje und stelle mir den Wecker für jede volle Stunde. Der Ankergrund ist wenig zuverlässig.
29. 3. Höre im Radio, daß eine weitere Kaltfront im Anmarsch ist und möchte mich

verlegen. Ein paar Bekannte fahren mit einem Motorboot vorbei. Bitte sie, mir zu helfen. Erzählen von einer Verabredung zum Wasserschifahren und daß am nächsten Morgen der Beton für die Garage kommt. Übermorgen könnten sie vorbeikommen. Die Kaltfront kommt aber heute Nacht. Good bye!
Wind hat schon 25 kn. Brauche eineinhalb Stunden, um die Anker zu bergen. Wolfgang findet Ankerwinschen ja überflüssig. Es ist schon dunkel, als ich weiter in die Bucht hineinmotore. Stromausfall am Ufer. Verliere bald das Distanzgefühl. Motore noch gut fünf Minuten Richtung Ufer und werfe Anker. Grund ist wieder nur Seegras. Versuche Anker einzufahren. Es sieht so aus, als würde er halten. Wind hat beständig zwischen 30 und 35 kn.

30. 3. Nachdem die Lichter am Ufer wieder angehen, stündlich Position gecheckt. Bin recht müde und habe eine Menge Blutergüsse und Schürfwunden.
Werde zu allen Tages- und Nachtzeiten von dem dicken Neger belästigt. Soll mich offensichtlich für die Hilfe am Boot erkenntlich zeigen. Der 100 kg-Brocken wird langsam unangenehm. Verlege mich in eine noch kleinere Bucht und erzähle allen Leuten, daß ich nicht mehr am Boot schlafe. Versperre bei Einbruch der Dunkelheit die Kabinen von außen und turne durch das Luk über der Doppelkoje ins Schiff. Mache kein Licht mehr am Schiff und halte das Dinghy zwischen den Rümpfen geparkt.

3. 4. Wetter und Unterwassersicht wieder einigermaßen normal. Sause mit dem Dinghy zu meinem ersten Ankerplatz und finde auf Anhieb den verlorenen Anker. Im Radio wird die nächste Kaltfront angesagt. Fühle mich auf dem Seegras-Grund unwohl und verlege mich nach Governors Harbour. Einfahrt ist nur wenig breiter als TABOO III. Habe dabei eine ordentliche Gänsehaut. Ankere im Sound auf komplett glattem Wasser und habe die erste ruhige Nacht seit langem.

6. 4. Wind hat schon wieder 25 kn. Bin heute morgen schon durch den weichen Schlick geschliert und frage Percy Worms von der CAYMAN DREAM, ob er mir hilft, das Boot zu verlegen. Kommt gleich an Bord, und eine Stunde später ankern wir direkt neben den Mangroven bei der Einfahrt zur Lime Tree Bay. Ankerplatz schaut sehr gut aus. Danach gibt's Frühstück bei Percy und seiner Frau Joy.

7. 4. Heute ist seit langem das Wetter wieder okay. Wind hat gedreht und bläst kaum 15 kn.

Soweit das Logbuch von Gerti. Wenn ich denke, wie viele Schiffe in ähnlichen Situationen schon sich selbst überlassen wurden und verloren gingen! Und überwiegend waren da starke Männer am Werk. Einer Frau hätte es kaum jemand verübelt, wenn sie beim ersten Gebläse ins Hotel gezogen wäre. Die Neger hätten das sicher vernünftig gefunden und nach dem Sturm das Wrack geplündert.

In den nächsten Monaten arbeiteten wir viel am Schiff (vor allem mußte die riesige Deckfläche neu gestrichen werden), hatten eine Zeitlang ein Filmteam aus Österreich an Bord und trieben uns zwischen Jamaika und Grand Cayman herum, von wo die Filmleute wieder nach Europa flogen.

Im Sommer war dann Gerti mit ihrem Heimaturlaub dran. Ich hatte wenig Lust zum Segeln und saß hauptsächlich in der Kabine an der Schreibmaschine.

Ende Juli schraubte sich eine tropische Depression durch die Karibik, die verdächtig nach Hurrican aussah. Als sie keine Anstalten zeigte, nach Norden zu kurven und genau auf Jamaika und die Cayman-Islands zuhielt, packte ich die Manuskripte weg und verlegte mich schleunigst in den Governors Harbour. Dort checkte ich den Ankergrund, suchte mir einen Platz nahe der Mangroven, brachte drei Anker aus und wühlte sie mit der Maschine in den Boden. Danach schlug ich mich mit der Axt etwa 50 Meter weit durchs Unterholz zu einem soliden Baum und machte eine Leine fest. Das Schiff war damit hundertprozentig vertäut.

Unweit von mir lag die französische Slup ELEA. Außerdem waren noch ein kleines Segelboot und ein größerer Fischtrawler in der Bucht, beide von der Polizei wegen Rauschgiftschmuggels beschlagnahmt und jetzt unbewohnt.

Den Trawler hatte übrigens ein besonders tragisches Schicksal ereilt. Er war auf dem Weg in die USA und hatte überhaupt nicht im Sinn, auf den Cayman-Islands Geschäfte zu machen. Als er in Sichtweite von Grand Cayman passieren wollte, fiel irgendeinem Polizeibeamten durchs Fernglas der große Tiefgang auf. Ehe sie noch den Trawler erreicht hatten, konnten die Beamten schon das Ganja riechen, mit dem der Kahn bis unter die Decke vollgepfropft war.

Spät am Abend kamen noch zwei Tauchboote in die Bucht, wurden eher sorglos verankert, und die Crews verzogen sich. Wenig später klebte eines davon in den Mangroven, und das andere wetzte am Betonpier.

35 kn Wind waren angesagt. Tatsächlich blies es bald mit 45 kn, dazu waagrecht fliegender Regen, daß man nur nach Lee hin Luft schnappen konnte. Wetterflugzeuge stiegen von Miami auf, meldete das Radio, fanden zwar viel Wind, aber kein Hurrican-Zentrum.

Irgendwann am Morgen begann die ELEA zu schlieren. Der Skipper hievte einen Bruce-Anker an Deck (mehr über die „Vorzüge" dieses Ankertyps im Anhang) und verlegte sich in eine andere Ecke, wo er einen zusätzlichen CQR-Anker ausbrachte. Im Radio wurde eine weitere Zunahme der Windstärke prophezeit, aber da war schon alles vorbei.

Wenige Tage später war Gerti wieder da, erfrischt und tatendurstig. Wir wollten nach Honduras, um TABOO III endlich aufzuslippen, die Schrammen fachmännisch auszubessern und ein neues Antifouling aufzubringen. Es wurde dann doch Anfang Oktober, bis wir die freundlichen Cayman-Islands verließen. Nächster Programmpunkt war nach wie vor Honduras, wo es nach zuverlässigen Auskünften mehrere große Slipanlagen geben sollte. Wir würden also auch für die Breite von TABOO III eine passende finden.

Auf der geraden Verbindung zwischen Grand Cayman und den der Küste Honduras vorgelagerten Bay Islands liegen die Swan Islands, der äußerste Vorposten des Staatsgebietes von Honduras.

Die Swan Islands interessierten uns an sich wenig. Als der Wind aber ungünstig war, sich eine Ankunft auf den Bay Islands am Wochenende abzeichnete (was immer lange Wartezeiten oder Überstundengebühren bei den Behörden bringen kann) und die Swan Islands plötzlich nur mehr 15 Meilen querab lagen, gewannen sie rapide an Attraktivität.

Kaum hatten wir in einer netten Bucht geankert, tauchten am Strand uniformierte Gestalten auf und winkten mich an Land. Anscheinend war ich nicht flott genug, denn wenig später gellten Schüsse übers Wasser. Wie sich durch's Fernglas erkennen ließ, waren die Schüsse offensichtlich als eine Art einprägsames Signalmittel gedacht; die Figuren wirkten vielleicht ein wenig ungeduldig, aber nicht feindselig. Eine weitere Beschießung war offenbar nicht vorgesehen. Also fuhr ich trotz Gertis Bedenken mit Pässen und Papieren zu dem verfallenen Steinpier, auf dem sich die Elitetruppe versammelt hatte. Der Empfang war freundlich und spanisch. Ich raffte mein Spanisch-Vokabular zusammen und ließ ein paar erklärende Sätze vom Stapel, worauf sich der Häuptling entschloß, ein fließendes Englisch zu sprechen. Das kam der Konversation sehr zugute.

Der Häuptling war Sergeant vom Dienstgrad, hieß Garry und hatte mit seiner Gruppe die verantwortungsvolle Aufgabe, Honduras vor einer Invasion aus Nicaragua zu schützen. Dafür lagen die Swan Islands zwar ein wenig abseits, aber man konnte ja nie wissen.

Jedenfalls setzte mir Garry zwei seiner Soldaten ins Dinghy, die TABOO III nach Waffen und Rauschgift durchsuchen sollten. Ein paar steife Drinks im Cockpit milderten die Neugierde so weit, daß sich die Durchsuchung letzten Endes auf einen flüchtigen Blick in die Kajüte beschränkte.

Als wir dann später an Land gingen, beglückte uns Garry mit 150 Limonen. Wir revanchierten uns bei nächster Gelegenheit mit ein paar Dosen Bier. Danach hatten wir praktisch jede Bewegungsfreiheit auf Swan Islands. Wir schnorchelten

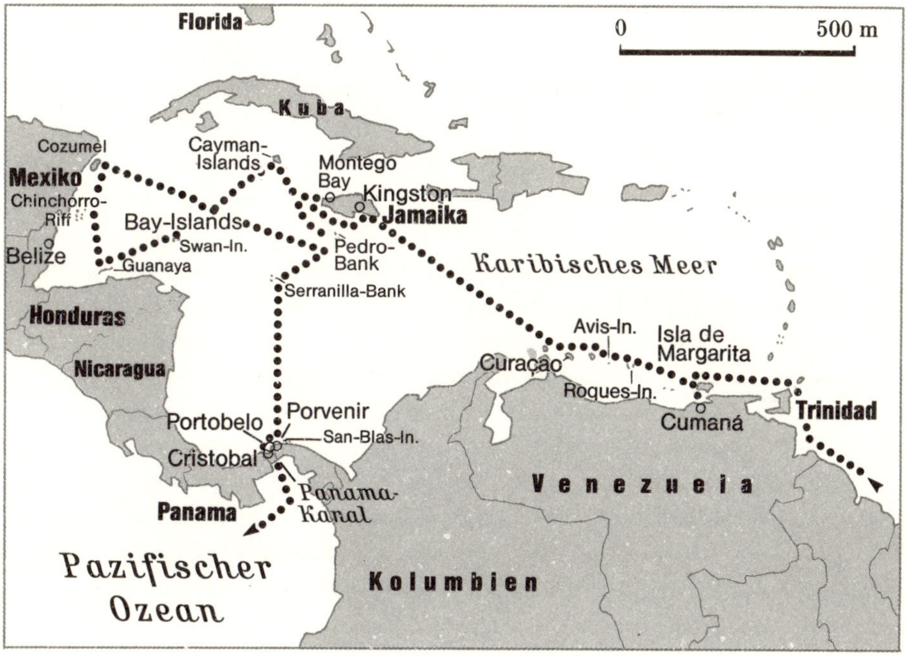

am nächsten Tag im kristallklaren Wasser und ließen es uns gut gehen. Die Windsituation änderte sich freilich nicht zum Besseren.

Kurz nachdem wir Swan Islands wieder verlassen hatten, setzte auch strömender Regen ein, der bis zu unserer Ankunft auf Guanaya, der östlichsten der Bay Islands, durchhielt. Fast ohne Sicht, tasteten wir uns zwischen den Riffen zum „Settlement" vor.

Gerade als ich an Land fahren wollte, kamen die Behörden in einem kleinen Motorboot an. Zum ersten Mal seit langem mußten wir fürs Einklarieren zahlen — zehn US-Dollar für das Abstempeln eines jeden Passes, fünf Dollar für den Hafenkapitän. Tags darauf sprach ich mit dem Skipper einer amerikanischen Yacht. Der hatte fünf Dollar für jeden Paß und zehn für den Hafenkapitän bezahlt.

Auf diesem winzigen Stück Land drängen sich 90 Prozent der Bevölkerung von Guanaya zusammen. Die Insel mißt nur wenige hundert Meter im Durchmesser und ist praktisch komplett überbaut. Man muß dieses „Settlement" gesehen haben, um zu glauben, daß es so etwas gibt: ein chaotisch verschachteltes Gewirr aus Holzbehausungen; feste Häuser, Hütten auf Pfählen, schiefe Baracken, dazwischen enge Durchlässe, gegen die die Gassen von Venedig von ausladender

Großzügigkeit sind. Bei Tide steht der Großteil dieses Konglomerates unter Wasser, was vielleicht angesichts der mangelhaften sanitären Einrichtungen ein Glück ist. Dann durchziehen schmale Wasseradern die Siedlung, auf denen sich schwerbeladene Kanus zu ihren Adressen zwängen.

Der Platz war auf seine Art ganz interessant, reizte uns aber nicht zu einem längeren Aufenthalt. Wir segelten zur Nachbarinsel Roatan, wo wir einsame, malerische Buchten fanden, die unserem Lebensrhythmus mehr entsprachen.

Auf Roatan existierte die sogenannte Roatan Lodge, eine kleine Feriensiedlung mit Gäste-Bungalows. Die Bungalows standen zwar wegen des Bürgerkriegs im Nachbarstaat Nicaragua und der fallweisen Guerillatätigkeit in Honduras leer, der Besitzer, Mike Brown, hielt aber brav die Stellung. Wir hatten genug Zeit zum Tratschen. Mike plauderte ein wenig aus der Geschichte der Insel und Port Royal. Wie so vieles in dieser Gegend, erlangte auch Roatan seine erste urkundliche Bedeutung im Zeitalter der Piraterie. Die Bucht Port Royal ist gut geschützt und war einer der beliebtesten Stützpunkte der Piraten, unter anderem auch einer von Henry Morgan, der von hier aus spanische Goldgalleonen überfiel. Nachdem er im Piratengewerbe sehr tüchtig gewesen war, wurde er ja respektabel und Gouverneur von Jamaika. Der gesellschaftliche Aufstieg scheint recht überraschend über ihn gekommen zu sein, und die Abreise nach Jamaika war offensichtlich eilig. Jedenfalls hatte der blutige Henry keine Zeit mehr, sechs in der Umgebung von Port Royal vergrabene Schatztruhen mitzunehmen. Seitdem werden die Bucht und die umliegenden Hügel in schöner Regelmäßigkeit von Schatzsuchern durchwühlt.

Daß es sich bei den vergrabenen Goldtruhen um mehr als ein Märchen handelt, bewies ein gewisser Howard Jennings, ein professioneller Schatzsucher aus den USA. Er krabbelte systematisch in der Gegend von Port Royal herum und fand tatsächlich zwei der Morgan-Truhen. Zu diesem Zeitpunkt waren längst die gierigen Behörden hinter ihm her und wollten ihm den Fund streitig machen. Jennings blieben nur noch ein paar Stunden, um den Schatz mit einem kleinen Sportflugzeug außer Landes zu schaffen. Seine Frau mußte er bei dieser Aktion zurücklassen. Es war offensichtlich eine Frage von Gold oder Frau, wobei Jennings seine Frau als leichter ersetzbar einstufte. (Jennings konnte sich seines Reichtums übrigens nicht lange erfreuen. Er starb bei einem Flugzeugabsturz über Jugoslawien.)

Infiziert von dieser Geschichte, hirschten natürlich auch wir mit scharf gestellten Augen durchs Gelände. Gold blieb uns versagt, aber wir waren tüchtig genug, zwei eiserne Kanonenkugeln zu finden.

Neben ein paar tollen Piratengeschichten hatte Mike auch einen guten Tip bezüglich Slipanlage auf Lager. Der Ort hieß Oakridge Harbour und war nur ein paar Meilen weiter. Ich checkte die Anlage, empfand sie für geeignet, bekam einen Termin in wenigen Tagen und fand auch den Preis erträglich. Das Aufslippen von TABOO III war aufregend, schließlich kam das Schiff — abgesehen vom zeitweiligen Trockenfallen — zum ersten Mal aus dem Wasser.

Als es dann soweit war, gesellte ich mich zu den Tauchern der Werft, um ja sicher zu gehen, daß der Kat gut auf dem Schlitten plaziert wurde. Kaum hatten die Arbeiter das Unterwasserschiff abgeschabt, war Feierabend; es war Freitag. Es folgten Samstag, Sonntag und ein Feiertag. Ich hätte gern ein paar Fachkräfte beschäftigt, aber es kam natürlich niemand zur Arbeit in die Werft. So erledigte ich die Restaurierung des Unterwasserschiffes selbst. Es war zwar keine riesige Arbeit, aber immerhin recht zeitaufwendig. Kleinere Risse füllte ich mit Epoxy-Spachtelmasse, ausgebissene Teile des Totholzes am Kiel erneuerte ich, die beschädigten Sperrholzflächen wurden ausgeschnitten und wie bei einem Plattenstoß neu verleimt. Alle Reparaturstellen wurden zum Schluß wieder mit Versate-Gewebe beschichtet.

Als am Dienstag der normale Werftbetrieb wieder aufgenommen wurde und ich zwei Helfer engagieren konnte, war der Großteil der Arbeit schon getan. Das war auch gut so. Denn obwohl die Burschen recht geschickt waren, ging kaum etwas weiter. Bis dahin hatte ich die Arbeitsmoral auf den Philippinen als konkurrenzlos schlecht angesehen, meine kleinen Piratennachkommen schlugen die Filipinos aber noch um Längen. Als dann noch am anderen Ende der Bucht ein Haus in Flammen aufging, war vom Arbeiten überhaupt keine Rede mehr. Es wurde nur mehr getratscht.

Die Story war ja auch zu aufregend. Das Haus hatte einem Mann gehört, dessen Lebensgefährtin samt Kindern ausgezogen war. Das hätte er vermutlich noch verkraftet, aber daß die Treulose neben den Kindern auch noch die Hühner mitnahm, ging über seine Kräfte. Hühnerdiebstahl ist auf den Bay Islands nämlich ein Kapitalverbrechen.

Für meinen Geschmack reagierte der gehörnte Mann recht unlogisch: Er zündete sein Haus an. In den Augen der tratschenden Honduraner schien das allerdings ganz in Ordnung zu sein. Jedenfalls war die Story sehr interessant und ein guter Grund, stundenlang nichts zu tun.

Zwei Tage später hatten wir TABOO III trotzdem auf Hochglanz. Wir wurden noch vor der Bezahlung der Rechnung zu Wasser gelassen, was mir recht angenehm war; mit dem Boot an der Kette hätte ich ja keine sonderlich gute Verhandlungsposition gehabt.

Wie befürchtet, gestaltete sich die Abrechnung angesichts einiger Auffassungsunterschiede zwischen der Werft und mir ein wenig kompliziert. Der Werftbesitzer, der mir die ersten Preisauskünfte gegeben hatte, war am Festland, seine Sekretärin ebenfalls abwesend; der Juniorchef hatte das Ruder in der Hand. Er kritzelte auf einer auseinandergerissenen Zigarettenpackung eine Kolonne mysteriöser Zahlen, addierte dann immer nur zwei untereinanderstehende Posten und kam so auf eine noch viel längere Zahlenwurst. Ich verlor bald das Interesse an der Zuordnung einzelner Tarife und wartete gespannt auf die Endsumme. Schließlich verkündete der Junior stolz das Ergebnis seiner umständlichen Rechnerei: rund 1000 Dollar! Das war ziemlich genau doppelt so viel, wie ich zu zahlen bereit war.

Gemeinsam mit Gerti fiel ich mit einem Schwall an Protesten über den Kerl her und forderte eine detaillierte Aufstellung sämtlicher Kosten. Bald waren wir beim entscheidenden Punkt angelangt. Nicht weniger als 400 Dollar waren als Bezahlung der Arbeiter am Wochenende veranschlagt. Das wäre so üblich in Honduras, erklärte der Junior. Die Arbeiter müßten schließlich auch an freien Tagen essen, ergo auch bezahlt werden. Nachdem dieser plumpe Versuch, uns auszunehmen, aufgeflogen war, fielen bei uns die letzten Schranken. Wir argumentierten praktisch um jeden Posten und jeden Dollar, bis unsere Hartnäckigkeit und Heftigkeit Wirkung zeigte. Dem Junior wurde die Sache zu anstrengend. Er fragte uns, was wir denn zu zahlen bereit wären. Damit war die Schlacht gewonnen. Gerti nannte einen fairen Betrag an der unteren Grenze unserer Kalkulation, der umgehend akzeptiert wurde. Gleich darauf hoben wir den Anker und segelten ab.

Nächster Stopp war French Harbour, wo wir gute Bekannte von Grand Cayman trafen, John und Tina von der Yacht NOMADIC STAR. Jetzt waren die beiden allerdings mit einem gecharterten Motorboot unterwegs. Ihre NOMADIC STAR, eine schmucke Holzreplica von Harry Pidgeons ISLANDER, war einigermaßen ramponiert und lag zwecks Reparatur in einer Werft. Es war ihnen ein recht blöder Unfall auf einem Riff nahe der Insel Barbareta passiert. Sie waren unter Selbststeueranlage vor Grand Cayman gekommen. Der Kurs stimmte, der SatNav rechnete tadellos, nur das Riff war nicht dort, wo es laut Karte sein sollte, sondern eine Meile zu weit rechts.

Dieses Phänomen kann man übrigens öfters beobachten. In gewissen Gegenden stammen die kartographischen Aufzeichnungen aus dem vorigen Jahrhundert,

und damals war man halt für die Navigation per Elektronik noch nicht genau genug. Solange man sich nicht auf diese Geräte verläßt und in der Nähe von Inseln oder Riffen die Augen offen hält, macht die Unschärfe gewisser Karten ja wenig aus. Im Fall der NOMADIC STAR wirkte sie allerdings fatal.
John und Tina hatten noch Glück im Unglück. Die Sache passierte in lauem Seegang, und es waren bald Helfer zur Stelle. John wird sich vermutlich in Hinkunft nicht mehr so sehr auf die Berechnungen seines SatNav verlassen.
Die Insel Roatan ist bergig, bewaldet, bietet eine Unzahl von netten Ankerplätzen und Buchten, war aber trotzdem nicht ganz unser Fall. Die Siedlungen strotzten vor Dreck und Elend und wirkten irgendwie deprimierend. Diesbezüglich sind wir ja einiges von Asien gewöhnt, nur hatten wir hier den Eindruck, daß sich die Leute im Unrat wohlfühlten.
Wir pendelten uns rasch auf Generalkurs Mexiko ein und hantelten uns über die interessantesten Riffe nach Norden. Das Wetter war sehr unbeständig. Als wir am Chinchorro Riff angelangt waren, hatte es sich so weit verschlechtert, daß das Segeln keinen Spaß mehr machte. Außerdem meldete der zuverlässige Sender von Belize (früher Britisch Honduras) eine Kaltfront mit Wind von 35 Knoten. Wir suchten also einen sicheren Ankerplatz an der Westseite des Riffs und richteten uns auf eine kleine Reiseunterbrechung ein.
Unser greiser Außenborder zeigte endlich Alterserscheinungen und lief, wenn überhaupt, am liebsten auf einem Zylinder. Gegen den starken Wind konnte ich damit nicht aufkommen, also schnorchelte ich zu dem ca. 200 Meter entfernten Riff, um dort das Abendessen zu holen. Es sollte wieder eine improvisierte Haifütterung werden.
Am Riff fand ich zwar keine großen Fische, dafür aber einige kleinere Zackenbarsche, die ich harpunierte und auf einer Leine aufgefädelt zehn Meter hinter mir herzog. Ein kleiner Plastik-Auftriebskörper hielt die Fische an der Oberfläche. Wie nützlich diese Vorsicht ist, zeigte sich bald. Kaum hatte ich den letzten Barsch harpuniert, tauchte aus dem Schatten des Riffes ein gut zwei Meter langer Hai auf und zeigte reges Interesse an dem Frischfleisch. Ich wollte ja nicht unbedingt auf den Barsch bestehen, löste ihn von der Harpune und ließ ihn sicherheitshalber gleich los. Es war nur eine Sache von Sekunden, bis sich der Hai den Barsch geholt hatte. Ich verzichtete dann auf weitere Jagderlebnisse und setzte mich unauffällig zum Schiff ab, wo mich eine leicht besorgte Gerti erwartete.
Zwei Tage später hatte sich das Wetter halbwegs normalisiert, und wir segelten in Lee der dreißig Meilen langen Chinchorro-Bank nach Norden. Beide Schleppangeln waren draußen. Es dauerte keine Stunde, bis an einer ein stattlicher Bar-

rakuda zappelte. Kaum war der versorgt, meldete sich an der anderen ein Barsch. Die Krönung dieses wahrhaft fischreichen Tages war dann ein mächtiger Wahoo von mindestens 18 Kilogramm. Unser Köder, der patriotischerweise hauptsächlich aus Stoffschnipseln in Rot-Weiß-Rot bestand, muß auf die hiesige Fischbevölkerung einfach unwiderstehlich gewirkt haben.

Mit dem Wahoo an Bord war natürlich der restliche Tagesablauf gegeben. Wir kramten sämtliche Einmachgläser hervor, und es sah im Schiff bald so aus wie in heimatlichen Küchen zur Aprikosenzeit. Nur daß wir halt Fisch statt Obst einkochten.

Kurz nach Mitternacht erreichten wir die Insel Cozumel und damit mexikanischen Boden. Am Morgen wurden wir bald von einem Polizeiboot aufgesucht und in die nächstliegende Marina zum Einklarieren verwiesen. Während der Warterei stürzte sich Gerti auf die Herstellung der Gastflagge. Flaggen sind ja recht teuer, und man kann als Weltreisender schließlich keinen vollständigen Satz sämtlicher in Frage kommenden Staatsflaggen mitführen, darum hatte Gerti schon auf den Philippinen Stoffstücke in vielen Farben eingekauft. Jetzt kam es nur noch auf die fachgerechte Kombination an.

Bald hatte Gerti die grün-weiß-roten Bahnen zusammengestichelt und konnte sich der kunstvollen Anfertigung des unentbehrlichen mexikanischen Staatswappens widmen. Durchs Fernglas konnte man auf den rund um uns flatternden Fahnen eindeutig ausnehmen, daß das Wappen einen auf einem Kaktus sitzenden Geier darstellt, der mit einer Schlange kämpft. Mit einem kochfesten Wäschemarkierer übertrug Gerti dieses Motiv ins Zentrum ihrer Flagge und konnte bald eine durch und durch handgefertigte Nationale Mexikos vorweisen. Der Geier hatte zwar etwas von seiner Würde eingebüßt und ähnelte mehr einem aufgeplusterten Sperling. Schlange und Kaktus waren dagegen meisterhaft getroffen. Sobald die Flagge aufgezogen war, schaute sie auch viel besser aus als die der Nachbarn, wo meistens die grüne Stoffbahn ausgefärbt war. Die Behörden hatten jedenfalls ihre Freude an unserer mexikanischen Flagge, und das war die Hauptsache.

Mexiko ist kein schlechtes Segelrevier. Wir fanden unsere geliebten weiß-gleißenden Strände, Lebensmittel waren recht billig. Trotzdem hielt es uns nicht lang in dieser Ecke. Fürs Tauchen waren die Cayman-Islands eindeutig attraktiver.

Am 10. Dezember klarierten wir aus, fuhren in den Yucatan Channel hinaus und nahmen Kurs auf Grand Cayman. Hart am Wind und mit der Strömung gegenan preßten wir uns nach Osten. Zwei Tage später und nach 379 Meilen fiel der Anker im Hafen von Georgetown.

Zurück in den Pazifik
PANAMA

Unser Aufenthalt in der Karibik wurde länger als geplant. Ich verbrachte viel Zeit an der Schreibmaschine, und Gerti nutzte diese Tage, um unserem gemeinsamen Zuhause ein längst fälliges Face-Lifting zu verabreichen — neue Kissen im Salon, frische Farbe da und dort; nachdem die Manuskripte für dieses Buch fertiggestellt waren, hatten wir wieder ein blitzsauberes Schiffchen. TABOO III bewegte sich nicht besonders viel, abgesehen von verschiedenen Ausflugsfahrten zur Erfrischung von Leib und Seele. Eine bevorstehende Buchveröffentlichung bedingt eine fixe Adresse. Fixe Adressen liegen mir zwar nicht besonders, aber in diesem Fall mußte ich mich wohl oder übel fügen.
Im März 1985 war der längst fällige Flug nach Wien schließlich nicht mehr zu verschieben. Es war zufällig eine besonders kalte Märzwoche mit minus 15 Grad in den Nächten und grau-in-grauer Generalstimmung. Ich wurde fast krank in dem ungewohnten Klima und war richtig erleichtert, als ich wieder am Schiff in die Schreibmaschine klappern konnte.
Mitte Mai 1985 war dann endlich alles, was mit dem Buch zusammenhing, erledigt, und wir setzten uns Richtung Panama in Bewegung. Grand Cayman blieb achteraus, und es wird mir als die Insel der großen Büroarbeit in Erinnerung bleiben.
Genau fünf Monate waren wir in Georgetown und Umgebung gelegen und segelten in dieser Zeit nicht mehr als 173 Seemeilen!
Lang waren wir in der Karibik gewesen, und jetzt schien sie uns nicht loslassen zu wollen. Gegen schwache südöstliche Winde schoben wir uns im Schneckentempo Richtung Panama. Wenn man aus der Nordwest-Karibik kommt, ist die Route nach Süden durch Riffe, kleine Inseln und großflächige Untiefen behindert. Man segelt Slalom und muß sich dabei noch von einer beachtlichen Gegen-

strömung Richtung Nicaragua freihalten. Wir ankerten eine Nacht auf der Rosalind-Bank und zwei Tage später auf der Serralina-Bank. Ab da blieb auch der schwache Hauch aus Südost aus. Spiegelglatt, ohne jeden Schwell, lag die Karibik da, als wäre sie tot. Gestorben unter den alles versengenden Strahlen einer weißglühenden Sonne. Wasser und Himmel schienen bleiern zu verschmelzen und TABOO III schien ein fester Punkt inmitten einer leblosen Welt, die Büge Richtung Panama gerichtet, aber scheinbar unendlich weit davon entfernt.
Und doch gab es außer uns selbst Leben und Bewegung. Irgendwann in diesen Stunden war plötzlich eine Portugiesische Galeere neben uns; eine Nesselqualle, die gleichermaßen interessant wie gefährlich ist. Man sieht sie recht selten. In Büchern findet man kaum Fotos, meist haben sich die Autoren mit gezeichneten Illustrationen behelfen müssen. Portugiesische Galeeren treiben mittels ihrer Luftkammer an der Wasseroberfläche. Die Luftkammer unserer Galeere war halbrund wie ein Hörnchen. Obendrauf haben die Portugiesischen Galeeren einen „Kamm", der gewissermaßen als Segel fungiert. Daß die Portugiesische Galeere einen Plan hat, wohin sie segelt, ist wohl auszuschließen. Wenn dem so wäre, dann hätte die unsere sicherlich auch den Panamakanal im Visier gehabt. Jedenfalls blieb sie stundenlang neben uns, und wir hatten genug Zeit, das selten gesichtete Tier zu beobachten.
Im Vergleich zu anderen Quallen ist die Portugiesische Galeere ja wirklich nett anzusehen. Sie schillert rosa, violett und silbern, das Segel ragt gut 20 Zentimeter aus dem Wasser, und man kann sich schon vorstellen, daß sie bei entsprechendem Wind damit gut vorankommt.
Bei allen formalen und farblichen Reizen ist die Portugiesische Galeere trotzdem nicht sympathisch. Ihre Nesselfäden verursachen unglaublich starke Verbrennungen, die sogar beim Menschen tödliche Wirkung haben können. Man hört ab und zu einschlägige Geschichten.
Als dann noch eine zweite und dritte Galeere in unserer Umgebung auftauchten, verloren wir endgültig die Lust auf rasches Abkühlen im Wasser. Vor allem auch, weil die Nesselfäden dieser Tierchen bis zu 30 Meter lang werden können!
Tage vergingen, ohne daß sich ein Kräuseln auf der bleiernen Wasserfläche gezeigt hätte. Die Quallen verschwanden aus unserem Gesichtsfeld und kamen wieder. Wir gewöhnten uns an den sonst so seltenen Anblick.
Endlich kam Bewegung ins Wasser, eine vorerst unmerkliche Dünung aus Südost, die rasch zu respektabler Höhe anwuchs. Wenige Stunden später blies es kräftig. Zwei Tage danach standen wir vor der Küste Panamas. Im Morgengrauen lieferten Jupiter und Venus einen eindeutigen Standort. Wir segelten zu der

winzigen Insel Porvenir, wo der Einklarierungshafen für die San Blas-Inseln ist. Nahe Porvenir gibt es ein kleines Riff namens Sail Rock. Da drauf sitzen das alte, rostige Wrack eines eisernen Versorgungsdampfers und die neueren Überreste der englischen Yacht LA BANDIDA.
Der Unfall passierte im November 1983. Ian und Terry Deas, die Eigner der LA BANDIDA, meinten, das Riff schon eine Meile zuvor ausgemacht zu haben. Dann kam einer dieser typischen tropischen Regengüsse, bei denen sich die Sicht praktisch auf null reduziert. Ian und Terry behielten ihren ursprünglichen Kurs bei. Das erste, was der am Bug Ausschau haltende Terry dann von Porvenir sah, war der Sail Rock unter seinen Füßen. Die kleine Yacht wurde rasch höher und höher auf die Korallen gehoben. Eine Rettung war unmöglich. Nach einigen Stunden mußten Ian und Terry das Schiff verlassen.
Während die beiden in Porvenir mit Kaffee und Kuchen gelabt wurden, kam Bewegung in die Eingeborenen Porvenirs. Die Eingeborenen der San Blas-Inseln sind Kuna-Indianer, praktisch die letzten noch in der Karibik lebenden Indianer, und wie die Bewohner der Malediven betrachten sie alles, was aufs Riff geht, als unbestreitbares Eigentum — sei das ein Plastikeimer oder eine Yacht. Die Plünderung setzt praktisch in dem Augenblick ein, da das Schiff verlassen wird — manchmal kommt es sogar vor, daß die Kunas zu einer aufgelaufenen Yacht hinauspaddeln und die Besatzung auffordern, rasch das Schiff zu verlassen, damit sie eher mit der Arbeit beginnen können! Als Ian wenig später zur LA BANDIDA zurückruderte, um ein paar Habseligkeiten aus dem Schiff zu holen, waren die Indianer gerade dabei, die Schotten aus dem Schiff zu reißen!
Die Kuna-Indianer fristen auf den weit über hundert Inseln der San Blas-Gruppe sonst ein eher luxusfreies Dasein. Ihre Haupteinnahmsquelle sind Kokosnüsse. Obwohl es eine Menge Kokospalmen gibt und viele der Inseln unbewohnt sind, hat praktisch jeder Baum einen Eigentümer. Der Diebstahl von Nüssen wird streng bestraft, und die Kunas werden gleich nervös, wenn man ihren Nüssen zu nahe kommt. Das wurde unübersehbar, als ich mir einmal einbildete, für ein bestimmtes Foto zwecks Verbesserung des Kamerastandpunktes auf eine Palme klettern zu müssen. Gleich hatte mich jemand entdeckt. Eine Indianer-Horde kam angepaddelt und schimpfte schon von weitem. Erst als ich auf halber Stammhöhe halt machte und mit dem Fotoapparat herumfuchtelte, beruhigten sich die Gemüter. Freunde konnten wir dennoch nicht mehr werden.
Die zweite Einnahmsquellen der Kuna-Indianer sind Handarbeiten der Frauen, die sogenannten „Molas“. Es werden dafür verschiedene Materialien ausgeschnipselt, übereinander genäht und bestickt. Die Molas sind sehr bunt, sehr

hübsch und sehr exotisch. Die Kuna-Damen scheinen das zu wissen. Jedenfalls tragen sie ihre Molas auf Vorder- und Hinterseite ihrer Blusen und erwarten, daß jeder Besucher die zum Verkauf freigegebenen Stücke bereitwilligst ersteht. Man wird praktisch überall zum Kauf aufgefordert. Die Enttäuschung ist groß, wenn man das Angebot zurückweist.

Auf einem Ankerplatz nahe von Porvenir kam eine Abordnung des lokalen Frauenvereines sogar extra zu uns herausgepaddelt, um ein paar Molas zu verklopfen. Sie wollten am Steuerbordrumpf längsseits gehen, hatten aber das Pech, daß ich gerade das Pumpklo betätigte. Die Damen kapierten, daß sie sich eine schlechte Landungsstelle ausgesucht hatten, änderten den Kurs und paddelten unter Protestgeschnatter ums Heck herum zum Backbordrumpf. Es war wirklich reiner Zufall, daß dort gerade Gerti am Klo gewesen war und kräftig pumpte. Die Tonlage des Geschnatters stieg um einige Oktaven, die Damen machten kehrt und paddelten wieder ab. Wir fanden diese Reaktion ein wenig übertrieben. Schließlich erledigen die Kunas ihre Geschäfte auch im Wasser, und bei uns sorgt halt eine ballaststoffreiche Diät für ungestörte Verdauung.

Nachdem wir auf der anderen Seite des Panamakanales keine Termine zu fürchten hatten, bummelten wir fast drei Wochen durch die San Blas-Inseln, von denen die meisten einander ziemlich ähnlich sind. Es gäbe dort jede Menge dieser kleinen Traum-Eilande mit Sandstrand, Palmen und keiner Menschenseele weit und breit. Die Inselchen wirkten allerdings nur aus der Entfernung paradiesisch. Sobald man seinen Fuß an Land setzte, machte man die Bekanntschaft mit jeder Menge Sandfliegen.

Wenn nicht gerade ein Schiff aufs Riff gegangen ist, scheinen die Kuna-Indianer ein streßfreies Leben zu führen. In den kleinen Dörfern aus Palmwedelhütten kochten die Frauen Reis und brieten Fisch, während die Männer meist mit ihren Kokosnüssen oder Fischfang beschäftigt waren. Die Frauen mit ihren enggewikkelten Röcken, dem Perlenschmuck um Arme und Waden und dem Goldreif durch die Nase machten einen recht possierlichen, wenn auch nicht verführerischen Eindruck. Es war Regenzeit. Die immer häufiger auftretenden Gewitterstürme waren ein gutes Argument für Kurs auf den Kanal. Bevor wir jedoch nach Christobal segelten, um ihn in Angriff zu nehmen, leisteten wir uns noch einen Stopp in Portobelo. Einst verluden in diesem Hafen die Spanier das ganze in Peru zusammengestohlene, geraubte und erpreßte Gold, um es in die Heimat zu verschiffen. Von Peru segelte man es die südamerikanische Küste hoch und schaffte es auf dem Landweg über den Isthmus von Panama. Hier in Portobelo war der große Umschlagplatz. Seit wir in den alten Piratenschlupfwinkeln vor

der Küste von Honduras herumgestöbert haben, interessieren mich solche Plätze.
Es war schon von weitem zu erkennen, daß Portobelo einmal eine gewisse Bedeutung gehabt haben muß. Die Einfahrt in die lange, schmale Bucht wird von hohen Festungen geschützt, die alten, eisernen Kanonen zeigen immer noch aufs Wasser. Heute gibt es in Portobelo nur noch wenig zu schützen. Das Städtchen besteht vorwiegend aus verfallenden Mauern alter Gebäude, zwischen denen sich die Wellblechhütten der jetzigen Bewohner ducken. Die Kaimauer, an der die Galleonen lagen, zerbröckelt. Wir waren das einzige Schiff im Hafen.
Am Tag nach unserer Ankunft erkundeten wir ein paar Festungsreste hoch über der Stadt. In modrigen Kellergewölben schreckten wir Fledermäuse auf, und Gerti sah nicht viel Sinn in meinem Forscherdrang. Der Fund eines Schatzes blieb mir natürlich versagt, dafür stolperte ich über drei antike Kanonenkugeln. Damit die Expedition nicht völlig ohne Beute zu Ende ging, schleppte ich sie aufs Schiff. Sämtliche weiteren Kanonenkugeln bleiben auf ihrem Platz, wir haben seit damals genug unnötigen Ballast an Bord.
Am 19. Juni klarierten wir schließlich in Christobal ein. Es ist das der Hafen, in dem die Formalitäten für die Kanaldurchfahrt erledigt werden. Gleich am nächsten Tag wurden wir vermessen, damit man die Gebühr berechnen konnte. Der Termin für unsere Kanaldurchfahrt wurde auch festgelegt — 30. Juni. Wir hatten also ein wenig Zeit, um uns in der Gegend umzusehen.
In Christobal wird der Kanalverkehr gemanagt, viel mehr spielt sich da nicht ab. Praktisch neben Christobal, keine Viertelstunde Fußmarsch entfernt, liegt Colon. Hier finden sich Geschäftsstraßen und Supermärkte.
Wir pilgerten ein paarmal hin, um Einkäufe zu erledigen und ein wenig in den panamesischen Alltag zu schnuppern. Praktisch vor jedem Ausflug in die Stadt wurden wir vor den rauhen Sitten mancher Einwohner Colons gewarnt. In Colon werden Touristen gern auf offener Straße überfallen und ausgeraubt, genauso — wenn nicht noch unverschämter — wie in Kingston/Jamaica. Wir trafen während unseres Aufenthaltes in Christobal auch zwei Yachties, die aus eigener Erfahrung berichten konnten. Dem einen (einem Amerikaner) war das Geld aus der Tasche geklaut worden, während er sein müdes Töchterchen ein paar Straßen weit tragen wollte und somit keine Hand zum raschen Zufassen frei hatte. Zuvor war er mit dem Kind in einer Eisdiele gewesen. Die Ganoven hatten ihn offensichtlich beobachtet und wußten genau, in welche Tasche sie zu greifen hatten.
Das zweite Opfer war ein Deutscher namens Arthur. Auch er wartete mit seiner

Yacht MEERMAID auf die Kanaldurchfahrt. Bei einer Shopping-Tour wurde er am hellichten Tag auf einer belebten Straße von hinten angesprungen, niedergerissen und mit einem Messer bedroht. Instinktiv schrie er wie am Spieß um Hilfe. Zufällig war ein Polizist in der Nähe, der gleich von dort,wo er stand,mit seinem Revolver auf den Menschenknäuel feuerte (was Arthur doch nicht ganz recht gewesen ist). Jedenfalls waren die Schüsse das richtige Mittel zur Beendigung des Raubversuches. Die drei Gangster flüchteten, einer blieb schließlich lebensgefährlich verletzt liegen. Wie gesagt: am hellichten Tag auf einer belebten Straße passiert. Arthur sammelte seine verstreuten Wertsachen ein und war um eine Erfahrung reicher.

Auf derart hautnahen Kontakt mit der panamesischen Bevölkerung wollten wir es nicht ankommen lassen. Wir verwahrten unsere Uhren und Gertis Schmuck sicher am Schiff, wählten eine Garderobe, die uns nicht auf den ersten Blick als Touristen kenntlich machte und nahmen gerade so viel Geld mit, als wir für die Einkäufe brauchen würden. Die dunklen, winkeligen Seitengassen von Colon besichtigten wir nicht.

Während der Wartezeit auf die Kanalpassage fanden sich auch leicht drei junge Leute, die wir als Helfer für die Durchfahrt anheuern konnten (in den Schleusen braucht man ja ein paar Extra-Hände zum Bedienen der Leinen). Die drei bereisten gerade Mittelamerika und waren ganz geil auf eine Kanalfahrt.

Am 30. Juni, pünktlich um sechs Uhr morgens, wurde auch Armando, der Lotse, aufs Schiff geliefert. Eigentlich war er noch kein richtiger Lotse, sondern erst im Rang eines „Advisers". Trotzdem: die drei Schleusen hinauf gab es keine Probleme. TABOO III wurde jedesmal mit vier Leinen verspannt, die über die Winschen liefen und bequem dicht genommen werden konnten. Nach den drei Schleusen gelangt man in den Gatun-See. Es ist dies ein Stausee von gut 30 Kilometern Länge, der praktisch den halben Isthmus überspannt. Man fährt also recht bequem flach darin. Es herrschte absolute Flaute, also versprudelten wir ein paar Liter Diesel.

Danach wird es eng. Der Kanal überschreitet auf einer Höhe von 93 Metern über dem Normalniveau die kontinentale Wasserscheide und hat nur eine Breite von etwa 60 Metern. Genau an dieser Stelle überholte uns der riesige schwedische Autotransporter ISOLDE, und genau zu diesem Zeitpunkt gab es heftige Gewitterböen, und genau zu diesem Zeitpunkt platzte ein Schlauch des hydraulischen Antriebs von TABOO III. Der heftige Wind drückte uns Richtung ISOLDE, die gerade an uns vorbeirauschte. Über unseren Häuptern erhob sich eine endlose Stahlwand, und als es gerade krachen mußte, war die ISOLDE end-

lich zu Ende. Wir rutschten mit dem Vordeck unter ihrem Heck hindurch, und einzig die Tatsache, daß die Wanten innenbords ansetzen, rettete den Mast. Im Kielwasser der ISOLDE wurde TABOO III spielerisch herumgedreht, dann war der Spuk zu Ende. Hastig riß ich ein Segel hoch, um wieder manövrierfähig zu werden. Armando wuchs die Sache ziemlich über den Kopf. Er hatte lediglich die glänzende Idee, doch gleich unter Segel weiterzufahren. Was ich als kompletten Schwachsinn empfand — erstens war mir das Revier doch ein wenig zu eng, und zweitens war der Wind schon wieder weg. Wir ließen das Dinghy zu Wasser, und ich zog den Kat im Schneckentempo aus der Fahrrinne, um das nächste Schiff vorbeistampfen zu lassen. Zwischendurch funkte Armando um Hilfe. Bald darauf tauchte ein Minischlepper auf, der uns aus dem engen Schlauch herausschleppte und uns nahe der Siedlung Gamboa bei einem ruhigen Ankerplatz abseits der Fahrrinne fallen ließ.
Hier konnten wir die Situation nochmals überdenken. Der Schlauch hatte sich schon einen verdammt ungünstigen Zeitpunkt für die Quittierung seiner Dienste ausgesucht. Anderseits hatten wir Glück gehabt: Wäre der Maschinenschaden nur eine halbe Minute früher passiert, hätte uns der Wind genau vor den Bug der ISOLDE getrieben. An dieser Stelle ist nicht einmal Gegenverkehr möglich — der gute Mann am Steuer der ISOLDE hätte also wenig für uns tun können.
Nachdem ich Reserveschläuche an Bord hatte, war der Maschinenschaden rasch behoben. Danach ging alles wie geschmiert. Wir passierten den engen Durchstich ohne Probleme und wurden gemeinsam mit einem Frachtschiff die drei Schleusen zu Tal gelassen. Eine Stunde später tuckerten wir unter der hohen Brücke hindurch, die Nord- und Südamerika verbindet, und hatten den Blick frei auf den Pazifischen Ozean.

* * *

Der Pazifik mit seiner gewaltigen Ausdehnung wird uns wohl einige Zeit beschäftigen. Tausend wunderbare Ziele liegen vor uns. Wir werden zu den Galapagos segeln und wahrscheinlich in Tahiti vorbeischauen. Wir werden uns vielleicht in Mikronesien verlieren und — wenn das Schicksal nichts dagegen hat! — ganz, ganz sicher wieder die Philippinen besuchen, wo das Leben mit TABOO III begonnen hat. Für manche sind die Philippinen von Panama gar nicht so fern, sie schaffen die Distanz in zehn, zwölf Wochen. Bei uns wird's Jahre dauern . . .

ANHANG

TABOO III, Konzept, Segelplan
und Raumaufteilung
Elektronik
Selbstversorgung
Ankern
Aus dem Logbuch von TABOO III

TABOO III

Ein Schiff, das für zwei Personen entworfen wurde, ist mit einer Länge von knapp 18 m natürlich ein bißchen großzügig bemessen. Diese Überlänge hatte ich ursprünglich auch gar nicht im Sinn. Ich bastelte mir einfach einen optimalen Einrichtungsplan unter Rücksichtnahme auf etwaige Gäste zurecht, streckte ein wenig die Linien, um eine gewisse Eleganz zu erreichen, und am Ende wurde TABOO III eben 18 m, statt der 16 m, die ich am Beginn der Planung ins Auge gefaßt hatte.
Am Zeichenpapier war die Vergrößerung nur eine Spielerei, beim Bau wurde daraus bittere Realität. Nicht wegen der Mehrarbeit — die war ohne weiteres zu bewältigen — aber in puncto Finanzierung. Die Materialkosten schienen progressiv zu steigen, ich steckte mein ganzes Geld und noch viel mehr in das Projekt, verbrauchte Honorare, die erst Jahre nach dem Stapellauf fällig werden sollten, wozu natürlich auch ein duldsamer Verleger vonnöten war.
Der Gedanke, wie ich mit einem derart mächtigen Schiff zurande kommen würde, war vorerst sekundär. Je näher die Stunde der Jungfernfahrt kam, desto aktueller wurde er allerdings. Mein erster Kat war ja praktisch nur so lang, wie mein jetziger breit ist.
Die Umstellung ging dann ganz reibungslos vor sich. Ein paar Tage auf See, und alles war unter Kontrolle — wie man sich eben auch rasch auf ein größeres Auto umstellt.
In den knapp 30.000 Seemeilen, die wir bis jetzt mit TABOO III zurückgelegt haben, hat sich der Kat unter den verschiedensten Bedingungen bewährt. Natürlich gab es, wie bei fast jedem Prototyp, gewisse Kinderkrankheiten. Die gravierendste davon steckte in der Ruderanlage (siehe Indischer Ozean). Die Ruder von Multihulls werden ungleich mehr beansprucht wie die von Einrumpfboo-

TABOO III

Stapellauf: 16. 12. 1979, Cebu/Philippinen
Baubeginn: Februar 1978

Länge über alles	17,70 m
Wasserlinienlänge	15,20 m
Maximale Breite	9,40 m
Tiefgang	1,0 m
Gewicht	8,5 t
Ladekapazität	4 t

Masthöhe über Deck	15 m
Kuttertakelage:	
Großsegel	40 m²
Genua	70 m²
Klüver 1	45 m²
Klüver 2	20 m²
Stagsegel (Fock)	20 m²
Sturmklüver	10 m²
Sturm-Stagsegel (Sturmfock)	10 m²

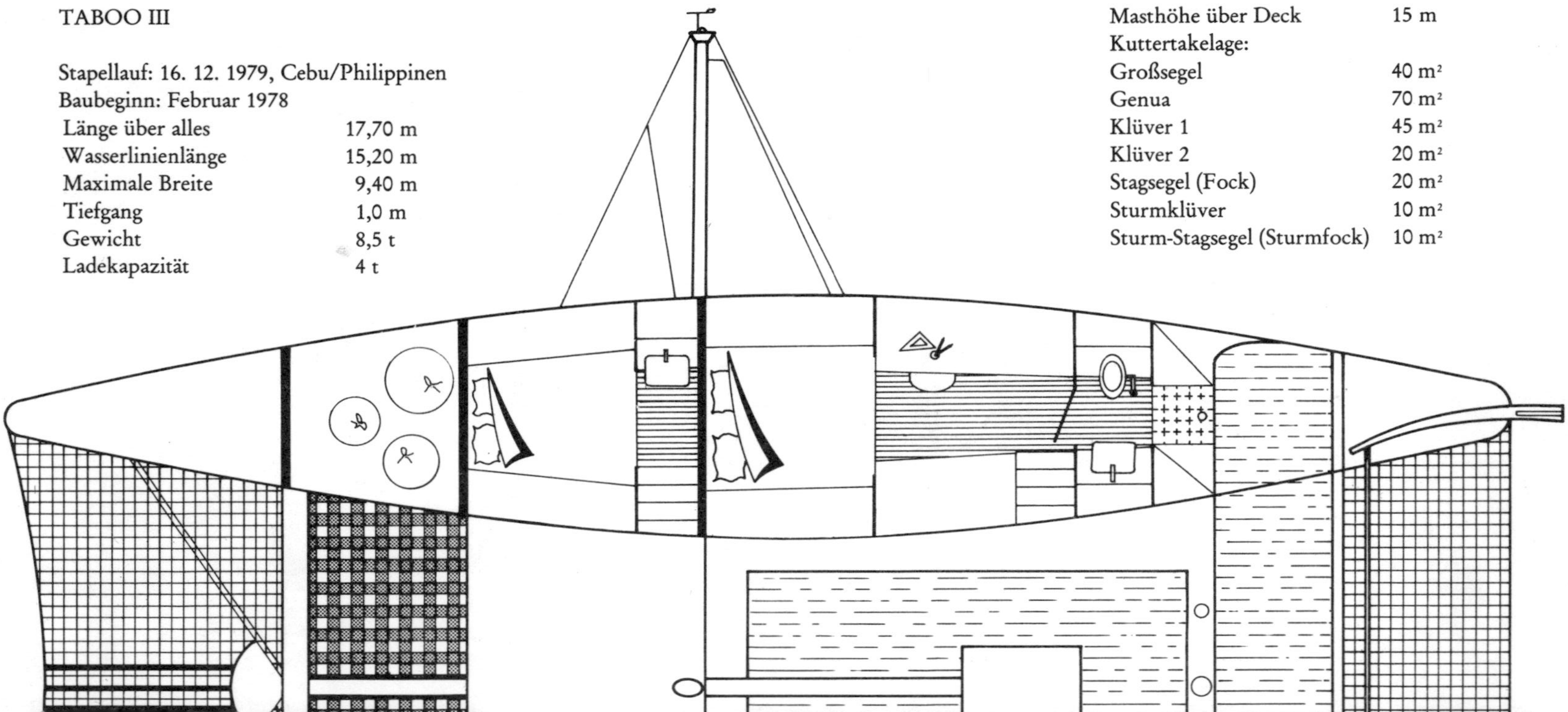

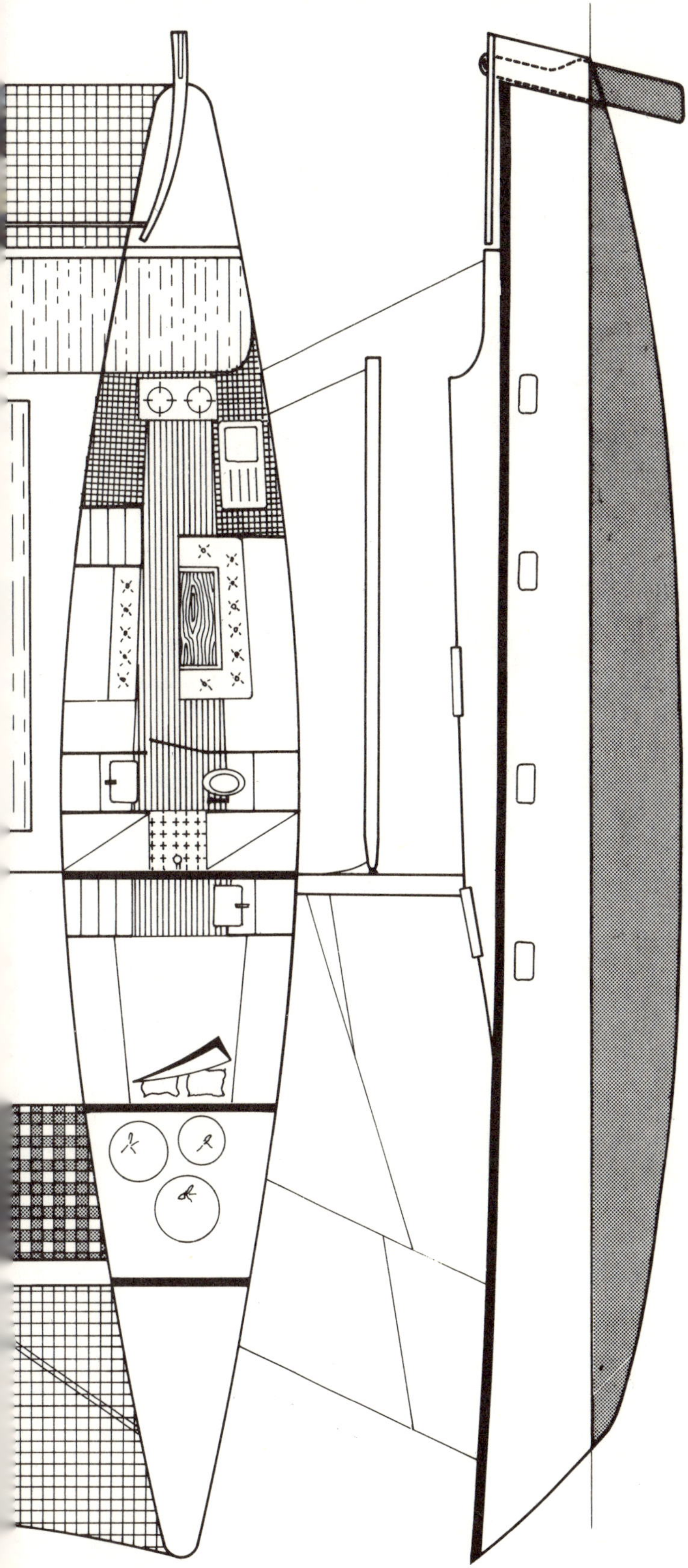

ten. Das liegt hauptsächlich an den höheren Geschwindigkeiten. Bei meinem ersten Kat brachen Ruderbeschläge und Ruder, bei TABOO III passierte praktisch das gleiche. Zwar hatte ich die Ruderanlage solide gebaut, doch wie die Praxis zeigen sollte, nicht solide genug. Nun sind die Beschläge zusätzlich verstärkt, darüberhinaus die Ruder verkürzt. Nach menschlichem Ermessen dürfte es keine Probleme mehr geben.

Müßte ich TABOO III noch einmal bauen, würde ich eventuell das Mittelschwert weglassen. Eingeplant hatte ich es natürlich gegen zu viel Abdrift am Kreuzkurs. Wie sich mittlerweile herausstellte, ist 1 m Tiefgang auf zwei langen Rümpfen genug an Lateralfläche. Also wird das Schwert jetzt kaum verwendet. Es bringt lediglich bessere Manövriereigenschaften unter Maschine bei Starkwind. Nachdem mein Revier nicht das Mittelmeer mit seinen überfüllten Häfen ist, fällt das jedoch kaum ins Gewicht.

Die Segeleigenschaften von TABOO III sind weit besser als die meines ersten Kats. Mit der größeren Länge sind die Schiffsbewegungen weicher geworden, schneller ist das neue Schiff sowieso. Die erreichte Höchstgeschwindigkeit waren 18 Knoten, das beste Etmal 235 Meilen. Es ist durchaus vorstellbar, daß TABOO III auch 300 Meilen in 24 Stunden schafft. Sobald meine Segelgarderobe um einen Cruising-Spi bereichert ist, geht's an den diesbezüglichen Praxistest. Derzeit ist TABOO III vor dem Wind mit einer provisorischen Passatbesegelung erbärmlich untertakelt.

Die Überlänge des Schiffes bringt auch jede Menge Stauraum und dank großer Wassertanks auch eine phantastische Reichweite. Nicht, daß wir es nun auf Non-Stop-Rekorde anlegen würden, aber viel Lagerraum ermöglicht es, dort einzukaufen, wo es am günstigsten ist.

Elektronik

Hochentwickelte Elektronik hat längst schon auf das im Grunde einfache Seglerleben übergegriffen. In manchen Yachten steht man am Navigationsplatz vor einer Gerätebatterie, die vom Satelliten-Navigationsgerät über Funkanlage, Radar, Funkpeiler zum Wetterkartenschreiber und noch weiter reichen kann. Am Masttopp dieser Schiffe steckt das dazugehörige Büschel Antennen. Die meisten Gäste auf solchen Schiffen sind von soviel Hochtechnologie ehrlich beeindruckt.

Auf TABOO III kann ich mit derartigen Attraktionen nicht aufwarten. Einerseits habe ich keine Lust, Abertausende Dollars für etwas auszugeben, das mich nicht schneller ans Ziel bringt, anderseits kann man sich mit einer Fülle moderner Navigationshilfen auch viel Ärger einhandeln.

Bei mir beschränkt sich die Elektronik auf ein handelsübliches, leistungsstarkes Radio (kein Marineempfänger!, der würde gleich viermal so viel kosten), ein Echolot und einen im Kaufhaus erstandenen Quarzwecker, der deutlich genauer geht als meine teure Taucheruhr. Aber auch die simple Technik funktioniert nicht immer. Unlängst mußte ich ein neues Echolot nach England retournieren, weil es vollkommen falsche Werte lieferte.

Navigiert wird auf TABOO III wie vor hundert Jahren mit dem Sextanten. Ich finde, man kann mit einer exakt erarbeiteten Positionslinie viel mehr Freude haben als mit der Digitalanzeige des SatNav. Wer mindestens zweimal täglich mit dem Sextanten arbeitet, bekommt auch ein nahezu untrügliches Gefühl für Strom, Abdrift und andere Variablen, sodaß auch — sollte vielleicht zwei Tage keine Sonne sein — die Koppelrechnung ziemlich genau stimmen wird. Zum Koppeln braucht man natürlich ein Log. Ich ziehe das mechanische Sumlog einem elektronischen Log vor, weil es mit Bordmitteln zu reparieren ist.

Damit sei nicht gesagt, daß Satelliten-Navigationsgeräte und ähnlich feinfühlige Erfindungen keine Berechtigung hätten. In Gegenden, wo häufig Nebel herrscht, vereinfachen sie gewiß das Leben. Ob sie es sicherer machen, bleibe dahingestellt. Speziell der SatNav ist auch für Überraschungen gut. SatNavs liefern exakte Breiten- und Längenangaben. Wenn diese Werte nun in ungenaue Seekarten — wie sie in manchen Gegenden durchaus üblich sind — übertragen werden und der Position blindlings vertraut wird, kann das durchaus zu Schiffbrüchen führen. Ich habe Skipper getroffen, die die Divergenzen zwischen SatNav-Information und Landschaft einer Ungenauigkeit des SatNav zuschrieben und innerhalb von zwei Jahren drei Geräte verbrauchten.
Andere wieder vertrauten ihr Leben vollends der Elektronik an, fuhren schon jahrelang zur See und hatten keine Ahnung, wie man einen Sextanten in die Hand nimmt. In Salvador (Brasilien) traf ich ein derart abhängiges Segler-Ehepaar in trüber Stimmung. Der SatNav war ausgefallen, sie mußten sich einen Skipper einfliegen lassen, um weiter zu können.
Für viele Segler sind elektronische Geräte eher ein Hobby. Sie haben einfach Freude an den technischen Möglichkeiten, und dagegen ist auch gar nichts einzuwenden. Mitteilungsbedürftige Seelen treffen sich eben täglich per Funk. Nachdem dazu Termine gehören und mir Termine nicht liegen, habe ich kein Funkgerät. Es könnte ja passieren, daß ich zur selben Zeit in zwanzig Metern Tiefe den Fischen zuschauen will. Daß ich wenig High-Tech am Schiff habe, hat aber nichts mit einer grundsätzlichen Technik-Feindlichkeit zu tun. Schließlich brauche ich zum Beispiel zum Tauchen Kompressor und Flaschen, also durchaus modernes Zubehör.
Auf das Echolot würde ich freilich nicht verzichten. In küstennahen Gewässern ist es für die Sicherheit fast unerläßlich. Nicht etwa, weil es vor einer nahenden Küste warnt — über die sollte man auch ohne Tiefenmesser Bescheid wissen —, sondern weil man sehr oft auf lotbaren Tiefen segelt.
In der Südchinesischen See segelten wir tagelang nach dem Echolot. Sobald wir die 20-Faden-Linie und damit den Landsockel der Philippinen erreicht hatten, gingen wir auf den neuen Schlag.
Nachts sind Entfernungen nur schwer zu schätzen. Hat man vor einer unbeleuchteten Küste eine zuverlässige Tiefenangabe, so weiß man aufgrund der Eintragungen in der Karte ziemlich genau den Abstand zum Festland.
Natürlich ist ein Echolot auch beim Suchen eines guten Ankerplatzes von Nutzen. Es ist mir so wichtig, daß ich stets ein neues Gerät in Reserve halte.

Selbstversorgung

Die kann sich auf einem Segelboot auf Wasser und Fisch erstrecken. Wassersammeln ist zwar in den seltensten Fälle eine Notwendigkeit des Überlebens, aber es erspart oft umständliches Fuhrwerken im Hafen. Der Idealfall, daß man nämlich am Liegeplatz einen Schlauch vorfände, durch den das Wasser direkt in den Tank rinnt, wird immer seltener, je weiter man sich von den üblichen Routen der Fahrtensegler entfernt. In entlegenen Gegenden heißt das dann Wassertransport mit Beiboot und Kanistern.

Wer fleißig Regenwasser sammelt, kann sich solche Mühen weitgehend ersparen. In den Tropen benötigt man sowieso ein Sonnensegel; es liegt nahe, dieses auch gleich zum Auffangen des Regens zu benutzen. Auf TABOO III ist das Sonnensegel ziemlich horizontal gespannt, um auf windigen Ankerplätzen wenig Angriffsfläche zu bieten. In diesem Fall ist es am einfachsten, an den Stellen, wo sich das Wasser sammelt, Kunststoff-Anschlußstücke zu montieren, in die sich Schläuche stecken lassen. So läuft das Wasser direkt in die Tanks.

In besonders trockenen Gegenden kann jeder Tropfen kostbar sein. Man wird also den ersten Regenguß nicht für's Sauberschwemmen der Auffangvorrichtung mißbrauchen, sondern alles in Eimern sammeln, wo sich etwaiger Schmutz absetzen kann, bevor das aufgefangene Naß als Nutzwasser gelagert wird.

Fische spielten auf meinen Schiffen immer schon die Hauptrolle im Speiseplan. Nicht nur, weil sie kostenlos und fast jederzeit frisch zu kriegen sind, sie sind mir auch geschmacklich lieber als Fleisch. Auf Ankerplätzen besorge ich mir Frischfisch beim Tauchen. Auf guten Plätzen kann man wählen, welchen Fisch man in welcher Größe fürs nächste Essen harpuniert. Ich schieße prinzipiell nicht mehr oder größere Fische, als wir zum Essen brauchen. Wär' ja idiotisch, einen halben Fisch über Bord zu werfen, wenn man am nächsten Koralleneck ei-

nen kleineren vor der Harpune gehabt hätte! Unter so was wie Jagdfieber habe ich Gott sei Dank noch nie gelitten.
Beim Segeln über weitere Strecken ist stets die Schleppangel draußen. Beim Angeln hängt das Resultat natürlich sehr oft vom Zufall ab. Es gibt kein Revier, in dem ein Biß garantiert ist, und umgekehrt gibt es keines, wo das Angeln von vornherein sinnlos wäre (abgesehen davon, wenn Seegras am Wasser ist. Da verfangen sich die Haken, und kaum ein Fisch wird auf Seegras beißen).
Auf TABOO III habe ich drei Handrollen mit einem Durchmesser von etwa 30 cm, auf denen die Angelleinen aufgerollt sind. Die Leinen sind aus Kunststoff und haben eine Bruchlast von mindestens 100 Kilogramm. Am Ende der Schnur sitzt der Köder. Ich kaufe meist spezielle, in Japan erzeugte Köder, die aus einem schweren, verchromten Kopf mit roten Augen und daran montierten gefärbten Hühnerfedern bestehen. Diese versehe ich mit einem Nirosta-Vorfach und einem besonders stabilen Zwillingshaken, der fünf bis sechs Zentimeter lang ist. Die roten Augen erscheinen mir recht nebensächlich, die Hühnerfedern sind bald abgebissen und werden dann durch farbige Segeltuchstreifen ersetzt. Aber der schwere Kopf hält den Köder gut unter Wasser, und der Zwillingshaken hält recht sicher im Fischmaul. Es gibt natürlich noch weitere brauchbare Köderformen — Tintenfischimitationen aus Plastik in Gold, Rot oder Silber, oder ganz einfache Metallblinker. Daß eine dieser Sorten besonders „fängig“ wäre, habe ich noch nicht herausgefunden.
Meist habe ich zwei Fischleinen draußen, eine etwa siebzig Meter hinter dem Schiff, die zweite etwas näher. Die Leinen werden auf Klemmen belegt, um die im Cockpit liegende kurze Bordleiter geschlungen und ins Wasser gelassen. Kommt nun Zug auf eine Leine, rutscht die Leiter mit entsprechendem Krach nach achtern — ein recht einfacher, aber sicherer Bißanzeiger.
Ohne Bißanzeiger geht‘s nicht. Wenn ein Fisch am Haken hängt, muß man sich sofort drum kümmern. Er würde sich sonst bald wieder losreißen. Je nach Fisch ist das Einholen mehr oder weniger schwierig. Thunfische sind nach ein bis zwei Minuten an der Oberfläche und lassen sich ohne viel Widerstand zum Schiff ziehen. Makrelen oder Dorados sind energische Kämpfer, brechen seitlich aus, springen hoch und versuchen, den Köder aus dem Maul zu schleudern. In diesem Fall muß die Fahrtgeschwindigkeit stark reduziert werden, will man den Fisch nicht verlieren.
Die beste Gegend zum Fischen, die ich erlebt habe, waren die Galapagos-Inseln. Dort war den Fischen jedes Ding als Köder recht. Ein ausgedienter Stoffetzen, gleichgültig welcher Farbe, samt Haken über Bord, und spätestens in fünf Minu-

ten war der frische Fisch in der Pfanne. Grundsätzlich ist das Fischen in der Nähe von Riffen erfolgversprechender als am offenen Wasser. Dafür fing ich dort die dickeren Brocken, als Rekord einen Thunfisch mit über fünfzig Kilogramm.
Zu 99% ist der Fang verwertbar: ein Thunfisch, eine Makrele, Barrakuda, Wahoo oder ähnlich bekannter und wohlschmeckender Meeresbewohner. Bisher erlebte ich nur zwei Überraschungen, und zwar im Indischen Ozean. Dort fing ich ganz kuriose Fische, die normalerweise offensichtlich in größeren Tiefen zuhause sind: dürre, etwa halbmeterlange Urzeittiere mit überdimensionalen Augen und hundeartigem Gebiß. Zoologisch war das ganz interessant, für's Essen griffen wir dann lieber in die Tiefkühltruhe.
Die Fische können weder zu klein noch zu groß sein. Kleine Fische werden auf TABOO III filetiert und wandern bei nächster Gelegenheit in die Pfanne (am besten sofort). Große werden eingekocht. Für dieses fast schon professionelle Einkochen heben wir alle leer gewordenen Schraubgläser mit aufgeschweißter Gummidichtung auf, in denen oft Mayonnaise oder eingelegtes Gemüse verpackt ist (spezielle Einmachgläser mit Gummiring und Federverschluß müßte man extra anschaffen und einen zusätzlichen Stauraum dafür bereithalten). Der Fisch wird in passende Stücke geschnitten und bis einen Finger breit unter den Rand in die Gläser gefüllt. Dazu kommt Salz, ein wenig Öl und Wasser. Sämtliche Lufteinschlüsse werden mit einem Stäbchen an die Oberfläche gebracht. Ganz leicht den Deckel drauf und in den Druckkochtopf. Die Wassermenge im Topf ist kein Kriterium, ein halber Liter, ein Liter vielleicht. Dann 80 Minuten kochen. Sorgfalt ist beim Auskühlen vonnöten. Kochtopf vom Feuer nehmen und Druck langsam sinken lassen, bis sich der Topf öffnen läßt. Das kann durchaus 10 Minuten dauern. Würde man den Kochtopf mit Wasser abschrecken, käme es zu einem plötzlichen Überdruck, und es würde den noch kochenden Fisch teilweise herausdrücken, im Extremfall kann sogar das Glas explodieren.
Am Ende werden die Gläser mit ihrem brodelnden Inhalt aus dem Topf gehoben und die Deckel fest verschraubt. Beim Abkühlen entsteht ein sichtbarer Unterdruck, der die Deckel nach innen wölbt. Die Konserve ist fertig, schmackhaft, rostet nicht und hält sich mindestens ebensolang wie die blechernen Artgenossen. Kostenpunkt? Praktisch null.
Obwohl wir sehr viel Fisch essen, ist gegen Fleisch nichts einzuwenden. So kochte Gerti vor unserer Abreise von den Philippinen zwei Dutzend Gläser Rindfleisch ein. Dem äußerst schmackhaften Fleisch in Brasilien konnte sie auch nicht widerstehen, Rinderzunge eignete sich besonders gut zum Einkochen.

Wie oft beginnen Kochbücher für Segler mit den Worten: Man nehme eine Dose Corned Beef. Corned Beef in allen Ehren, aber immer wieder?

Ankern

Es gibt natürlich verschiedene Arten, voranzukommen: mit zügigen, weiten Sprüngen oder, indem man seine Nase in jedes Loch steckt und wegen seiner Neugierde immer wieder aufgehalten wird. Aufs Segeln umgelegt: Non-Stopp-Fahrten im Rekordtempo oder Inselhüpfen. Ich habe mich sehr bald für die langsame Methode entschieden und widme mich lieber den Details als den Rekorden.

Dieser Reisestil bedingt natürlich eine Menge Ankerplätze. Auf der ersten Etappe mit TABOO (der streckenmäßig längsten) war ich noch flott unterwegs und hatte nur 44 Ankerplätze. Die zweite Fahrt, von Europa nach Papua-Neuguinea, war schon mit 305 Ankerplätzen gespickt. Im Logbuch von TABOO III standen, als ich das Manuskript dieses Buches fertigstellte, schon mehr als 660 Ankerplätze. Ankern ist also für mich ein sehr wichtiges Thema und führt zu einer ständigen Verfeinerung der Methoden.

Auf TABOO III gibt es derzeit sechs Anker, von denen keiner schwerer als 20 Kilogramm ist. Ich halte wenig von überschweren „Sturmankern", sondern setze lieber mehrere leichte Anker ein.

Mein Allround-Anker ist und bleibt der Pflugscharanker, auch wenn er sich auf gewissen Ankergründen (sehr harter Sand, Seegras) nicht gleich eingraben möchte. Als Zweitanker setze ich gern den Danforth ein, weil dabei keine Gefahr besteht, daß sich der Kettenvorlauf um den Anker wickeln könnte. Der Danforth ist allerdings nur für Sand und Schlamm geeignet. Bei großer Belastung gräbt er sich tief ein und muß dann mit Gefühl ausgebrochen werden, will man ihn nicht verbiegen. Der CQR ist in dieser Beziehung weniger empfindlich und verträgt es, wenn man zum Ausbrechen bei kurz geholter Trosse über den Anker fährt.

Ich verwende stets einen Vorlauf von ca. 10 m Kette und für die nächsten 5 m doppelte Nylontrosse. Die Nylontrosse ist aus acht Kardelen geflochten. Im Gegensatz zum geschlagenen ist geflochtenes Tauwerk unwahrscheinlich lehnig, vertörnt sich nicht und muß zum Stauen auch nicht aufgeschossen werden. Sollte es zum Schamfilen kommen, ist geflochtenes Tauwerk ebenfalls von Vorteil. Die Fasern der einzelnen Kardelen sind durch die Verflechtung arretiert und schützen die darunterliegenden auch noch im durchgescheuerten Zustand, während sich beim geschlagenen Tauwerk die zerstörten Fasern aufrollen und die darunterliegenden Schichten freigeben.
Meine über tausend Ankerplätze auf verschiedensten Gründen sowie einschlägige Erfahrungen vieler anderer Segler beweisen, daß man nicht nur mit Kette, sondern auch mit Trosse hundertprozentig sicher ankern kann. Freilich darf man dabei nicht in Sorglosigkeit verfallen. Wie oft habe ich beobachtet, daß ein ankommendes Schiff ein perfektes Ankermanöver hinlegte, Trosse in ausreichender Länge fierte, keiner an Bord aber einen Gedanken an den Ankergrund verschwendete. Das ist natürlich nur zulässig, wenn man von Deck aus einen sauberen Sandgrund besichtigen kann. Sonst ist es notwendig, den Ankergrund schnorchelnderweise zu überprüfen oder mit Hilfe eines Auftriebskörpers die Trosse vom Grund freizuhalten.
Das Anbringen eines Auftriebskörpers ist ein eminent wichtiger Beitrag zur Sicherheit und nur eine Sache von zwei Handgriffen, was sich allerdings erst bis zu wenigen Yachten herumgesprochen haben dürfte. Ohne Auftriebskörper kann man natürlich auch jahrelang problemlos ankern, aber irgendwann kommt der Augenblick, wo sich die Trosse um einen Korallenblock wickelt und durchgescheuert wird.
Nicht einmal beim Ankern mit Kette ist man auf dem gefährlichen Korallengrund sicher. Bei einer plötzlichen Winddrehung verfängt sich die Kette fast zwangsläufig an einem Korallenblock, wird kurzstaggeholt, und bei jeder Welle zieht das gesamte Schiffsgewicht an der Kette. Ist niemand an Bord, dauert es nur wenige Minuten, bis die Kette unter dieser Belastung bricht. Das ist dann der klassische Fall, wie man sein Schiff auch beim Ankern mit Kette verlieren kann. Solche Verluste passieren meistens im Pazifik, wo plötzlich umschlagendes Wetter keine Seltenheit ist. So gingen letztlich in der Lagune von Suvarov nach einer unvorhersehbaren Winddrehung gleich drei Yachten aufs Riff.
Als Auftriebskörper eignen sich am besten harte Kunststoffkugeln, wie sie von Berufsfischern verwendet werden. Weiche, fluderartige Auftriebskörper sind ungeeignet, weil sie vom Wasserdruck zusammengequetscht werden und mit zu-

nehmender Tiefe an Auftrieb verlieren. Kunststoffkugeln behalten ihre Form und halten nach meinen Erfahrungen Tiefen von 50 m und mehr aus.
Die Kunststoffkugel soll groß genug sein, um ca. 1—2 m der Kette anzuheben. In geringer Wassertiefe bringt man sie recht nahe des Kettenendes an, weil sie sonst an der Oberfläche schwimmen würde. Bei einer Tiefe von 10 m befestige ich sie ca. 5 m oberhalb des Kettenendes, mit zunehmender Tiefe gehört die Kugel sukzessive höher auf die Trosse.
Trotzdem fühle ich mich oft besser, wenn ich gleich einen zweiten Anker in entgegengesetzter Richtung des ersten ausbringe (selbstverständlich mit der gleichen Sorgfalt wie den ersten). So kann man sorglos ausgedehnte Landgänge oder Tauchausflüge unternehmen (bei denen man übrigens auch vom schwersten Gewitter nichts merken würde).
Warnen möchte ich noch vor einer besonders tückischen Art von Ankergrund: weicher Schlamm an der Oberfläche, darunter klebriger Lehm. Auf diesem Grund, der nur in ganz ruhigen Buchten vorkommt, wird man sowohl mit Pflugschar als auch mit Danforth Probleme bekommen können. Bei einer Winddrehung bricht der Anker aus, hat dann an den Flunken Patzen vom klebrigen Boden und rodelt über den rutschigen Grund, ohne sich wieder eingraben zu können.
Von den sechs Ankern auf TABOO III stammen zwei Pflugschar und zwei Danforth aus der Grundausstattung; später fand ich beim Tauchen auf Mauritius einen weiteren Danforth. In Durban konnte ich schließlich nicht widerstehen, einen Bruce-Anker anzuschaffen, für den ja sehr gute Propaganda gemacht wird. Der Kauf erwies sich sehr bald als Fehlinvestition. Auf verschiedensten Gründen ausprobiert, bereitete der Bruce immer wieder Probleme. Beobachtungen von anderen, vor Bruce-Ankern liegenden Schiffen bestätigten dann restlos, daß auf Danforth- und Pflugscharanker mehr Verlaß ist. Nach vielen Mißerfolgen mit dem Bruce-Anker konnte ich dann doch *einen* passenden Ankergrund finden: feiner, harter Sand. Der CQR schliert unter solchen Bedingungen gern ein paar Meter durch die Gegend, bevor er sich verharkt; richtig eingraben würde er sich erst unter großer Belastung. Nicht so der Bruce. Meinen Beobachtungen zufolge gräbt er sich genau auf seinem Landepunkt ein und bewegte sich unter normalen Belastungen keinen Meter von der Stelle.

Aus dem Logbuch von TABOO III

	Seemeilen	*Ankerplätze*	
Stapellauf			16. 12. 79
In den Philippinen	2145	40	
Eran Bay-Mantanani Inseln	292		11.–13. 9. 80
In Borneo	625	8	
Borneo-Tioman	396		14.–18. 10. 80
In Malaysien	638	13	
Georgetown-Pu Nipis	109		5.– 6. 12. 80
In Thailand	166	9	
Phuket-Penang	203		15.–16. 1. 81
In Westmalaysien	434	5	
Tanjong-Piai-Singapur	32		26. 1. 81
In Singapur	33	4	
Sembawang-Pengelih	26		28. 3. 81
In Ostmalaysien	1058	100	
Singapur-Lumut	353		6. 12.– 9. 12. 81
In Westmalaysien	7	1	
Pangkor-Phuket	265	1	13. 12.–14. 12. 81
Phuket-Cinque Insel	405		16. 12.–18. 12. 81
In den Andamanen	41	1	
North Sentinel-Male	1346		19. 12.–29. 12. 81
In den Malediven	844	83	
Male-Peros Banhos Atoll	807		23. 4.–29. 4. 82

	Seemeilen	Ankerplätze	
Im Chagos Archipel	68	15	
Three Brother's I.-St. Brandon	995		10. 6.—16. 6. 82
In St. Brandon	29	8	
St. Brandon-Mauritius	225		4. 7.— 5. 7. 82
In Mauritius	124	9	
Flat I.-St. Brandon	221		20. 10.—21. 10. 82
In St. Brandon	45	10	
St. Brandon-Flat Island	225		30. 10.—31. 10. 82
In Mauritius	140	12	
Black River Bay-Durban	1662		14. 11.—25. 11. 82
In Südafrika	1013	11	
Saldanha Bay-Cabo Frio	3816		6. 1.— 2. 2. 83
In Brasilien	1796	64	
Recife-Rocas	252	1	19. 9.—20. 9. 83
Rocas-I. Testagio	2057		23. 9.— 4. 10. 83
In Venezuela	439	19	
I. Aves-Curacao	70	2	28. 10.—29. 10. 83
Spanish Waters-Montego Bay	696		2. 11.— 7. 11. 83
In Jamaica	540	51	
Negril-Georgetown	198		17. 2.—18. 2. 84
Auf Grand Cayman	151	40	
Georgetown-Montego Bay	341		10.—13. 5. 84

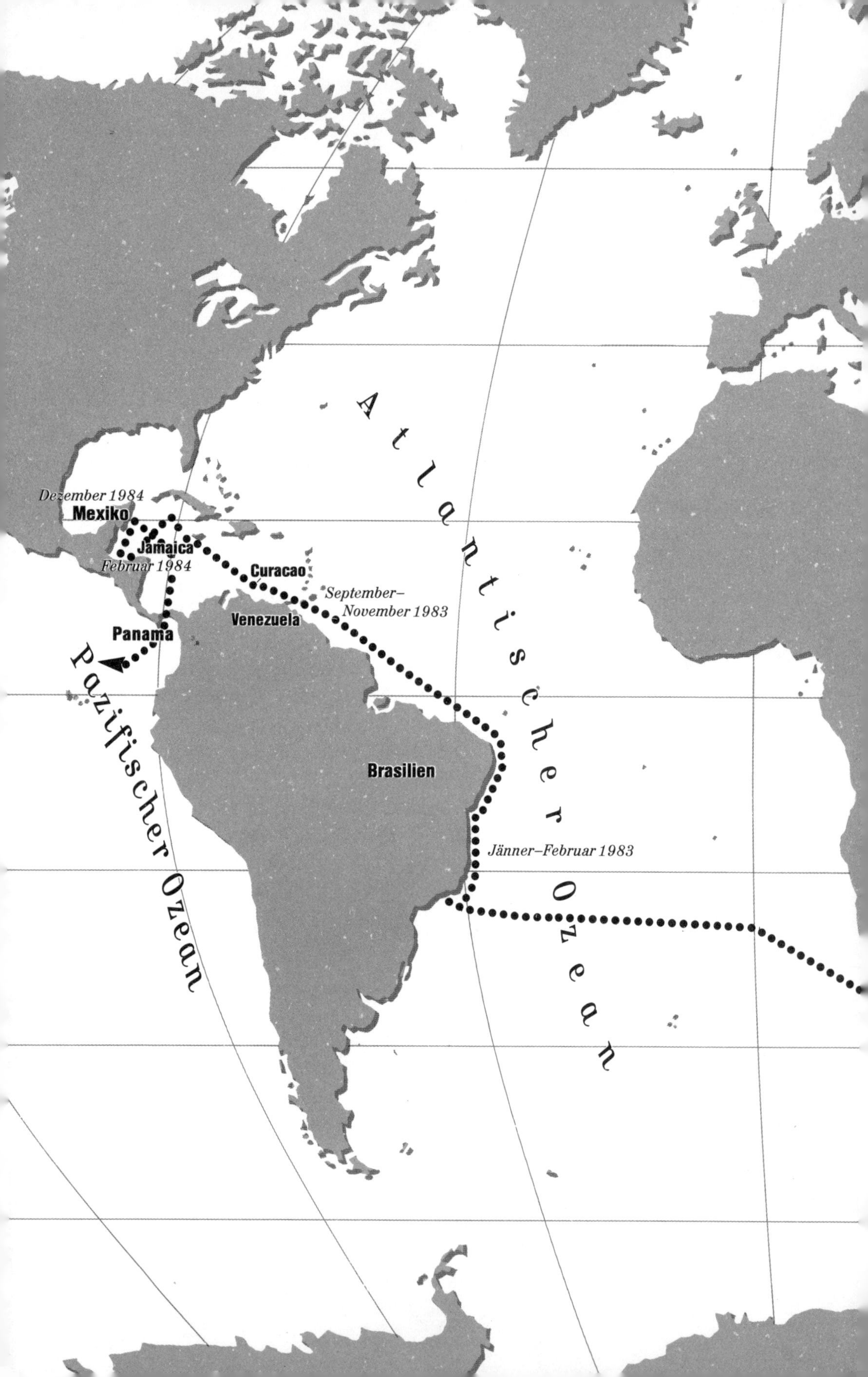

Atlantischer Ozean
Pazifischer Ozean
Dezember 1984
Mexiko
Jamaica
Februar 1984
Curacao
September–
November 1983
Panama
Venezuela
Brasilien
Jänner–Februar 1983

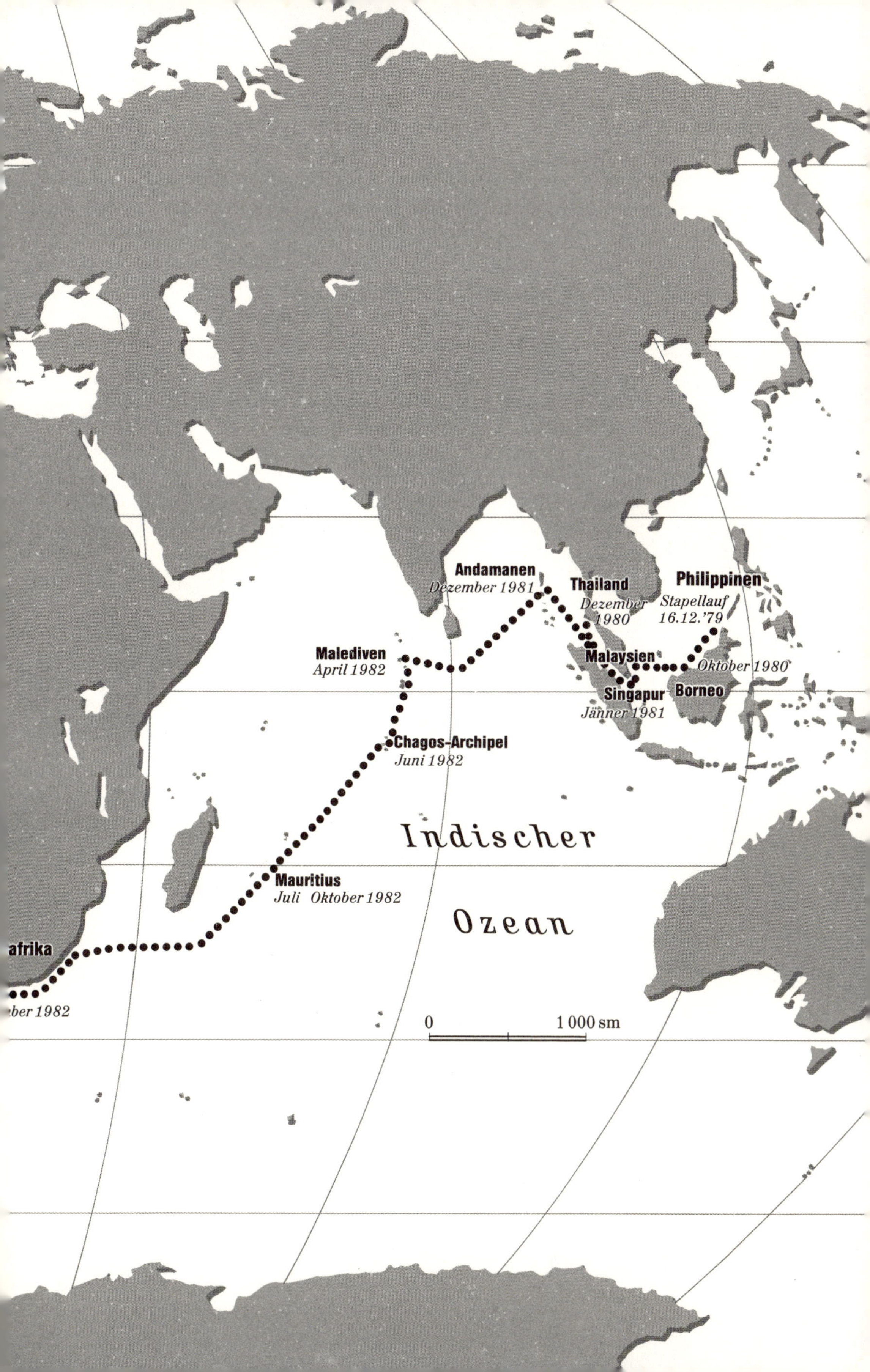

Andamanen
Dezember 1981
Thailand
Dezember 1980
Philippinen
Stapellauf 16.12.'79
Malediven
April 1982
Malaysien
Oktober 1980
Singapur
Jänner 1981
Borneo
Chagos-Archipel
Juni 1982
Indischer Ozean
Mauritius
Juli Oktober 1982
afrika
ber 1982
0
1 000 sm

	Seemeilen	Ankerplätze	
In Jamaica	10	3	
Montego Bay-G. Cayman	215		5.—6. 6. 84
Auf Grand Cayman	156	39	
Georgetown-Swan Island	221	1	4.— 6. 10. 84
Swan Island-Guanaja	135		8.—10. 10. 84
In den Bay Islands	48	18	
Utila-Glover Reef	96		3.— 4. 11. 84
Im Glover und Lighthouse Reef	88	6	
Lighthouse Reef-Chinchorro Bank	101		14.—15. 11. 84
In mex. Gewässern	221	13	
Isla Mujeres-Georgetown	379		10.—12. 12. 84
Auf Grand Cayman	173	35	
Georgetown-Rosalind Bank	219	1	12.—14. 5. 85
Rosalind Bank-Serralina Bank	42	1	16. 5. 85
Serralina Bank-Porvenir	394		17.—22. 5. 85
In den San Blas Inseln	38	10	bis 7. 6. 85
An der Küste von Panama	80	9	bis 18. 6. 85
Kanaldurchfahrt Christobal-Balboa	39	1	30. 6.—2. 7. 85
Gesamt	**27983**	**644**	